李修全◎著

智能化变革

人工智能技术进化与价值创造

Intelligent
Revolution

Technological Evolution
and Value Creation of
Artificial Intelligence

清华大学出版社
北京

内 容 简 介

　　智能化变革将是一轮经济社会全面变革，涉及科学研究、技术创新、商业落地、社会融合、科技伦理等方方面面。本书立足技术趋势，着眼业界动向，给出对人工智能理论、技术、产业化和社会融合等方面趋势的科普解读，希望对读者开展人工智能科学研究、产品研发和行业应用等有所启发。

　　本书不是一本纯技术类图书，但部分有关技术趋势的章节，还需要读者具备一定的信息技术基础知识。本书内容对于帮助读者深化认识人工智能技术本质和价值逻辑，拓展智能化变革未来趋势的视野具有一定的参考价值，适合政府、产业、学术界不同群体阅读，也可以作为对人工智能感兴趣的各专业本科生和研究生的辅助读物。

图书在版编目（CIP）数据

　　智能化变革：人工智能技术进化与价值创造 / 李修全著. —北京：清华大学出版社，2021.9

　　ISBN 978-7-302-57844-4

　　Ⅰ.①智…　Ⅱ.①李…　Ⅲ.①人工智能－产业发展－研究－中国　Ⅳ.①F492

　　中国版本图书馆CIP数据核字(2021)第056999号

责任编辑：刘　洋
封面设计：徐　超
版式设计：方加青
责任校对：宋玉莲
责任印制：杨　艳

出版发行：清华大学出版社
　　　　　网　　　址：http://www.tup.com.cn，http://www.wqbook.com
　　　　　地　　　址：北京清华大学学研大厦A座　　　　邮　　编：100084
　　　　　社 总 机：010-62770175　　　　邮　　购：010-83470235
　　　　　投稿与读者服务：010-62776969，c-service@tup.tsinghua.edu.cn
　　　　　质 量 反 馈：010-62772015，zhiliang@tup.tsinghua.edu.cn
印 装 者：小森印刷（北京）有限公司
经　　销：全国新华书店
开　　本：170mm×240mm　　　印　　张：16.25　　　字　　数：274千字
版　　次：2021 年 10 月第 1 版　　　印　　次：2021 年 10 月第 1 次印刷
定　　价：99.00元

产品编号：077472-01

推荐序

马克思说："各种经济时代的区别，不在于生产什么，而在于怎样生产，用什么劳动资料生产。"从刀耕火种到机器轰鸣，从薪柴生火到电驱万物，从飞鸽传书到网连世界，科技的发展深刻地改变了生产的方式，推动了社会变革。在人工智能时代，我们的社会又将何去何从？

七旬蛰伏，一朝喷薄。从图灵之问起，历经起起落落，深度学习的兴起带动了人工智能技术的全面发展，AlphaGo 围棋、语音助手等新事物的出现，让人工智能从遥不可及的科幻概念变成妇孺皆知、触手可及的现实。智能制造、智慧电网、智慧农业……人工智能正在升级社会的生产方式；智慧零售、智能终端、自动驾驶……人工智能正在融入人们的衣食住行。智能化时代悄然来临，智能化变革势不可挡。积极地拥抱人工智能、正确地应用人工智能、持续地发展人工智能，将使我们能够走在世界变革的最前沿，勇立智能化时代的浪潮之巅。

人工智能技术的落地路径如何？人工智能如何带来产业新模式、经济新业态、生活新方式？智能化变革中会产生什么社会新问题？本书作者从人工智能的历史发展出发，剖析当前技术发展的脉络与未来方向，探讨人工智能对社会与经济的变革及赋能。通过阅读本书，读者将对人工智能有更全面、深入的认识，更好地把握在人工智能时代的个人发展、组织运营、产业升级和政策制定等方面的原则。最后，也希望各位读者能为我国在智能化时代的发展贡献自己的力量！

戴琼海 院士

中国人工智能学会理事长
清华大学信息科学技术学院院长

前言

　　在人类文明进步的历史长河中，科学技术的革新往往会带来变革性力量，有时甚至具有划时代的意义。人工智能正在展现出这一潜力，有望引领新一轮科技变革，以前所未有的深度和广度驱动经济社会迈入智能化新阶段。

　　经历了多年理论探索和孕育发展，近年来人工智能在全球蓬勃兴起。2016 年的"AlphaGo 时刻"开启了人工智能加速前进的新历程，之后生成式对抗网络（GAN）、BERT、GPT 等新技术在不同领域不断突破人工智能的能力瓶颈。以"大数据 + 深度学习"这种主流计算模式为驱动力，一大批智能技术突破工业化门槛，陆续释放产业价值。人工智能也由学术界推动的实验室阶段，开始向学术界和产业界共同推动的初步产业化阶段迈进，踏上了新征程。

　　新一代人工智能在技术形态上表现出体系化、平台化、开源化、协同化、硬件化发展的全新特征，在云端计算、高速移动通信和低功耗智能芯片的共同支撑下，当前人工智能系统成为末端深入物理世界各类终端设备、云端集合超级算力和海量数据的超级大脑，将智能这一新型"能"向工业、物流、金融、智慧城市等各行各业输送，推动生产过程和工艺流程优化升级，催生智能形态新产品、新产业和规模庞大的传统产业新动能。

智能化变革被认为是未来引领新一轮经济和社会转型发展的核心驱动力。

智能化与自动化的最大区别就是自主性和交互性，智能算法使机器拥有了分析、预测、优化甚至决策能力，并能够与人、与环境实时交互，完成非预定的复杂操作。智能算法的自主性和决策能力成为智能化变革的核心要素，算法、算力驱动的"数字生产力"有望再次推高信息科技变革的经济天花板，开辟新的产业空间，催生新的巨头企业，成为全球经济增长的新引擎。智能化浪潮也将变革出行、教育、医疗、养老等社会生活方方面面，增进人民福祉，惠及千家万户。

智能化之路，是人工智能引领的新兴信息技术群协同进步之路。

智能化以人工智能技术突破与产业化为引领，同时也需要先进计算、高速移动通信、新型传感技术、高效能芯片等智能化技术群的共同支撑。通过技术融合发展、技术群协同演进，进一步释放数字化、网络化积聚的强大能量，推动信息科技变革向智能化新阶段跃升。

智能化之路，是人工智能理论和技术多路并举持续演进之路。

在智能类型上，感知智能率先迈过商用化门槛，成为人工智能产业化历程的突破口；认知智能正在成为技术创新重点，为更高水平上的智能产业提供持续动能。在技术路线上，当前大数据驱动的智能计算成为主流，机器的学习能力、识别能力日益强大；"数据驱动 + 知识驱动"正在成为模型方法创新的重要方向，向实现理解能力、推理能力迈进。数据和知识相贯通，算法和算力相融合，正在不断激发更强大的机器智能。

当前以硅基材料和 0/1 数字计算为基础的人工智能作为一项潜力巨大的生产力变革技术，将推动信息科技变革走向智能化的高级阶段。科学家们正在探索的生物计算、神经形态计算、量子计算等会为人工智能基础理论和底层范式变革带来新的机遇，给人工智能远期发展带来更为深刻影响。有专家认为，其有可能引领经济社会向超越信息科技、数字经济的全新阶段发展。

智能化之路，也是智能化技术群梯次推进渐进发展之路。

尽管人工智能技术在部分领域已经开始形成产业化价值闭环，但还并非万能锤子。深度学习作为强大的经验抽取模型在模式识别、趋势预测等方面有着广阔的应用前景，但深度学习并非人工智能的终极解决方案，解决推理、优化、博弈等问题还需要其他智能技术的进一步突破。智能化变革将经历一个渐进式过程，可能需要经历未来二三十年甚至更长时间的努力。当前的人工智能承载了太多过去未能实现的技术期待，不可能寄希望于其在三五年内就完成使命。不同智能化技术的难度不同，场景就绪度不同，各项技术将次递落地，分批释放产业化红利。

智能化变革已是全球大势所趋，但智能之路并非一帆风顺，需要砥砺前行，务实创新。

智能之路并非百米冲刺，而更像是一场三千米障碍赛。科技部部长王志刚指出，当前人工智能仍是一个新兴领域，正处于从实验室走向产业化的起步阶段，还面临一系列挑战，还有很多基础性的科技难题没有突破。要充分估计人工智能各项技术突破的难度，做好长期准备。

可以说，由于智能化技术群的多层次性和宽广的技术体系纵深，像2000年左右的互联网一样陷入一次整体性行业萧条的可能性很小，但如果寄希望于市场保持数十年的高速发展和全面活跃也很难，尤其是尚处幼儿期的智能化产业，很有可能需要面对或长或短的全球性经济下滑和投资收缩的严峻考验。资本热潮或资本寒冬之下，都须清醒判断和理性选择。尤其要警惕一些可能危害行业健康可持续发展的浮躁、炒作、投机等危险因素，保持战略定力和耐心，坚持以务实的态度攻坚克难，加快技术创新。

很多通往智能时代的路径还需探索，但智能时代的大门已经逐渐清晰可见。

随着技术的陆续突破和产业形态的持续演化，人工智能正在一天比一天进步，理论技术日臻成熟，应用场景日益广泛，未来新产品、新产业、新业态将会不断衍生。科技部副部长李萌指出，我们正站在智能化社会的门槛上，一脚门外，一脚门里。向后看，大量的弱人工智能技术正在源源不断地进入产业、经济、社会生活中；向前看，人工智能理论和技术在各个层面加快进化和突破，我们已经清晰地预见到了智能化社会的未来。

本书内容还远远无法描绘智能时代的未来图景，仅能用部分事实和少数案例以点构面,探讨智能化这一极具颠覆性潜力的新能量的蓄势、赋能、演进之路。第一篇蓄势之路以探索、蝶变、聚力、重塑四章,重点解析了智能技术的发展脉络和当前新一代人工智能的技术形态,探讨了得以激发智能化新变革的能量所在;第二篇赋能之路的革新、创造、普惠、落地四章,重点介绍了智能技术赋能经济转型、变革社会生活的模式,以及产业化初期值得关注的技术落地路径,探讨了智能化变革的商业化理念和价值逻辑;在第三篇演进之路中,笃行、突破、善智三章,重点关注在务实发展、新科技突破和技术价值观等方面需要警惕的问题和值得关注的方向,对于如何才能助力未来智能化变革稳定、健康、持续发展进行了思考。

当前全球人工智能正处快速发展期,理论创新活跃、技术迭代迅速,受限于知识积累和认知能力,我对很多问题的观察还很粗浅,对很多趋势还有待深入研究,书中不妥和错误之处在所难免,恳请各位专家、各位读者不吝指正。

希望能够基于这些阶段性观察,与读者共同探讨通向智能时代的未来发展之路。

作者
2021 年 5 月

目录

智能化变革：人工智能技术进化与价值创造

第三篇　演进之路

智能化变革：人工智能技术进化与价值创造

INTELLIGENT
REVOLUTION >>

第一篇

蓄势之路

INTELLIGENT REVOLUTION

第一章

探索：历时大半世纪的积淀孕育

如何使机器具有智能，帮助人们解决以往只有人类才能完成的任务，是图灵、冯·诺依曼、麦卡锡、明斯基等科学先驱们在20世纪30年代就提出的科学目标。多年来，经历几代科学家的持续探索和实践，人工智能学科体系已枝繁叶茂，一批人工智能技术开始成熟，并具备了产业化落地的条件和规模化应用的潜力，人工智能历史性地从学术界的实验室阶段，迈入学术界和产业界共同推动的初步产业化阶段。近年来，关键技术的集中突破和创新资源的加速聚集，推动人工智能发展进入技术创新活跃期。

1.1　个体智能与人工智能

众所周知，人工智能并非新鲜事物，它的历史甚至要早于现代计算机的发明。

然而何为人工智能，目前国际上仍然没有形成统一的定义。美国斯坦福大学人工智能研究中心约翰·尼尔逊（John Nilsson）教授这样定义人工智能："人工智能是关于知识的学科——怎样表示知识以及怎样获得知识并使用知识的科学。"美国麻省理工学院帕特里克·温斯顿（Patrick Winston）教授认为："人工智能就是研究如何使计算机去做过去只有人才能做的智能的工作。"OECD 研究报告中给出的人工智能定义是：根据人类预先设定的一组目标，进行预测、推荐、决策的一种机器系统，以影响现实或虚拟环境。通过使用机器或人类的输入信息感知现实或虚拟环境，通过自动分析基于感知进行建模、使用模型推断形成关于信息或行动的抉择，人工智能系统通常具有不同层次的自主性[①]。

通俗理解，人工智能就是要研发具有类似人类智能水平和行为能力的机器系统，主要表现为能听、能看、能说、会思考、会决策、会学习等，可以模拟、延伸和扩展人类智能，并帮助人们减轻工作量，改善生活质量，并提升人们认识世界和改造世界的能力。

"智能"内涵丰富，具有典型的多层次性特征。人类智能是人类大脑历经亿万年演化形成的高等级功能，也是人类最终得以雄踞地球的最核心资本。人的智能包括了多个方面的能力，比如记忆、学习、求解、感知、语言、推理、博弈等。蔡自兴教授在《人工智能及其应用》一书中认为，人工智能能力包括学习、感知、思考、理解、识别、判断、推理、证明、

---

① Identifying government funding of AI-related R&D projects-An initial exploration based on US NIH and NSF project funding data. Organisation for Economic Co-operation and Development, 2019.

通信、设计、规划、行动、问题求解等[①]。

骑自行车、跳舞、踢球看起来是运动能力，实际上也是人类智能的外化体现，尤其是精细感知和运动控制，清华大学基于天机类脑芯片研发的无人自行车，很好地解析和实现了人的这一智能。人工智能这一领域具有挑战性的内容太多了，似乎永远都有攻克不完的难题。这些林林总总的人类智能应用场景不同，难以说清究竟哪类智能是人工智能想要机器实现的核心能力，这就在一定程度上给形成标准的定义带来很大困难。

早在 20 世纪初，人们就在思考如何设计一种机器来模拟和实现人类的智能活动。在这一时期，"机器智能"（Machine Intelligence）的概念使用较多。数学和信息科学的很多早期理论为机器智能的研究提供了方法论基础，如符号逻辑、概率论、信息论、控制论等。当时的一批科学先驱对如何使机器拥有与人类一样的智能进行了很多探索，计算理论先驱艾伦·麦席森·图灵（Alan Mathison Turing）、"现代计算机体系结构之父"冯·诺依曼（Von Neumann）、信息论的创始人克劳德·艾尔伍德·香农（Claude Elwood Shannon）等都是机器智能研究早期的主要推动者。1947 年，图灵编写了第一个下棋程序；1950 年香农在《哲学杂志》发表了计算机下棋理论研究文章，其中主要思路在"深蓝"和 AlphaGo 中还能看到。

1936 年，图灵在《伦敦数学学会会刊》发表奠基性文章"论可计算数，及其在判定问题上的一个应用"，形成了抽象的计算模型——通用图灵机，系统地讨论了可计算函数、递归函数、停机问题、可判定性等计算理论问题，为之后计算机和人工智能的发展奠定了理论基础。在此基础上，冯·诺依曼在世界第一台电子计算机"ENIAC"上创立了现代计算机的基本体系结构，也为探索智能的实现提供了重要的实现基础。直至当前，人工智能系统均运行在冯式计算架构之上。1950 年图灵在《思维》（Mind）上发表"计算机器与智能"，提出著名的"图灵测试"，对"机器能有思维吗"这一问题给出了比较系统和科学的论述，还就机器智能的博弈推理、感知、学习甚至意识等问题进行了深刻思考和预测，成为人工智能发展的里程碑之作。

---

① 蔡自兴等. 人工智能及其应用（第 5 版）[M]. 北京：清华大学出版社，2016.

可见，人工智能与计算机关系密切。从发展历程上看，两者互相成就。人工智能的伟大愿景催生了冯式计算机的发明，现代计算机为人工智能提供了实现支撑。从技术层面上，人工智能处于功能层，计算机处于执行层。长期以来，很多人工智能研究生方向都是设立在计算机科学与技术一级学科里的计算机应用二级学科中。

当然，人工智能作为早于通用计算技术萌发的科技梦想，内涵和外延都要比计算机更加宽广。

人工智能早期阶段，国际象棋等计算智能主要依靠计算机的程序计算能力发掘智能潜力，符号运算、进化计算等也是垂直于计算机软硬件体系的上层应用。然而，作为现在产业化主流的感知智能，其硬件基础也已经从经典计算机向外延伸，轻量化的移动智能终端、物联网设备在整个感知智能硬件体系中比重越来越大，甚至很多末梢智能计算直接在机械工程设备端进行；神经形态计算、生物计算、量子计算等新的底层计算技术目前也在加速孕育探索，底层计算架构的变革可能给未来人工智能发展带来更加丰富的创新机会。未来实现具备更高级认知能力的智能形态，底层计算架构可能是现代冯式计算机，也可能不是。

1956 年夏季，美国达特茅斯学院的约翰·麦卡锡（John McCathy）推动召开了历史上第一次正式的人工智能学术研讨会。在这次被称为达特茅斯人工智能夏季研讨会的会议上，来自数学、计算机科学、信息科学、神经生理学、心理学等领域的科学家参加了为期 2 个月的研讨 [1]，见图 1-1。经麦卡锡提议，会上正式决定使用"人工智能"来概括这个研究方向 [2]。自此，"人工智能"承载了机器智能的主要内涵，开始成为这一学科的名称。

人工智能诞生之初就带着科幻光环，提到人工智能人们自然联想到各类科幻场景。实际上，当前阶段乃至未来相当一段时间，人工智能仍将是一项改造生产力的颠覆性科技。1956 年达特茅斯人工智能夏季研讨会上重点讨论了七个议题：①自动计算机；②计算机语言；③神经网络；④计算

① McCarthy.J, et al. "Dartmouth Conference." Dartmouth Summer Research Conference on Artificial Intelligence，1956.

② 陆汝钤. 人工智能 [M]. 北京：科学出版社，1995.

规模理论；⑤自我改进；⑥抽象；⑦随机性和创造性[①]。这些议题更多地聚焦于探讨机器模拟实现人类智能的能力空间和途径。

| 约翰·麦卡锡 | 马文·明斯基 | 克劳德·香农 | 雷·所罗门诺夫 | 艾伦·纽厄尔 |

希尔伯特·西蒙　　亚瑟·塞缪尔　　奥利弗·塞尔弗里奇　　纳撒尼尔·罗切斯特　　特伦查德·莫尔

图 1-1　参加达特茅斯会议的人工智能学者

当人工智能发展进入新的历史阶段，其内涵也在随着技术路线和技术能力的演化发展而与时俱进。

目前人工智能的范围已不再局限于使机器完成那些只有依靠人类智慧才能完成的任务，像早期的定理证明、专家系统等，而是开始致力于采用了人工智能模型或技术，解决现实世界实际难题，而这些难题，可能是人类智能自身解决不了的。比如在多维感知、金融征信、销量预测、复杂的科学问题探索等方面，人工智能已经具备超过人的能力。

人工智能的目标和理念也因此发生了很大变化，人工智能已经不仅限于模拟人类智能和行为能力，而是以人机协同方式与个体智能优势互补，追求增强和拓展人类能力成为未来发展的重要趋势。增强智能已经成为新一代人工智能技术的重要目标，机器智能与个体智能的人机协同共融将是智能社会的主流形态。

---

① McCarthy, J., Minsky, M. L., Rochester, N., & Shannon, C. E. (2006). A Proposal for the Dartmouth Summer Research Project on Artificial Intelligence, August 31, 1955. AI Magazine, 27(4), 12. https://doi.org/10.1609/aimag.v27i4.1904.

人工智能实现了人的智能的物化和延伸，并将原来只能伴随人的生老病死而产生或消亡的个体智能变得可传承、可迭代、可汇聚、可累积。书籍的出现使人类知识得以传承累积，机器智能也将给人类文明的进化方式带来新的驱动要素。每个人可能都只是人类社会的过客，但一代代个体智能的经验和智慧将会源源不断地输入人类所有生活场景中的各类虚拟大脑，而这一大批机器智能却可能会是永续的。

1.2 不同学派的科学探索

当前火热的深度学习已经成为当前人工智能的主流技术，但深度学习并非人工智能的全部。

人工智能研究至今已多年，科学家们朝着如何使机器拥有人类一样的智能的方向，从功能、结构、行为等不同途径进行不懈探索，形成了"符号主义""连接主义""行为主义"等不同的理论学派。此外，以支持向量机为代表的类比学派，以贝叶斯算法为代表的贝叶斯学派，还有以遗传算法、粒子群算法等为代表的演化计算学派，都是人工智能学术研究的重要力量，目前都在各自优势领域发挥作用，共同构成人工智能的科学体系。

1. 符号主义

符号主义又称为逻辑主义，该理论认为符号是人类的认识基元，人工智能的核心问题是知识表示、知识推理和知识运用，知识可以用符号表示，也可以用符号进行推理，人认知的过程即是对符号的计算与推理过程。符号主义学派主张实现人工智能应从功能模拟入手，采用符号演算和形式化逻辑来衍生人工智能。其主要代表人物有纽厄尔、西蒙、麦卡锡、尼尔逊、肖特利菲等，主要研究成果有归结推理方法、启发式算法、专家系统、知识工程理论与技术等。

符号主义在逻辑问题求解方面曾取得令人瞩目的成就。1956年，两位图灵奖得主艾伦·纽厄尔（Allen Newell）和希尔伯特·西蒙（Herbert Simon）与约翰·克里夫·肖（John Cliff Shaw）共同开发了自动定理证明系统"逻辑理论家"，证明了《数学原理》第二章中的 38 条定理。1958 年，美籍数理逻辑学家王浩在 IBM 704 计算机上证明了《数学原理》中有关命题演算的全部 220 条定理。这一学派也曾创造了像 SAINT、SIN 等符号解题系统，这些系统能够完成函数积分求解问题，达到大学生甚至专家的水平。1977 年，我国中科院数学所的吴文俊先生借助中国传统数学思维，用方程式方法解决几何定理证明机械化问题，提出机器自动证明几何定理的方法，在国际上被称为"吴方法"，在推动符号主义发展方面做出了贡献。20 世纪七八十年代非常活跃的专家系统，比如 STUDENT、DENDRAL、MYCIN、XCON 等也都是当时符号主义学派的典型成果。

知识库和知识工程技术在新的时期继续向前发展。语义网络（semantic network）是一种以网络格式表达人类知识构造的形式，涉及知识建模、关系抽取、图存储、关系推理、实体融合等多方面技术，旨在从数据中识别、发现和推断事物与概念之间的复杂关系，是事物关系的可计算模型。

2010 年，谷歌收购了语义网络技术公司 Metaweb，给它起了个响亮的名字叫"知识图谱"。知识图谱是一种大规模语义网络，用图模型来描述知识和建模世界万物之间的关联关系，推动符号主义技术更加强大、更加实用。2011 年，IBM 的沃森（Waston）在美国智力竞猜电视节目《危险边缘》（*Jeopardy*）比赛中，战胜该节目历史上两位最成功的人类选手获得冠军。知识图谱和知识库已经成为当前智能化技术群的重要成员，语义搜索、智能问答、自然语言理解、视觉理解、推荐系统、智能医疗等场景都与知识图谱技术密切相关。

2. 连接主义

连接主义理论认为，人脑的神经元是智能处理的基本单元，认知的过程就是人脑进行神经信息处理的过程。

连接主义是当前较活跃的技术学派，代表性技术是人工神经网络（Artificial Neural Network，ANN），其主要原理是尝试通过模仿人脑细胞间互相连接的生理结构和突触放电工作模式来形成智能计算模型。人工神经网络的早期基础是借鉴脑神经元突触放电机理设计的人工神经元激活函数模型，以及用于浅层神经网络训练的反向传播（B-P）算法。

从学术进化来看，1943 年沃伦·麦卡洛克（Warren McCulloch）和沃尔特·皮茨（Walter Pitts）受生物神经学启发提出神经元的数学模型，试图通过模拟人脑实现智能，开创了微观人工智能研究的技术路线。1949 年唐纳德·赫布（Donald Hebb）提出的赫布理论，解释了在人脑学习过程中，神经元的突触可塑基本原理，提出了突触连接强度可以通过训练进行调整的思想，建立了神经网络学习机制的基础。在此基础上，1957 年弗兰克·罗森布拉特（Frank Rosenblatt）提出感知器的概念和模型，并利用电子管首次实现了可学习的机器。获得 1981 年诺贝尔医学奖的戴维·休伯尔（David Hubel）和托斯坦·维厄瑟尔（Torsten Wiesel）所发现的视觉系统信息处理机制，支撑了后来多层感知机和神经网络的发展。

神经网络在 20 世纪 80 年代的兴起应该归功于物理学家约翰·霍普菲尔德（John Hopfield）。1982 年，霍普菲尔德提出了一种具有完整理论基础的神经网络模型，可以解决一大类模式识别问题，还可以给出一类组合优化问题的近似解。1986 年，由加拿大多伦多大学的杰弗里·辛顿（Geoffrey Hinton）等提出的多层网络中的反向传播（B-P）算法，将神经网络从理论向实用性方法大大推进了一步。同期，托伊沃·科霍宁（Teuvo Kohonen）提出了自组织映射 SOM 竞争学习神经网络模型，人工神经网络模型的研究开始吸引了越来越多学者的关注。

之后，美国纽约大学的杨立昆（Yann LeCun）在 1989 年构建了 CNN 卷积神经网络（Convolutional Neural Network）应用于图像识别任务，即 LeNet 的最初版本，并在 1993 年开发出世界上第一个用于手写文本识别的神经网络程序，展示出 CNN 网络在复杂特征提取方面的潜力，其采用的先初始化后梯度下降的学习策略，后来成为深度神经网络的主流训练方法。1997 年，赛普·霍克赖特（Sepp Hochreiter）等建立了称为 LSTM 长短时记忆模型的 RNN 递归神经网络（Recursive Neural Network），RNN 网络在当前时间序列研究、自然语言理解、机器翻译等领域具备旺盛的生命力。

在持续多年的理论方法积累基础上，2006 年连接主义开始新一轮的突破。杰弗里·辛顿在《科学》发表论文，提出深度信念网络（Deep Belief Networks，DBNs），或称深度学习，应用于手写字符识别，但提出后并没有引起太多人关注。直到 2012 年，辛顿和他的学生亚历克斯·克里热夫斯基（Alex Krizhevsky）在著名的 ImageNet 图像识别全球大赛中采用 AlexNet 卷积深度神经网络取得了令人惊奇的成绩，通过结合 GPU 强大算力一举将准确率提升到 90% 以上，证实了深度学习在模式识别方面的惊人潜力，也奠定了视觉信息处理中 CNN 模型的基本结构。CNN 网络现在已经成为图像识别领域深度学习的代名词，也被用于在围棋程序中提取棋盘特征，以及文本分类、语言翻译等领域，掀起了汹涌至今的人工智能发展新浪潮。

3. 行为主义

行为主义理论认为，智能行为是通过与现实世界环境的交互学习而形成的，人工智能应像人类智能一样从成功或失败的经历里去归纳行为的准则，通过逐步进化而实现。行为主义最重要的概念就是环境"反馈"。

人工智能的行为主义研究与心理学中的行为主义学派关联密切，其灵感来源于心理学中联结论和刺激—反应论，最早可以追溯到巴甫洛夫的条件反射实验，认为学习是环境的刺激与学习者的行为反应之间的联结过程。因此，行为主义学派注重外部条件对学习的影响，又注重学习者对环境的行为反应。

行为主义研究从动物行为研究和优化控制两个领域各自发展。

动物行为研究视角关注比人类低级得多的生物的行为方式，借此理解智能的产生。比如尽管蚂蚁个体非常简单，智力平平，但当很多小蚂蚁聚集在一起形成庞大的蚁群的时候，却能表现出非凡的智能，能够寻找和优化行进路径。受生物学启发的进化计算在复杂问题寻优、高维空间求解、群体任务协作等大量研究领域都做出了重要贡献。

行为主义研究者的另一部分研究源于 1948 年维纳提出的"控制论"（Cybernetics）。控制论把神经系统的工作原理与信息理论、控制理论、逻辑以及计算机联系起来，其早期的研究工作重点是模拟人在控制过程中的智能行为和作用，如对自寻优、自适应、自镇定、自组织和自学习等控制论系统的研究，并进行"控制论动物"的研制。

1986 年，罗德尼·布鲁克斯（Rodney Brooks）提出基于行为的编程方法，其设计的六足行走机器人被看作新一代的"控制论动物"，是一个基于感知—

动作模式模拟昆虫行为的控制系统。这些机器昆虫没有复杂的大脑，也不会按照传统方式进行复杂的知识表示和推理。它们甚至不需要大脑的干预，仅凭四肢和关节的协调，就能很好地适应环境。我们把这些机器昆虫放到复杂地形中，它们可以顺畅地爬行，还能聪明地避开障碍物。它们看起来的智能事实上并不来源于自上而下的复杂设计，而是来源于自下而上的与环境的互动，这是行为主义所倡导的理念。

行为主义的理论推动了机器学习的发展，强化学习（Reinforcement Learning，RL）又称再励学习或增强学习，是其中的典型代表。不同于监督学习和非监督学习，强化学习不要求预先给定训练样本数据，而是通过接收环境对动作的奖励（反馈）作为学习信息。在多步决策过程中，智能体对每次动作的环境反馈效果进行自我评价，以达到累计奖励最大化为目标，不断接收环境信号并动态调整模型参数、优化策略，给机器学习带来新的研究理念和范式。比如，可利用强化学习进行商品推荐算法训练，将用户是否购买作为算法奖励，通过动态交互试错不断提升推荐算法性能。1987年，格瑞·特索罗（Gerry Tesauro）等人打造的自我学习双陆棋程序为后来的增强学习的发展奠定了基础。1989年，英国学者克里斯·沃特金斯（Chris Watkins）首次采用马尔科夫决策（Markov Decision Processes，MDP）进行强化学习建模，提出的 Q-learning 算法在机器学习领域得到高度关注。

谷歌的 DeepMind 团队推动强化学习技术与深度学习技术的融合，2013年首次提出了被称为 Deep-Q-Network 的深度强化学习方法[1]，用于在 Atari 游戏中自主学习游戏规则，学会打七种不同的游戏。后来深度强化学习技术经过不断拓展，在 AlphaGo Zero 围棋、Dota2、星际争霸2等游戏中采用，显现出其在解决复杂博弈问题方面的潜力，使历史悠久的行为主义再次大放异彩。2017年，强化学习被《麻省理工科技评论》评为2017年全球十大突破性技术，成为这两年火热的人工智能技术方向之一。除游戏博弈类场景外，深度强化学习法未来有望在机器人控制、对话系统、组合优化、无人驾驶等大量场景中得到更广泛应用。

---

[1] Mnih V, Kavukcuoglu K, Silver D, et al. Playing Atari with Deep Reinforcement Learning[J]. Computer ence, 2013.

"符号主义""连接主义""行为主义"构成的三大技术流派是共识度比较高的人工智能技术路线划分方式。同时，国内外也有学者将人工智能技术路线划分为"符号学派""连接学派""类比推理学派""贝叶斯学派""进化学派"五大流派。其中，"符号学派""连接学派""进化学派"与三大流派的划分相似，以支持向量机为代表的"类比推理学派"在 20 世纪 90 年代曾成为人工智能研究的主流方法，而以贝叶斯算法为代表的贝叶斯学派则源于统计学理论，贝叶斯分类、贝叶斯网络、贝叶斯推理等目前仍是很多人工智能研究的重要理论方法。

1.3 "三起两落"的螺旋演进

人工智能不同学术分支各有侧重，各有优势。在各学派的不断探索和共同努力下，全球人工智能研究向前持续发展，走出了螺旋式发展的技术演进路径。随着人工智能的发展演进，不同时期人工智能的主流技术路线也在不断变化，技术在更替换代中不断进化与完善。见图 1-2，人工智能"三起两落"的阶段式发展与三大学派的持续进步相互交织。

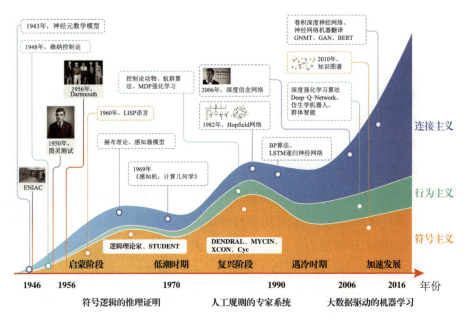

图 1-2　人工智能"三起两落"的发展历程

第一阶段是基于符号逻辑的推理证明阶段。连接主义是人工智能领域最早起源的研究学派，从 1943 年麦克洛克和皮茨提出的神经元数学模型就已开始了连接主义理论的探索和孕育。1946 年计算机的发明，给人工智能研究带来了新的思想，人们发现可以从功能角度通过逻辑推理和符号演算实现智能，在人工智能的学术探讨中逐步形成了模拟神经系统和模拟心智两个派别。1956 年的达特茅斯会议召开之后，"符号主义"或"逻辑主义"快速崛起，开始成为当时人工智能研究的主流学派，也被称为经典人工智能，引领了第一次人工智能发展高潮。

在符号主义方法推动下，人工智能开始能够像人一样完成一些高层次的认知活动，比如实现代数应用题求解、几何定理证明等，1960 年，麦卡锡及其学生开发了可用于符号处理、自动推理的计算机语言 LISP，成为当时使用最为广泛的人工智能语言，涌现出像逻辑理论家、STUDENT 等一批成功的定理证明和解题系统，并且能力越来越强大。可以说，当时人工智能程序在强逻辑问题的推理能力方面已经达到或者接近了巅峰水平，这也是人工智能第一轮高潮给我们留下来的宝贵财富。

但是实际上，人类的高级认知活动不能够完全通过符号逻辑进行推理，很多复杂问题求解，直觉性的问题决策和判断都没法通过符号推理的形式来实现，当时的人工智能研究者们低估了这些问题的难度，当时的理论和技术还难以支撑对更复杂现实问题的求解。而且，符号主义擅长利用人类已知知识求解已知问题，在智能涌现能力方面薄弱，对于求解未知问题显得办法不多。到 20 世纪 70 年代初期，符号逻辑学派发展遇到了基础性瓶颈，工程化推进困难。

连接主义在这一时期也受到重创。1969 年，马文·明斯基（Marvin Minsky）和麻省理工学院的西摩尔·佩普特（Seymour Papert）合作出版了《感知机：计算几何学》，证明单层神经网络不能解决异或（XOR）问题，认为神经网络的计算能力十分有限，没有太大前途。再加上受硬件水平限制，当时的电脑也没有能力支撑大规模神经网络模型所需要的超大计算量，受此影响，政府资助机构也逐渐停止了对神经网络研究的支持，连接主义进入长达十几年的消沉期。

第二阶段是基于人工规则的知识工程阶段。这一阶段主要从 20 世纪 70 年代中期到 90 年代初期。经过第一轮低潮以后，人们认识到机器有了逻辑推理能力好像还不是万能的，还需要有很多知识。人工智能研究者开始把重点转向将人类已经形成的知识和经验通过规则化方式嵌入系统。这种技术路线可以通过辅助决策增强和拓展人们生产和业务能力，并且具有向用户解释推理过程的能力。最早的专家系统 DENDRAL 于 1968 年问世，能够根据质谱仪的数据推知物质的分子结构。在 1977 年举行的第五届国际人工智能联合会议上，美国空军首席科学家费根鲍姆将这一领域命名为知识工程，人工智能再次进入快速发展阶段。

基于人工规则的知识处理和辅助决策成为这一阶段人工智能研究的焦点，许多知名专家系统与知识工程在全球不同地方得到应用。美国斯坦福大学研制的细菌感染疾病诊断专家系统 MYCIN，能够帮助医生对住院的血液感染患者进行诊断并选用抗生素类药物进行治疗；卡内基梅隆大学为美国 DEC 公司开发的专家配置系统 R1（XCON），可以按照客户需求自动配置 VAX 系列计算机零部件，6 年内为 DEC 处理了 8 万多个订单，每年为 DEC 公司节约 400 万美元。专家辅助系统已经能够在实际生产活动中创造经济价值，这给人们带来了希望。这通常被认为是符号主义的第二拨发力。

知识工程阶段的这种手工生产规则和知识的技术路线仍存在较大局限性，主要表现在两个方面：一是这种人工方式的知识生成很难规模化。因为很多实际业务都是复杂规则的支撑，很容易超出预先设定的知识边界，比如在城市复杂环境中自动驾驶可能面对各种各样的路况，遇到千奇百怪的应急情况。自然语言的机器翻译可能是人工智能研究中最早的方向之一，早期大量学者借助语言学知识，通过规则化方式开展机器翻译研究，而通过人工方式很难处理体量庞大、错综复杂的规则，算法能力的局限性与实际业务需求的复杂性之间形成不可调和的矛盾，导致从这一技术路线上迟迟难以取得突破。

二是隐性知识很难规则化。人类智力活动大部分都是隐性知识，是各行业各领域的专家通过长期感性体会或言传身教形成的经验积淀，也是人类智慧的最宝贵财富。但人类专家经验难以量化表达，往往专家很容易解决一个问题，但很难说出来到底是用了什么知识。比如医疗诊断就是一个基于大量隐性知识和经验的决策过程，而一家企业的核心竞争力往往取决于专业工程师工艺 Know-How（技术诀窍）知识的精深和独到。这些也是很难进行规则化的，不能够通过明确的符号、明确的模型、明确的文字表示出来。此外，这类知识系统的更新和维护成本很高，只能在特定领域内应用，难以大规模推广。

自 1982 年霍普菲尔德神经网络提出，连接主义在这一时期也得到进一步发展。反向传播（B-P）算法、自组织映射（SOM）、限制性玻尔兹曼机（RBM）等成果陆续诞生，连接主义学派的阵营得到进一步壮大，形成了连接主义发展的一次小高潮。

基于这些模型方法，计算机视觉、自然语言理解、机器翻译等专项技术也得到探索和发展，但当时水平还无法投入应用。而 1981 年日本投资 8.5 亿美元研发第五代计算机项目，其目标是建立知识信息处理的新型计算机体系架构，但因缺乏更有效的知识图谱和语义网等知识表示和处理技术的支撑，于 1992 年以失败告终，被认为加快了人工智能研究进入第二次寒冬的过程。

第三阶段是大数据驱动的机器学习阶段。经历了两次起落后，人工智能发展受到沉重打击，不但学术研究经费锐减，人工智能学者甚至被称为骗子，但各个子领域仍有大批专家尝试采用不同的技术路线向前持续探索。这一低潮期延续了多年，随着 20 世纪 90 年代中期以来机器学习、模式识别技术路线上陆续取得实质性进展，人工智能研究活跃度才逐渐得以恢复。

机器学习研究机器怎样模拟或实现人类的学习行为，通过样例或数据获取新的知识或技能，不断改善自身的知识结构和决策能力。简言之，机器学习把人工智能的重心从如何"制造"智能转移到如何"习得"智能。什么叫制造智能？就是把人类知识总结成规律，再根据这个规律制造成系统。而习得智能则跳过了知识的表述规则过程，直接通过抽取挖掘数据中蕴含的知识，实现系统智能水平的提升。这些数据中有人类行为所记录的经验知识和规律，为模型学习提供了丰富的隐性知识。在神经网络、支持向量机、贝叶斯学习等机器学习新模型新方法驱动下，模式识别和趋势预测等人工智能专项技术在这一时期得到快速发展，并且实现了一批产业界的早期应用。

具备海量数据建模能力的深度学习方法的兴起，推动人工智能发展进入大数据驱动的机器学习阶段，机器学习走到了人工智能的最核心位置，并向着知识的规模化建模和隐性知识抽取两大难题迈出了坚实的一步。基于数据获取知识甚至智能的能力达到前所未有的水平。

基于大数据的深度学习模型和算法在机器翻译、模式识别、博弈等各个人工智能分支领域均取得了巨大成功，并很快在产业界得到认可。2015年，在斯坦福大学组织的 ImageNet 比赛中，微软图像识别算法准确度首次超越人类水平；2016 年 3 月，DeepMind 开发的围棋机器人 AlphaGo 与围棋国际冠军、职业九段棋手李世石进行围棋人机大战，围棋世界冠军以 4 比 1 的总比分获胜，让人们惊觉人工智能的力量已经今非昔比。而在 2017 年，Alpha Zero 仅仅训练了 3 天就战胜了 AlphaGo，再次让世人惊叹。

不论是符号主义、连接主义还是行为主义，最早都源发于 20 世纪中叶，天才的人工智能奠基者们在人工智能发展早期就已经总体勾画出了实现智能的几条主要途径。

人工智能多年的发展，经历过乐观兴奋期，也跌入过悲观低谷期，但在科学家对拥有像人类一样的机器智能的梦想坚定而持续的推动下，人工智能技术始终在不断演进和完善，经历了"三起两落"的理论积淀和螺旋演进，人工智能发展迎来了新生，历史性地进入产业化阶段和技术创新活跃期，也使我们看到了人工智能技术落地并驱动经济社会智能化变革的曙光。

1.4 跨入技术创新活跃期

历史上重大技术创新都经历了技术探索期和技术创新活跃期。

1946 年，在美国宾夕法尼亚大学诞生了第一台计算机"ENIAC"，使用了约 2 万个电子真空管，重达 27 吨，耗电 150 千瓦，能够进行每秒 5000 次加法或 400 次乘法运算，主要用于弹道计算和科学研究。1954 年，贝尔实验室发明的第一台晶体管计算机 TRADIC 被认为是最早的第二代电子计算机，使用了 684 个晶体管，耗电量小于 100 瓦，但仍主要局限于实验室使用。

20 世纪 60 年代，IBM 投入 50 亿美元研发的采用集成电路的第三代计算机 IBM System 360 取得巨大成功，并成为划时代的产品，计算机技术创新才开始加速发展，并开启了商业运作的新历程，见图 1-3。

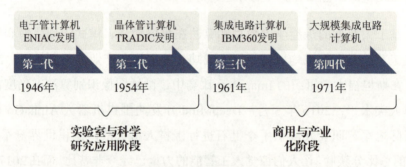

图 1-3　数字化阶段发展历程

再如，1969 年发明 ARPA 网，形成了现代互联网的雏形，1983 年的 TCP/IP 协议建立了主流通信范式。而直到 1991 年欧洲粒子物理研究所发明万维网（World Wide Web，WWW）和网络浏览器技术，一大批企业开始利用网络技术创办门户网站提供社会服务之后，才真正将互联网技术推向社会大众，网络化技术创新热潮得以全面兴起，见图 1-4。

图 1-4　网络化阶段发展历程

作为当前全球信息产业的支柱型技术，芯片技术的发展也经历了这一过程。从 1904 年到 1960 年经过半个世纪的技术探索期，接着又持续了 20 多

智能化变革：人工智能技术进化与价值创造

年的芯片技术创新活跃期，之后进入工艺提升和全面产业化阶段。从产业化视角来看，技术创新活跃期往往是产业巨头崛起、产业格局构建的关键阶段。

同样，人工智能技术作为一门在探索中不断发展的学科，多年来经历了几次起起落落，技术也在探索中趋于成熟，但始终没有走出实验室。人工智能发展的前两个阶段，不论是符号逻辑的推理证明还是人工规则的知识工程，都没能在工业界实现大范围的产业化应用。

新一轮人工智能发展，在自身技术成熟度和外部条件方面与之前阶段都已经大为不同。人工智能产业化具备了条件，打开了空间，达成了共识，是人工智能跨入技术创新活跃期临界点的重要支撑。

一是新的硬件基础和信息条件。 经历了数字化阶段和网络化阶段，ICT硬件计算性能已今非昔比。随着大数据、云计算等相关信息技术的成熟，2009年并行加速芯片GPU等新硬件应用于智能计算，人工智能算法性能得到突飞猛进的提升。未来人机交互技术、5G通信技术等新一代信息技术的进一步升级，又将不断为人工智能产业化带来新的硬件支撑红利。

二是广阔的经济社会应用需求拉动。 全球经济面临下行压力，产业、社会对新技术需求迫切，人工智能是当前少数可见的、能够形成规模化产业效应的新兴技术中的最典型代表。从信息化发展维度来看，数字化、网络化、智能化是一个递进的发展过程，智能化作为与现有产业基础紧密衔接的趋势性大方向日渐清晰，农业、城市、经济、医疗等领域都对人工智能技术的应用提出了自身的迫切需求。场景拉动、需求拉动成为人工智能技术创新活跃期的重要支撑。

三是产业界和资本界的强力推动。 人工智能的产业化成效和未来潜力得到了全球产业界的认同，资金的投入也不断加大。近一两年来，人工智能领域的社会投资正在快速聚集，世界各大科技巨头争相宣布人工智能引领的业务战略，人工智能已经成为世界大科技公司必争之地。根据乌镇智库数据库统计，截至2020年底，全球共成立人工智能企业2.3万家。尤其是随着人工智能游戏博弈、语言识别、图像识别等方面的水平快速提升，自动翻译、知识搜索、智能机器人等人工智能创业公司开始争相创立。

由此，人工智能开始进入学术界和产业界共同驱动的新阶段，企业研发资金的积极投入将改变技术发展路径和技术成熟周期。比如，2019 年谷歌（Google）旗下 DeepMind 公司开发了在"星际争霸Ⅱ"游戏中击败人类玩家的 AlphaStar 系统，据推算，AlphaStar 共使用了 1 万多块谷歌第三代 TPU，训练一天用电量需要花费 80 多万元。自动驾驶企业 Waymo 每年投入 10 亿美元以上，超过了很多大学一年的研发投入。

在基础理论突破、信息环境支撑、经济社会需求拉动和产业界资本界的强力推动下，人工智能呈现加速突破、应用驱动的新趋势。人工智能跨越了"不能用"到"可以用"的转折点，开始从实验室走进人们的生产生活，激活了产业化技术创新的链式反应，进入技术创新活跃期。

1.5　推高数字经济天花板

我们正处在信息技术革命的历史大周期中，这场革命自 20 世纪中叶兴起已经发展了半个多世纪。最初计算机的发明启动了数字化变革，发展起了以台式计算机、服务器、操作系统、办公软件为代表的庞大的 ICT 新兴产业，IBM、微软、惠普、DEC 以及中国的联想等企业巨头借势崛起。互联网的广泛应用把信息技术革命带入网络化阶段，技术创新和产业模式变革不断催生出一大批互联网思维的新产业，为全球经济发展提供着源源不断的驱动力，将信息技术的经济潜力天花板不断推高。

不得不提的一点是，人们的判断往往会受到当前条件的局限，历史上信息技术变革的潜力也曾经被低估，而实际的天花板往往在比人们视野高得多的位置。就像 IBM 董事局主席兼 CEO 托马斯·沃森在 1943 年所说，5 台主机足以满足整个世界市场；比尔·盖茨在 20 世纪 80 年代也认为，640K 内存对哪个人来说都够用了。而事实证明，这一新兴科技领域的经济能量如此惊人。

2000 年左右的一段时间，关于信息产业除了服务器、计算机、软件等传统 ICT 产业之外，是否还会有新的产业空间，在全球范围都存在争论。

因为到数字化后期，产业开始向少数信息领域大企业聚集。IBM、惠普等 PC 巨头分割全球 PC 市场；微软的 Windows、Office 几乎垄断了全球个人 PC 操作系统，新加入的中小企业在这一领域创新和成长起来的难度越来越大。

20 世纪 90 年代末，互联网在全球范围的第一轮扩展曾给业界带来了新的希望，但互联网发展初期技术并不成熟，人们会问：网络能干什么？拨号上网速度极慢，当时只有收发邮箱、门户网站、聊天室、联网游戏等极为有限的落地场景，而且大多局限于娱乐领域，好像干不了别的。在此状况之下，投资热度快速消退，绝大部分创业企业倒闭，互联网领域哀鸿遍野，国内只留下新浪、搜狐、网易几家大的门户网站，以及百度、阿里巴巴、腾讯等少数顽强的种子。

因此，人们对于信息技术的产业化红利是否已经消化殆尽产生了怀疑，对于 ICT 产业是否还有经济潜力可挖当时很多人持消极态度，认为信息技术即将成为明日黄花。

新世纪以来，随着网络设施的大范围推广，互联网企业开始陆续找到适合自己的商业模式。2001 年 Baidu 搜索引擎发布；2006 年电子商务席卷全球，淘宝网成为亚洲最大购物网站；腾讯在网络化社交、娱乐领域不断推出新的产品，互联网开始逐步走进人们生活，网络用户群快速增长。尤其是 2007 年第一代 iPhone 成为划时代的智能手机，带动互联网向更多样化的消费人群下沉普及，网络经济开始爆发。在这个过程中，数字经济的主流产业模式也在发生变化，由数字化时代 PC、软件的产品收费模式，转向互联网经济思维，微信、Facebook、Twitter、Google 搜索都不收费。

见图 1-5，近十几年来中国互联网发展迅速，截至 2020 年 3 月，中国网民规模达到 9.04 亿，互联网普及率达到 64.5%。2018 年中国数字经济规模达到 31.3 万亿，占 GDP 的比重达到 34.8%。

步入 2010 年之后，"互联网＋移动互联网"引领了网络经济新趋势，O2O、外卖、打车、手机支付、共享经济等成为崛起的新经济势力，再次拓展了数字经济的新空间。在 BAT 业务边缘，今日头条、美团、滴滴等借移动互联网之势迅速成长壮大，成为数字经济领域新一代准巨头。

数字化、网络化成为近年来驱动全球经济增长的主要力量，也催生了一大批成功的跨国企业。现在全球市值排名前十的企业中，原来的七家能源、金融等行业企业被替换为数字经济领域企业（见图1-6的橙色柱状显示）。

图 1-5　中国互联网普及率

数据来源：中国互联网信息中心. 第45次《中国互联网络发展状况统计报告》，2020.04

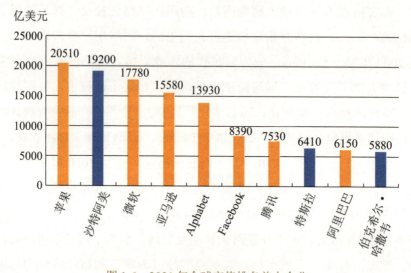

图 1-6　2021 年全球市值排名前十企业

数据来源：普华永道

　　然而近几年，人们也开始注意到互联网经济出现增速放缓迹象，全球数字经济仿佛再次看到天花板。

PC机经历了几十年的创新已基本走向成熟，目前只是CPU的缓慢升级，其余几乎没什么改变，而且PC产品寿命长，加之受到智能手机在外观、芯片、性能以及功能上不断升级的挑战，全球PC出货量自2011年以来呈现连续下滑趋势（见图1-7），信息化第一阶段的产业化空间已经越来越收缩。在此之前的2005年，IBM公司就以12.5亿美元把PC业务（笔记本、台式机）卖给了联想集团，其后花费140亿美元收购了超过20家提供各类业务分析服务的公司，提前加大商业智能业务布局，而这些收购大都为Waston系统的研发提供了各行业的知识和数据来源。

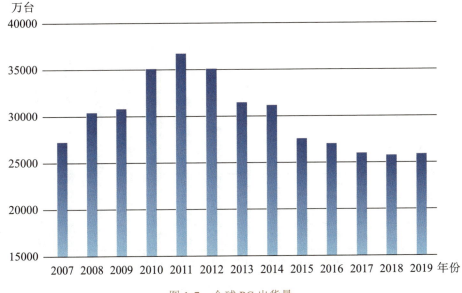

图 1-7 全球 PC 出货量

数据来源：Gartner

从2011年起，收获互联网产业化大潮的产业化红利，借助如雨后春笋般出现的移动互联网APP应用，平板电脑及智能手机等移动互联终端的崛起，把智能终端引向一个高速发展阶段。然而，由图1-8可见，受限于移动互联功能的智能手机创新乏力，更新换代周期延长，自2016年以来，全球智能手机渗透率已近饱和。

2016 年至今，全球智能手机市场发展初现瓶颈。近年来很多人在抱怨，现在的新手机毫无新意，功能过剩，似乎没有换机的迫切需要了。接下来传统智能手机是否要走电脑的老路，形势好像不容乐观。

新一轮的网络化产业红利还有可挖掘的空间，基于移动互联网的创新应用在向更多领域渗透。但是从全球很多国家来看，移动互联网的使用人数和使用时长已经快要达到极限，流量边际成本持续上升，流量红利越来越难发掘。下一步数字经济格局，是只能进入存量博弈，还是能够创造增量开拓新的空间，关系到企业的产业发展模式和国家经济走向。

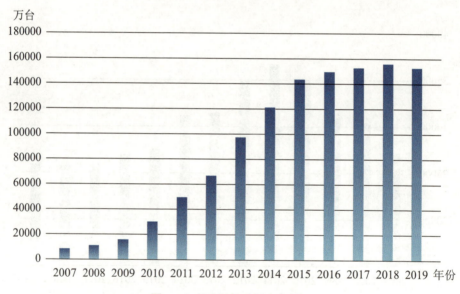

图 1-8　全球智能手机出货量

数据来源：Gartner

当前，一大批人工智能技术快速成熟，政策的支持、人才的汇聚和资本的投入，加速推动人工智能进入全球性技术创新活跃期，从 AI 概念验证扩展到推动经济社会价值创造，经济社会智能化变革已蓄势待发。

见图 1-9，信息科技革命正在迎来智能化新阶段。未来十几年，人工智能将进一步释放信息科技革命和产业变革半个多世纪以来积蓄的巨大能量。随着智能化这一轮新的产业化变革的开始，新的产业空间正在打开。2017

年夏季达沃斯上普华永道发布的报告预测，到 2030 年，人工智能将为全球 GDP 带来高达 14% 的增长，相当于 15.7 万亿美元的市场规模。经历了从信息通信技术驱动到互联网驱动，我们正处于智能化驱动的新的产业红利期起步阶段。谭铁牛院士认为，人工智能的春天刚刚开始，我们正处于人工智能的巨大浪潮中，未来十年，人工智能将是最具变革性的技术。

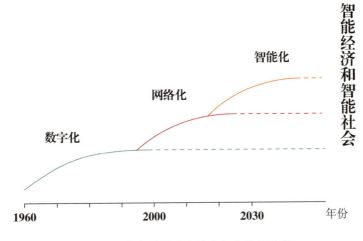

图 1-9　信息科技革命迎来智能化新阶段

展望未来，在经济领域一个全新的大门已经开启，智能化驱动的数字经济将成为全球经济增长的新引擎，将创造新的产业价值，再次推高信息科技变革的经济天花板。在新一轮产业化变革和新的产业空间中，行业壁垒不高，创新机会丰富，将催生出新的巨头企业和一批独角兽企业。对于国家来说，能否发掘和利用这次智能科技变革提供的技术潜力，先人一步转换为经济和社会发展新动能，实现经济发展模式的转型和跨越，也将是一次新的发展机遇和挑战。

INTELLIGENT
REVOLUTION

第二章

蝶变：人工智能的新起点新历程

以深度学习为代表的连接主义技术路线，借助了近年来全球数据和算力大爆炸机遇异军突起，智能化技术群集中成熟，在算法、算力和大数据的共同支撑下，深度学习引领了新一轮的人工智能发展高潮。如同经历一次蝶变，人工智能实现了能力的实质性跃升，形成新的技术形态。总体上看，人工智能已经走上新起点新征程，在技术范式上，数据智能正在成为主流，类脑智能蓄势待发，量子智能加快孕育；在智能水平上，全球人工智能发展由弱人工智能向强人工智能过渡，数据驱动的感知智能日益成熟，知识驱动的认知智能渐次突破。

2.1 多层级的智能技术体系

人工智能的研究内容既包括基础层通过多学科交叉开展的神经处理机理、生物启发的演化机制、智能计算模型等研究，又包括共性技术层的机器学习、智能算法、智能芯片，还包括专用技术层的自然语言处理、计算机视觉、知识表示、自动推理、机器学习、人机交互等技术，共同支撑专家系统、智能机器人、自动驾驶等各类应用层典型智能系统，这些共同构成了多层级的智能技术体系，见图 2-1。

在基础理论层面，人工智能具有典型的多学科交叉特点。概率论、逻辑学、统计学等学科都是人工智能发展的基础学科，为贝叶斯网络、产生式系统、深度学习等方法提供了理论基础；心理学、生物学、社会行为科学也为强化学习、启发式搜索、遗传算法等提供了重要的方法启发；下一步脑神经科学、认知科学、量子科学的新发现，也将继续推动人工智能新模型新算法的突破。

在不同基础交叉学科支撑下，在过去的几十年中，符号语义、连接语义、行为主义等学派的研究者从不同的技术路线上发展起大量智能模型和算法，这些技术主要处于共性模型和方法层。各种模型方法在不同时期发挥了重要作用，未来也将优势互补，共同支撑上层人工智能各专项智能技术的突破和发展。

语音识别、机器视觉、自然语言理解等人工智能技术，大多是处于专项智能技术层。同时，各项专项智能技术的集成应用也支撑了各类智能系统的研发和产业化应用。在专项智能技术层和智能系统层，各个方向的产业化价值都已比较清晰，每个方向上都可以支撑企业化运营。近年来，在专项智能技术层和智能系统层很多方向上都已经成长起了大批独角兽公司。

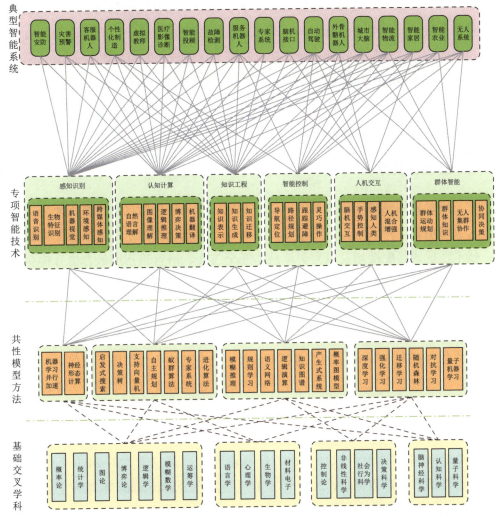

图 2-1　人工智能技术生态体系示意图

1. 图像识别

图像识别是当前发展迅速的专项类智能技术，是指利用计算机对图像进行处理、分析和理解，从图片或影像中识别出物体、场景甚至行为，或对目标进行识别、跟踪和测量的相关技术。

典型的图像识别技术包括文字识别、人脸识别、虹膜识别、商品识别等。图像识别通常包括一系列更为具体的子任务，包括图像采集、图像预处理、特征提取、图像匹配与识别等。机器学习技术是目前计算机视觉的主要研究方法，通过在海量图像中不断训练和改进视觉模型来提高其识别对象的能力。当前 TensorFlow、PyTorch 等主流的深度学习开源框架均有相应的应用层计算机视觉开源软件或开源工具集与之配套，如 TensorFlow-Models、PyTorch Vision 等。图像识别也是立体视觉、运动分析、数据融合等技术的基础，在导航、地图与地形配准、自然资源分析、天气预报、环境监测、生理病变研究等许多应用领域具有重要价值。

2. 语音识别

语音识别是另一项重要的专项类智能技术，让机器自动且准确地转录人类的语音，是实现人与机器进行语音交互的基础性技术，包括特征提取技术、模式匹配准则及模型训练技术三个方面。语音识别把语音信号转变为相应的文本或命令，是语音输入、语音控制、智能对话等应用技术的基础。

图像识别和语音识别是在基于大数据驱动的深度学习推动下率先达到成熟并走向产业化的两类人工智能技术。IBM 在 20 世纪 90 年代就提出了一款名为 IBM ViaVoice 的语音听写软件，当时的实用效果还不理想。经历了持续的潜心研究之后，该软件逐步具备了连续语音识别和强大的学习功能，经过口音校正就能够在 Word 中以听写方式输入文字，IBM ViaVoice 世纪 1.0 版被纽约时报评选为 2000 年最受欢迎的十大顶尖商务软件之一。Switchboard 测试语音识别系统的经典语料库，是包含大约 2400 个日常电话对话的标准数据集，2017 年微软工程院在 Switchboard 数据库上达到 94.9% 的语音识别准确率，水平与人相当。

目前语音识别技术在各类人工智能专项技术中成熟度已经比较高，开始在大量场景落地。比如智能家居领域，语音识别技术正在成为关键性技术，各类家电企业都在利用语音识别与交互升级产品中控系统。但同时，语音识别技术在进入真实工业环境应用的过程中，也还面临像远场噪声、方言、情感识别等大量技术难点，仍有一定的创新提升空间。

3. 自然语言理解

自然语言理解使计算机具有文本处理能力，能理解和运用人类社会的自然语言，与语音识别技术相结合，目前已经能够实现人机之间的多轮对话。内容理解、知识抽取、语义推理等高级认知技术的研发正在全球大规模开展，成为新一轮人工智能发展中最活跃的技术突破方向之一。

由于理解语言存在切词、歧义、上下文联系等一系列挑战性问题，自然语言理解一直是人工智能领域未得到很好解决的问题，因而也被称为人工智能皇冠上的明珠。辛顿（Hinton）认为深度学习的下一个大的进展应该是让神经网络真正理解文档的内容。杨立昆（Yann LeCun）也表示深度学习的下一个前沿课题是自然语言理解。

前期自然语言处理主要基于语言学的方法，基于规则和知识的方法，但成效并不显著。近年深度学习发展起来之后，基于大规模真实语料库的数据驱动建模方法取得了更好的效果，目前主流的自然语言处理都是采用机器学习的方法。通过建立语言模型对语料中语言表达的概率分布进行学习，从而获得给定字符或单词表达某一特定语义的最大可能性，正在成为近几年人工智能领域的一大热点前沿方向。近年来，ELMo、BERT等新的网络模型深度结合文本语言理解问题的内在特征，设计了双向训练、预训练等创新性方法，与特定任务不相关的预训练和针对特定任务的再训练结合，强化了语言模型的语境建模能力、知识迁移能力，推动自然语言处理领域实现了长足进步。未来基于知识和推理的深层方法与基于语料统计等数据驱动方法结合起来，有可能为自然语言理解能力带来新的突破。

从产业化角度看，人工智能的核心是共性技术层，专项智能技术层的新算法是人工智能技术水平的最直接体现。可以说，在核心算法领域具有绝对优势的公司，将在人工智能产业化这场长跑赛中取得最终胜利。如果企业想要在产业应用上谋求长远竞争优势，就需要在算法层有较深的技术储备，并将优势向应用层延展。

从理论创新看，对于人类智能的模拟，正在不断实现和突破，但每种智能类型采取的技术路线却大不相同。对感知智能，深度学习发挥出了强大的威力。但对于思考与推理，深度学习却一筹莫展。可能不会有大一统的算法模型解决各类智能问题，未来仍需要不同技术路线优势互补，协同完成感知、推理、博弈、优化等智能任务。

2.2 机器学习的新里程碑

机器学习是人工智能领域最重要的共性技术，指的是计算机系统不断从解决一类问题的经验中获取知识，学习策略，在遇到类似问题时，运用经验知识解决问题并积累新的经验，对问题进行预测和判断。因而，机器学习对"经验"的依赖性很强。

经典的机器学习算法包括分类与回归树、朴素贝叶斯、神经网络、支持向量机、K-均值、AdaBoost、K近邻等。根据提供的样本数据的信息丰富程度和训练反馈方式，机器学习大致可分为有监督学习、无监督学习、强化学习等类型。有监督学习主要实现分类、回归、预测等能力，无监督学习重点应用于聚类、降维、知识抽取等任务。深度学习是机器学习中在样本丰富条件下进行有监督学习的最成功范例，小样本学习、无监督或半监督学习等是当前仍有待发展的更富挑战性的机器学习问题。

从20世纪90年代开始，学术界关于多种机器学习方法曾经历了相当长的诸侯纷争期，以BP网络为代表的神经网络、支持向量机、贝叶斯学习等不同学术路线各有所长。支持向量机基于统计学习理论实现了学习能力，并且由于其优雅而严谨的数学基础，以及在小样本条件下优秀的泛化能力，从20世纪90年代到2010年左右曾引领了世界机器学习领域的潮流。

然而在深度学习出现之前，所有的机器学习方法都在受限于70%～80%准确度水平，很难突破性能瓶颈。最终，以深度学习为代表的连接主义方法打破了这一僵局。

深度学习源于连接主义学派发展起来的神经网络技术。对神经网络的研究已有近半个世纪，只不过以前通常研究的是只有一层隐层节点的浅层神经网络。在此基础上，从2006年发展起来的各种深层网络结构的神经网络模型，通常都被称为深度学习。目前，深度神经网络已经可以具备数十万个神经元节点，实现多达10亿连接权重，可以建模非常复杂的非线性映射关系。

借助进入大数据时代的海量数据和以GPU图形处理器为代表的强大计

算力的支撑，深度学习通过模型深度化的途径使机器学习实现了实质性的性能突破，连接主义在机器学习方面一枝独秀的优势越来越凸显。常见的深度神经网络类型包括卷积神经网络、递归神经网络、图神经网络、生成对抗网络（GAN）等。

1. 它具备了更强大的数据的知识抽取和建模能力

深度学习的成功既有硬件的进步，也有神经网络模型与参数训练技巧的进步。之前近邻法、决策树、支持向量机等传统机器学习方法，往往不做特征变换，浅层神经网络也只进行一次特征变换。神经网络隐层数越多，特征变换次数就越多，可以抽象出丰富的特征量，多层非线性映射的堆叠使模型建模能力和判别能力越来越强。通过足够多的转换的组合，非常复杂的函数也可以被学习。

传统的浅层神经网络受到表达能力限制，在超过一定样本量后，模型性能就会趋于饱和，很难再往上提升，甚至会走向过拟合。而深度学习对大数据表现出天生的亲和力，随着数据量的增加，深度学习算法的准确性会继续大幅度上升。而且深度学习通过先用非监督学习预训练将网络初始参数进行优化，再用监督方法学习调整各层参数，使如此庞大规模的网络最终能够收敛下来。深度学习擅长发现高维数据中的复杂结构，除了在图像识别、语音识别等领域打破了纪录，在预测潜在的药物分子活性、分析粒子加速器数据、重建大脑回路、预测在非编码 DNA 突变对基因表达和疾病的影响等应用上的性能也远远超过传统方法[1]。

比如在金融领域，原来使用传统机器学习方法建立的预测模型，进行基于股票交易历史数据的建模和定量化预测。当前，大数据驱动的深度学习模型所能捕获的信息量极大拓展，不仅是历史交易数据，还可以囊括企业运营、行业事件、政策变动等各类可能影响股民心态和决策的环境信息等，所建模的知识远远超过传统模型，可实现对态势的更深层认知和更准确预测。

---

[1]　Yann LeCun, Yoshua Bengio, Geoffrey Hinton. Deep Learning[J]. Nature, vol.521, 2015：436-444.

2. 它具备机器自主发现知识的智能涌现能力

智能涌现体现的是机器自主发现知识和形成智能的能力。自人工智能创立以来，大量学者都在采用仿生、交互反馈等方式研究怎么使机器实现智能增长和涌现。深度学习走的是从数据中获取智能的习得智能技术路线，或者说是基于历史数据和案例经验的学习模式。人工智能早期的基于逻辑学和规则决策的专家系统，可以称为线性人工智能，其知识和能力是随知识输入和系统规模线性增长的。而深度学习在智能生成方面属于非纯性增长，其模型可从超过人类大脑处理能力的数据中，自行抽象和挖掘出新的关联、新的规律，能够超出人类自身对这一问题的原有认知，实现更强的智能涌现能力。

3. 其自动特征抽取使实用性大幅度提升

传统的机器学习需要通过数据预处理、特征抽取、特征选择、模型训练等几个环节，才能使用训练好的模型进行推理预测识别，系统性能很大程度上取决于特征提取和特征设计。深度学习是一种特征学习方法，借助强大特征变换能力，可以生成并自动筛选最适合的抽象特征，大大简化了传统机器学习所需的特征工程手工操作环节，使建模规模可以受益于可用计算能力和数据量而大规模增加。而最早在 AlexNet 中得到采用的 Dropout 舍弃法，使得深度学习不容易陷入过拟合，已经成为提升各类深度学习模型泛化能力的关键方法；批量归一化方法则能够大大加快网络收敛速度：这些训练优化策略和方法，使得深度学习不仅在建模能力方面实现了质的飞跃，其实用性也不断增强。

因此，深度神经网络成为机器学习技术创新的新里程碑，在解决计算机视觉、自然语言处理和机器翻译领域中的长期问题方面取得了极大成功。见图 2-2，2012 年，辛顿（Hinton）团队在 ImageNet 比赛中首次使用 8 层的深度卷积神经网络完胜其他团队，其图像识别误差率大幅度降低到 16.4%。2014 年，Google 做了 22 层深度神经网络，将图像识别误差率降低到 6.7%。2015 年，来自微软的 ResNet 做到 152 层深度神经网络，其图像识别误差率低至 3.57%，超过人类水平。

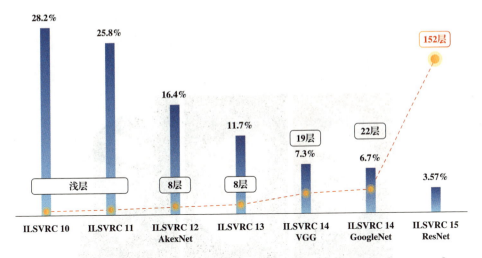

图 2-2　深度神经网络在历次 ImageNet 上的成绩

目前，深度学习已经成为人工智能领域的主导范式，过去在专家系统时代难以解决的知识规模扩张难题，采用大数据驱动的方法都已不再是问题。甚至类似人类的直觉等能力，也可以通过复杂模型建模的方式让机器掌握。

如 1.4 节所述，20 世纪 60 年代集成电路推动了以计算机为代表的数字化进入大规模产业化，20 世纪 80 年代万维网推动了以互联网为代表的网络化进入大规模产业化，而深度学习最大的贡献就是推动了人工智能从实验室阶段向产业化阶段的历史性跨越。

ARK 认为，20 年间互联网大约为全球股权市场创造了 10 万亿美元的市值，而深度学习在未来 20 年有望创造 3 倍于互联网的市值，达 30 万亿美元。2018 年图灵奖授予约书亚·本吉奥（Yoshua Bengio）、杰弗里·辛顿（Geoffrey Hinton）和雅恩·乐昆（Yann LeCun）深度学习"三巨头"（见图 2-3），这也是全球学术界对于深度学习对人工智能发展的里程碑式贡献的肯定[1]。

近年来，有监督学习与无监督学习的界限越来越模糊，比如目前越来越热的预训练模型往往先采用无监督学习方式构建一个通用性较强的庞大

---

[1]　DeepTech 深科技 . 深度学习"三巨头"获得 2018 年图灵奖 . 2019.3. https://baijiahao.baidu.com/s?id=16291647151799946796&wfr=spider&for=pc.

模型，之后再基于特定问题的带标签小样本，采用有监督学习方式实现更具体任务的学习。同时，生成对抗网络、随机森林、联邦学习等新的机器学习方法演进发展也很快。

约书亚·本吉奥　　　　杰弗里·辛顿　　　　雅恩·乐昆

图 2-3　深度学习"三巨头"

2.3　智能形成的三大来源

机器如何获得智能是长期以来众多人工智能研究者持续探究和思考的问题，也将是人工智能未来长期的研究课题。从人工智能几十年的发展历程来看，不同的技术学派使机器拥有智能的理念各不相同。

当前新一代人工智能取得的成功，主要归功于 2006 年提出的深度学习神经网络、2009 年高性能并行计算芯片应用于智能计算，以及 2010 年后大数据计算体系和数据基础进一步成熟。如果说从神经网络到深度学习只是同一技术路线上的量变过程，这种能够支持海量数据建模的深度算法与强大算力和海量数据这三力汇聚所激发的化学反应才是质变过程，新一代人工智能得以蝶变为足以引发经济、社会深度变革的新的"能"。

当前人工智能的智能生成机理已不同于之前阶段，大数据、高算力和大模型等三种不同领域的技术在新世纪初集中成熟、历史性交汇，实现了智能涌现的突破，有人将它称为智能算法中的"暴力美学"，在这一路线上已经催生出了 AlphaGo、GPT-3 等具备令人惊叹的智能水平的人工智能系统。现阶段机器智能的实现逻辑大致包括以下三个方面。

1. 数据蕴含的智能

预测、决策、优化等大量智能都需要基于知识，而知识正在从大数据获得。

在 20 世纪 70 年代之前的人工智能研究中，人们主要采用符号演算来衍生智能。科学家们致力于以推理驱动的模式实现机器智能，解决应用题解答、几何题证明等问题。此后，以专家系统为代表的基于规则驱动的智能范式渐渐占领了人工智能主流地位，但是通过人类知识迁移的方式实现机器智能，还实现不了机器自主的智能增长和涌现。而基于数据驱动的机器学习方法则不再依赖人去梳理逻辑或梳理一些知识，嵌入机器使之具备智能，而是试图让机器自己基于原始数据去抽取知识和形成智能，数据蕴含的丰富信息成为智能生成的重要来源。

随着互联网的快速发展，网络大数据开始快速积累。每个用户通过网络进行的购买行为积累了大量信息：页面停留时间、用户是否查看评论、每个搜索的关键词、浏览的商品，等等。这些用户数据能够真实还原其消费行为、习惯、偏好等信息，而基于这些信息开发的智能化服务对于促成商业服务具有重要价值。

数据也是各类认知系统的智能来源。IBM 为了"喂饱"沃森（Watson），曾收购多家医疗健康领域的公司，比如可以查看 5000 万份美国患者病例的分析公司 Explorys，拥有超过 300 亿份医学图像的医疗影像与临床系统提供商 Merge Healthcare。大量账单记录、病历、X 射线和 MRI（磁共振成像）图像等医疗数据的输入，为沃森系统提供了持续的智能提升来源。

人类的经验和知识正以大数据为载体向智能系统转移。比如说医疗影像识别，现在是智能医疗领域最活跃、相对成熟度较高的人工智能技术落地场景。可疑病灶的识别、定位与标定，需要依靠大量专业医生的经验和知识，高水平的医生通过数据标注将人的知识嵌入医疗影像标注数据中，用深度学习方法实现知识的模型化，建立起医疗诊断系统，可以大规模地复用和并行化使用，就能够为很多边远地区不具备高水平医疗条件的医院提升诊断能力。其中，标注数据集的质量和水平，很大程度上决定了医疗影像诊断系统的智能水平和产品竞争力。

为了获取汽车行驶过程的环境、路况等经验数据，Waymo 无人车已经跑了超过 2000 万英里，这也是目前自动驾驶决策模型增长知识和衍生智能的重要来源。

2. 计算力蕴含的智能

天下武功，唯快不破。在程序设计中，大家经常会有这样的体会：即使用一个看起来挺笨的基础算法操作，结合反复的循环迭代，当计算足够快之后机器仍然可以表现出非常高的智能反应。随着计算机"暴力计算"能力的不断提高，就可以使用相对"简单"的计算统计方法解决相对"复杂"的问题[①]。遍历搜索等计算型智能就曾推动棋类博弈程序发展。1997 年，重达 1.4 吨的 IBM 超级计算机"深蓝"（Deep Blue）在国际象棋比赛中，以 6 局比赛 2 胜 1 负 3 平的成绩战胜了世界冠军卡斯帕罗夫，主要还是以暴力穷举为基础。在强大计算力支撑下，人工智能研发者可以利用低于人类的智能算法，制造超越人类能力的智能机器。

计算能力不足曾是人工智能发展的制约因素之一，很多智能算法因受制于计算速度而难以应用于实践。缺少计算力这一关键要素，数字化时代终究不能成为智能化时代。

20 世纪 80 年代，一台微型计算机的内存尚无法支撑读入一张高清图像，一直到 20 世纪 90 年代中期，人工智能学者还不具备研究机器视觉问题的足够硬件条件，图像识别研究也只能处在方法阶段，更无法形成机器视觉的实际应用。更不用说采用现在深度学习的计算模式，支撑对海量图片进行深度挖掘和知识抽取。

集成电路技术在持续推动着算力增长。1965 年，英特尔（Intel）公司联合创始人戈登·摩尔提出的摩尔定律成为最成功的技术预测之一，集成电路芯片上所集成的晶体管数量，按每隔 18 个月翻一番的速度飞速增长。最早的计算机"ENIAC"能够进行每秒 5000 次加法或 400 次乘法，而现在苹果 iPhone8 手机的 A11 处理器在 1 平方厘米集成了 43 亿晶体管，已经达到每秒 1 万亿次的计算速度。

[①] 谢耘. 智能化未来："暴力计算"开创的奇迹 [M]. 北京：机械工业出版社，2018.

智能化变革：人工智能技术进化与价值创造

卡斯帕罗夫 1995 年还在批评计算机下棋缺乏"悟性"，但 1996 年他就开始认为"深蓝"貌似有悟性了，而实际上这期间"深蓝"只是在计算能力上提高了一倍而已，并没有方法上的根本改变，一些人类感觉到的高阶智能，只是因为超出了人脑的解释能力。

近年来大规模并行计算技术的应用使得人工智能再次向前迈进了一大步。云计算技术为深度学习的高效计算提供了平台；早期用于满足可视游戏中高密度视觉处理需求的图形处理单元（GPU）开始用于深度学习的矩阵运算，使得深度神经网络节点数量和运行效率大幅提高。近年来快速发展起来的 NPU、TPU，以及 FPGA 人工智能专用芯片都在训练端、模型端实现了并行计算加速，成长为新阶段人工智能产业的新生力量。

得益于算力的飞速增强，很多原来受计算复杂度限制而不可计算的问题，开始变得可实现了。计算力的不断提升，正在为人工智能进一步加速发展提供强大推动力。甚至有专家表示，单位算力成本正在以指数级变得便宜，未来任何不能有效利用算力的新算法都将前途有限。

3. 算法蕴含的智能

计算机发明以来，早期的计算效能进步主要来自于硬件的贡献。尤其是随着 20 世纪 60 年代集成电路技术加速发展以来，单位尺寸芯片上的晶体管数量按摩尔定律呈指数级增长，推动现代计算机沿着体积更小、速度更快的方向快速进化。然而目前摩尔定律也正在面临失效的挑战，尤其是当 2019 年以来最先进的制程工艺开始走向 7 纳米甚至 5 纳米之后，晶体管尺寸会越来越受制于硅原子直径而难以进一步压缩。

实际上，在计算机发展的几十年里，算法对于计算机整体计算效能提升的贡献已经大大超过处理器。柏林康拉德信息技术中心格罗斯彻教授发现，在 1988 年，通过当时的计算机和线性程序实现规划模型解决标准化生产要花 82 年。而在 15 年之后的 2003 年，同样的问题在大概一分钟之内就能解决，效率几乎提升了 4300 万倍。在这个过程中，效率提高 1000 倍主要归功于处理器的速度提升，而 43000 倍的贡献则来源于算法的进步。

为此，我们可探讨一下智能算法与可计算问题。

算法的计算复杂度是指随着问题规模的增加，求解算法的工作量增长的速度。由此可将待计算问题分为 P 问题、NP 问题、非 NP 问题等。P 问题指的是能够在规模 n 的多项式函数时间里得到解决的问题，这些都是计算机容易解决的问题；NP 问题指的是能够在多项式的时间里验证一个解是否正确的问题，NP 问题中有相当一部分也是能够在多项式的时间里求解的，也能通过计算机进行计算，NP 问题包含了 P 问题。而非 NP 问题，如 NP-hard 问题，就是不能找到一个多项式复杂度的算法验证一个解是否正确，更不能在多项式的时间里求得问题的解。

目前看 NlogN 大致是计算机可计算的边界。也就是说，当前算力条件下，对于一个问题只有能够找到计算复杂度为 NlogN 类型算法时，这类问题可以理解为是计算机可计算的，包括 P 问题和部分 NP 问题。以现有硬件计算能力计算机仍难以玩儿转大量的非 NP 问题，而这类问题却是人们现实生产和生活中大量面临的问题。

计算能力限制了可探索问题的范围，这就导致计算机能解决的问题一直存在局限，由此分为易解的问题和难解的问题。智能算法的一个重要价值在于经常能够将难解问题的计算复杂度降低，变成计算机能够完成的计算任务。

智能算法通过实现知识的抽取和建模，使人工智能具备了更强的学习和泛化能力，能够完成分类、预测等决策型任务，替代了传统程序中各种大量 IF 嵌套的遍历判断过程，大大降低了计算复杂度。通过实现计算复杂度可接受的智能算法，就能够将难解问题转变为易解问题。

围棋是一个回合制的棋类项目，对于这样一个问题最简单最直接的方法就是完全的树搜索，对整个棋盘穷尽一个搜索。以围棋一盘棋平均要下150 步计，每一步有 250 种可选的下法，列举所有情况的方式，需要计算 250^{150} 种情况，大致是 10^{360}。对这样一个穷尽式搜索导致的搜索爆炸，所蕴含的可能性的数量比整个宇宙的原子数量还多，目前集全世界所有算力都没有办法完成。

因此，尽管人工智能在 20 年前就已经通过遍历搜索的超强算力轰炸打败人类国际象棋冠军，但围棋却一向被认为是一个典型的计算机难解问题。

智能化变革：人工智能技术进化与价值创造

然而人类的职业棋手，却可以凭借大局观、直觉、棋感等能力把握局势、判断落子。因此，围棋始终被认为是人类大脑的专利，甚至有人称其"是地球人的最后一个堡垒"。

基于人类积累的棋谱和经验，在人工智能算法中巧妙设计启发式规则、概率模型，就能够对搜索树进行剪枝，使树的宽度、高（深）度得到大幅度压缩。尤其是深度学习可以充分利用历史数据和统计规律以及概率分布形成的估值网络，在博弈过程的每一步针对给定当前的棋盘、棋面评估不同走法可能的胜算概率，相当于利用统计手段排除了明显无效低效的招法，精简了运算量。

人在处理这些 NP 问题时并没有采用遍历搜索，人脑也不具备足够的计算力，而 AlphaGo 解决问题的方式与人脑的棋感、直觉等非常相似。这样，智能算法就把一个现有算力不可计算的"组合爆炸"问题，通过算力可接受的智能算法，在可接受时间内给出近似最优解。比如商品推荐系统给出的个性化推荐，用户可能喜欢多一点，也可能喜欢少一点，并不存在严格的对错判定。

可见，人类日常进行思维决策活动，其中很大一部分都涉及不确定性或概率推断。现实世界还有大量不确定性、动态变化问题，都是无法建立确定性模型的，暴力计算式遍历也是不可实现的。解决这类复杂问题，就需要放弃严格逻辑而改用概率逻辑，人工智能技术在这类领域具有非常广阔的空间。

由于"维度灾难"导致的问题复杂度指数级增长，在军事、社会、经济、环境、气象等领域仍存在大量 NP 问题尚未解决，气候变化、可持续性发展、疾病和医疗问题等社会面临的严峻挑战，人类目前进展都不够快。还有各类离散组合优化和涉及大量要素的博弈决策问题，很多都是不可遍历的问题，比如港口、机场航班优化调试、EDA 芯片设计软件中布线最优化、图像内容理解中的图匹配、物流运输中大量存在的路径优化问题等大都是 NP 问题。当这些问题规模大到一定程度，如果没有智能算法，解决起来将会极其复杂，只能找到一个低质量方案，甚至不可解决。

智能算法开拓了机器能够求解问题的新疆域，人们开始发现，有太多问题可能用智能算法得以解决。很多类似创造性、悟性之类的智能感受，可能通过在人类所无法遍历的高维状态空间中求解就能够实现。由于智能机器在高维空间中的超强寻优能力，AlphaGo 往往会给出匪夷所思的走法，而这种创新能力也可广泛应用于设计、药物研发、参数优化、工艺配方等现实业务中。比如，利用构建的生物信息知识图谱和高性能计算等技术，可以实现复杂生物信息的深度认知，提升自然生物机理探究能力。在智能交通领域，通过巨量数据进行优化计算和预测分析，以整体最优为目标调控全市车流和规划每辆车的行车路线，可以解决大城市交通优化问题。

不完全信息博弈是典型的巨复杂问题，战略型游戏的状态空间接近无穷维，复杂、快速、多变现代化战争使得指挥与控制面临信息不完备性、环境高度复杂性、边界不确定性、博弈强对抗性、响应超实时性等关键挑战，以指挥决策为核心的智能军事有很大创新空间。"深绿"（DeepGreen，DG）是美国国防高级研究计划局（DARPA）研发的下一代作战指挥和决策支持系统，通过模拟仿真预测预演采用不同作战方案的可能效果，帮助指挥官做出正确的决策，缩短作战响应时间，在瞬息万变的对垒博弈中领先对手一步。

数据、算力、算法自身都具备使机器产生智能的能力，三者的汇聚成为过去十年助推人工智能再度崛起的关键要素。蔡自兴教授认为，数据是人工智能之基，算力是人工智能之力，算法是人工智能之魂[1]。未来，数据、算力、算法也将共同驱动新一轮人工智能产业化发展，为智能化产品和服务带来强大创新力。

2.4　不同维度看智能蝶变

人工智能从 20 世纪中期一路走来，这门学科的具体目标和内涵也在发生变化。随着智能技术的落地和社会智能化水平不断提高，科技在改善人类生活体验的同时，让人们对智能的理解也在不断提升，越来越多的智能技术被人们归为像计算器一样的常规技术。

---

① 蔡自兴等 . 人工智能及其应用（第 5 版）[M]. 北京：清华大学出版社，2016.

十多年前，手写汉字识别还是人工智能学术界尚在挑战的问题，而当前已经很少有人再将手机上的手写识别称为人工智能技术了，而只是输入法之一。往往一项能力一旦实现，人们就不再觉得它很"智能"了，可能它就会被人们排除在人工智能范围之外。

约翰·麦卡锡是达特茅斯人工智能会议发起组织者之一，也是人工智能概念的最早使用者，据说他总抱怨，"一旦一样东西用人工智能实现了，人们就不再叫它人工智能了"，"人工智能的所有主要问题都是难解的"。这给人工智能发展带来不断前进的持续需求，也给如何对人工智能技术做出评价带来很大难度。

现在有关人工智能的概念很多，比如弱人工智能、强人工智能、感知智能、认知智能、专用智能、通用智能等，它们之间相互重叠交叉，有些提法也比较模糊。这主要是人们从不同维度看待人工智能造成的。人工智能在不同方面都在持续进化发展，我们可以用一张不太严谨的路线图（见图 2-4），大致勾勒一下人工智能阶段性发展历程。

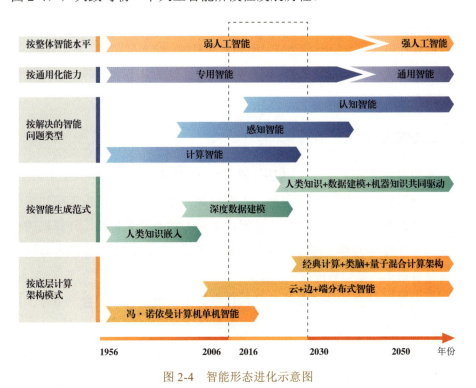

图 2-4 智能形态进化示意图

综合起来看，从当前到至少 2030 年，人工智能在不同维度都将发生关键性变革，从不同方面推动能力实现跃迁。这段时间将是人工智能发展的技术创新活跃期，也将成为人工智能从弱向强过渡的关键时期。

具体从以下几个维度作以分析说明。

（一）从智能问题类型的维度

从人工智能能够解决的智能问题的类型角度看，人工智能可以划分为计算智能、感知智能和认知智能三种类型。当前处于感知智能日益成熟，认知智能面临突破的阶段。

1. 计算智能

通常认为计算智能是指早期发展起来的主要通过发挥计算机迭代计算的算力优势来实现人工智能的方法，包括遍历计算、启发式搜索、模糊计算、模拟退火等，1997 年战胜世界冠军卡斯帕罗夫的 IBM "深蓝" 往往被认为是计算智能的典型代表；也有很多通过学习借鉴自然界中生物行为或进化机制而设计出来的计算智能方法，比如蚁群算法、粒子群算法、遗传算法等。计算智能被大量应用于解决博弈、路径规划、复杂业务调度等多目标优化或高维空间求解问题。

2. 感知智能

感知智能是基于视、听、传感等感知数据，使机器具备类似人类的感知、识别和交互能力，包括语音识别、人脸识别、环境感知等。由于感知智能需要大量的视频、音频、传感器数据，在人工智能发展早期，计算机的存储能力和计算能力都无法支撑庞大的数据运算，学习模型和算法也难以处理海量数据集，感知智能发展缓慢。

深度学习最擅长从大量的非结构化数据中发现模式，图像、声音、视频、文本等各种类型的交互数据都非常适合于深度学习，因此基于深度学习的模式识别近年来在语音识别、图像识别、环境感知、人机交互等感知智能应用中得以大展身手，成为当前人工智能研究最大的热点。2015 年，微软的图像识别系统错误率降低到 3.57%，首次超过人类水平。2016 年，微软的语音识别系统将词错率降低至 5.9%，标志着人工智能的语音识别能力已经高于世界上绝大多数人，与人类专业高手持平。2019 年，谷歌用 AI 诊断根据患者胸部 CT 图像发现更多没被发现的早期肺癌病人，无论是和单个医生相比，还是和某一科目的医生相比，这项研究中模型的准确度都相当高，超越了人类水平。

目前，语音识别、人脸识别等感知智能技术在识别精度上已经赶上甚至超过人类评测水平。尤其是机器具备稳定性、准确性、实时感知、快速反应等超过人的先天优势，远红外、光谱成像新技术可实现弥补人类视觉能力缺憾的超人感知能力，使得感知智能率先突破商业化门槛，并正在成为当前人工智能产业化的主要驱动力量。感知智能在安防、医疗、汽车、家居各个领域快速开拓，已经形成大规模产业化发展态势。

3. 认知智能

从感知智能向认知智能的提升是人工智能发展的必然趋势和必然要求。目前从感知智能的语音识别、图像识别向图像内容理解、语义理解、演绎推理等更高级的认知功能逐步探索，但目前主流技术路线尚不明晰，知识图谱、预训练深度模型等相关技术的发展，都将有助于认知智能的突破。

认知智能的发展需要完成大量理性思维任务，包括理解对话的语义、理解图像内容、情感计算等。尽管困难重重，但学术界、产业产业界都在持续推进。IBM 努力打造"沃森"（Watson）认知系统探索认知智能技术路线，不仅在智力竞猜节目中击败人类选手，也在医疗诊断领域探索认知技术，基于大量医疗专家的经验和知识提出的乳腺癌治疗方案与专家方案的一致率达到 93%；谷歌发布的 BERT 模型在 11 种不同自然语言处理测试中创造了最佳成绩；"微软小冰"通过理解对话的语境与语义，向超越简单人机问答的自然交互发展。

认知智能相对感知智能更具科学挑战性。感知智能的率先突破，也为下一步挑战逻辑推理、自主决策等高级认知智能提供了理论储备和实践经验。而未来随着认知智能问题的持续突破，会激发出新一波技术的产业化红利。

（二）从智能生成范式的维度

基于符号逻辑和知识规则的智能生成范式曾在前两轮发展热潮中引领人工智能发展。当前，数据智能成为主流，"大数据＋深度学习"的数据深度建模成为当前智能计算的主流范式。

遍布海陆空的传感器、虚拟和物理世界的人们的行为数据、各行业的业务数据等，为算法开辟了施展潜力的广阔空间和舞台。然而大数据智能的模式机理还是基于数理统计，对于解决感知类问题、模式识别类问题优势突出，但是进一步向认知能力、推理能力去推进就会面临很多瓶颈和制约。通过模型方法创新实现数据驱动＋知识驱动，将推动人工智能突破现有能力制约。

已经发展的人类知识表示和嵌入方法将在新计算环境下重新焕发生机活力，帮助突破现在数据深度建模方法知识表示和推理能力不足、可解释性薄弱等弊端；随着基于海量数据的自动知识抽取方法的快速发展，机器将自主发现并形成大量有别于甚至超越人类现有知识的机器知识，实现基于知识的学习和推理；借助脑神经机理和脑认知科学的新发现，设计具备概念表示和知识建模能力的类脑认知计算模型，有望从根本上实现机器认知能力提示，将人工智能解决问题的范围从感知智能向认知智能拓展。

美国国防高级研究计划局（DARPA）认为，人工智能发展将经历三个波次：第一波次是人工智能发展初期基于规则的时代，专家们会基于自己掌握的知识设计算法和软件，这些 AI 系统通常是基于明确而又符合逻辑的规则；在第二波次 AI 系统中，工程师和程序员们不必再费心教授 AI 系统完全遵守规则，相反，他们可以开发特定类型问题的统计模型，然后利用各种样本数据训练模型，深度学习是其典型代表；在尚未到来的第三波次中，人工智能系统本身能构建模型，以解释它们的工作原理，即自主发现并形成决策过程的逻辑规则。

（三）从底层计算架构维度看

人工智能发展前 50 年的主要成果，基本都表现为经典的冯·诺依曼计算机上单机运行的智能算法形式。

大数据驱动的深度学习具有计算密集、存储密集的特点，云端高性能集群算力成为智能算法运行的强大支撑，当前阶段主流 AI 系统都已运行于"云端"。同时智能计算前移、就近提供智能计算能力正在成为当前人工智能发展的另一新趋势，人工智能向"云边端"混合架构的分布式智能计算形态演化。

然而云边端的各部分硬件基础仍然是基于冯·诺依曼经典计算机体系的，其计算能力依然受限。中国工程院高文院士和北京大学黄铁军教授都曾提出智能为用、机器为体[①]的观点，认为如果计算硬件层面的"体"彻底更换，可能为强人工智能的实现带来新的机会和曙光。未来从类脑研究领域发展起来的神经形态计算芯片，以及从量子计算领域发展起来的量子智能处理器，将有可能与经典计算优势互补，甚至整体替代冯式计算架构，为智能计算带来新的能力突破，从底层推动智能计算形态变革。

（四）从综合智能水平的维度

弱人工智能、强人工智能和超级人工智能是从整体智能水平角度的综合性概念划分。从目前来看，人工智能发展正处于弱人工智能向强人工智能过渡的阶段。

弱人工智能就是当前在冯·诺依曼计算机体系架构基础上，通过神经网络、支撑向量机、演化计算、强化学习等智能模型和方法，使机器能够解决学习、分类、预测、聚类、优化等问题。弱人工智能无法像人类一样通过经验积累实现认识深化和升华，不能灵活、自主地综合各方面知识解决问题，也不具备遇到问题时灵光一现的突发灵感或创造力。

未来，强人工智能可以胜任更多类似人类智慧的认知任务，实现基于认知学习与决策执行的能力，在许多智能方面都能和人类比肩。此时，计算机能够真正理解人类的语言，感知人类的情绪。强人工智能一直是人工智能学科的核心目标，也是人工智能设计者的最初理想，有不少科学家

---

① 黄铁军. 智能为用、机器为体 [J]. 科学大观园，2018（02）.

预计其将在 2045 年左右实现①。在一次通用人工智能（AGI）会议上，与会学者和专家对出现强人工智能的预测时间汇总结果与这一认识保持了一致性。

也有专家认为，随着强人工智能的进一步发展，有可能出现具有自我意识、类人情感的超级智能，在包括创新、创造、创意等各个领域均有望超越人类。但目前看来，超人工智能仅存在于一些影视文学作品中，能否实现仍未取得共识，离我们还很遥远。

（五）从通用能力的维度

当前还存在专用智能 / 通用智能的概念，从技术演进时间历程上看，可能与弱人工智能 / 强人工智能的实现时间有很大重叠度。两者视角不同，比如强人工智能更强调智能水平的深度；而通用人工智能更强调从智能水平宽度角度进行评价。也有很多学者认为，两者关联性很强，甚至概念上可以互相替代。

专用人工智能，主要指能够实现狭义定义任务或者功能的智能模型或算法，如计算机视觉、语音识别、环境感知、智能控制等。通用人工智能（AGI），则指具备灵活性和通用性的人工智能系统，能够跨领域解决问题。根据实现难度不同，通用人工智能可分为"大通用"和"小通用"，"大通用"是建立实现感知、知识推理、运动控制等各类大任务的通用方法；而小通用则指针对上述某类智能任务，建立适应各类场景的通用能力。比如，目前的医疗影像诊断系统有专门诊断肺结节的，有专门诊断血管疾病的，不同智能系统数据类型、训练样本都不相同，看肺结节的系统不能看血管病变；身份认证系统有采用指纹、人脸、声音、虹膜的，目前也是各不相通的专用人工智能。

智能的深度与宽度是相互交织相互影响的，通用智能的实现需要以认知智能为基础。通用智能并非将各专项智能用一台更大的机器集成起来，通用性的实现可能需要以高层级的知识抽象和知识处理能力为基础。

---

① 雷·库兹韦尔. 奇点临近 [M]. 北京：机械工业出版社，2011.

在人工智能发展的第一次高潮期，人们对通用智能就产生了极大兴趣。自 1957 年，纽厄尔（Newell）、肖（Shaw）和西蒙（Simon）等人就开始采用符号逻辑语义技术路线研究一种不依赖于具体领域的通用解题程序，称之为 GPS（General Purposed Program），这实际上就是尝试从高阶认知的角度对实现通用智能的探索。

当前数据驱动的专项感知智能仍是单媒介方式，比如基于视频、音频或图像，人类在感知事物的时候是以多媒介综合感知的，比如小孩学习认识猫，他既能够感知猫的样子，也能够记住猫的声音，还能够触摸它的皮毛，从而综合判断那是不是一只猫。

跨模态的感知很难在数据层面实现，因为数据结构、特征类型、计算模式都不一样，实现感知的通用性也需要在更高认知层进行，需要在能够进行概念统一表征的更高知识抽象层实现，这就需要对图像内容、文本内容和语音内容的理解。要让计算机认识老虎，像素和语音的字符无法直接跨媒体融合，需要让计算机知道这是一只老虎，而非一组向量。停留在大数据阶段的人工智能，距离认知智能和通用智能还有相当距离，知识抽取和表示有望为实现模型算法迁移和提升通用化能力提供重要帮助。

2.5　理论创新与产业化并进

近年来，深度学习的长足进步引领了全球人工智能第三次浪潮，基于互联网的大数据智能和基于语音、视觉的感知智能已经成为当前实现产业化的重点。随着高端芯片、高精度传感器、计算能力、5G 移动通信技术的性能飞速提升，人工智能赋能各行各业的趋势日益清晰。有专家认为，当前基于深度学习算法突破带来的人工智能产业化应用发展势头才刚刚开始，在工业界，产业化红利还有非常大的空间，将在未来十年逐步释放产业价值。

另外，随着这批技术的产业化红利的逐步消耗，需要新的模型和新的理论引领下一波浪潮。当前以深度学习为代表的连接主义方法将与知识表示、逻辑推理为代表的符号主义方法，以及增强学习、启发式算法等行为主义理论方法相互交叉，融合创新。新的理论和方法创新将推动人工智能从解决感知智能问题向解决认知智能问题跨越，智能生成范式从数据驱动为主向"数据＋知识"共同驱动发展，底层智能计算从单机智能向云边端协同、量子智能与类脑智能混合的计算新模式演进，见图 2-5。

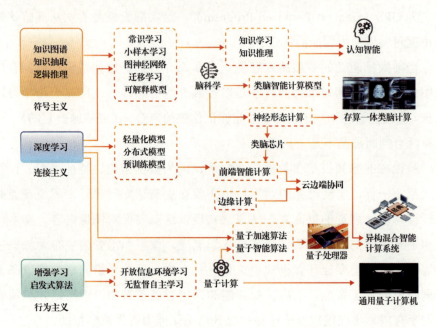

图 2-5　智能理论和技术持续交叉演变

新一代人工智能不同方向上的理论和技术齐头并进、快速演化，都存在巨大的创新潜力。加快汇聚数学、认知科学等相关学科力量，融合新兴信息技术、脑科学、量子科学等多个领域的新突破新成果，将不断突破理论和能力瓶颈，持续拓展人工智能发展新空间。这些可能的演进方向将在第十章分别探讨。

综合来看，当前已经进入智能产业化阶段，以深度学习为代表的智能技术开拓出了广阔的产业空间，现有人工智能技术将继续完善和产业化，在经济和社会发展中实现价值创造并形成强大的增长引擎；当前也是新的人工智能技术突破的关键时期，后面要面临一个爬坡过程，在知识建模方法、数学理论基础、类脑智能范式、底层计算架构等路径实现突破，带动在更高水平上、更大行业范围内的产业化（见图 2-6）。

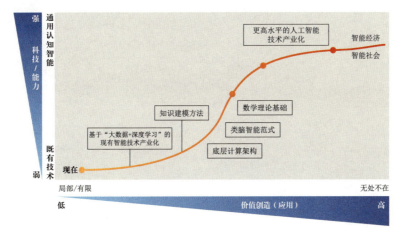

图 2-6　产业化与理论方法突破齐头并进

可见，当前阶段人工智能技术创新体现出理论创新与工程化技术迭代并重的总体形态。人工智能技术产业化不必等待脑科学家完全搞清楚大脑是如何工作的，在理论和技术发展过程中的不同阶段，将陆续释放阶段性产业潜能。当前阶段的人工智能发展需要"两条腿走路"，既要坚持从 1 到 N 的产业化规模化，也要争取从 0 到 1 的原创性突破。

一方面，要推进现有的基于深度学习和大数据的弱人工智能技术的进一步成熟和商业化应用，包括感知认知技术、自动控制技术、大数据和知识计算技术、人机交互技术、群体智能技术等，通过推进技术落地开拓产业化创新空间收获已有的智能产业红利；另一方面，也要瞄准下一代人工智能的关键问题进行理论突破和前沿探索，以认知智能为重点，对未来人工智能的前沿问题进行理论攻关，研究透明性、可解释性、通用性更强的新一代机器学习模型，探索具有迁移能力、自主学习能力和强泛化能力的人工智能技术，在类脑智能和量子智能等新一代智能计算范式方面形成理论储备，探索新的发现。持续开拓人工智能新理论、新范式创新空间，支撑人工智能的长期可持续发展。

未来这些不同层次上都充满机遇，技术创新与应用场景驱动的渐进式进步，与理论方法突破驱动的跃升式进步交替演进，为人工智能发展不断注入新的活力。

INTELLIGENT REVOLUTION

第三章

聚力：众木成春的智能化技术群

　　智能化变革并非只是人工智能技术产业化，智能化以人工智能技术为引领，同时也需要智能化技术群的共同支撑和深度融合。在集中迸发、交叉融合的智能技术群共同支撑下，人工智能才得以向并行化、规模化、复杂化发展，并使感知智能率先达到商用化门槛，成为人工智能产业化历程的突破口。智能化与信息技术群既密切依赖又相互催化，推动着计算模式的进化，激发芯片、操作系统等基础技术新的变革。未来，人工智能将与智能化技术群相互支撑、相互促进，给新产品、新业务、新模式带来无限创新空间，共同成就智能化变革。

3.1 新兴技术交叉融合相互催化

纵观信息科技发展历史，全球经历了数字化、网络化两次发展浪潮，目前我们正处于网络化时代中后期，并开始向智能化时代迈进。信息技术变革对于很多传统技术是颠覆性的，但对于信息技术群内部却更多的是累积效应和相互依赖。目前信息技术变革仍处于边积累边释放能量的过程，以人工智能技术产业化为引领的智能化浪潮将是新兴信息技术与传统信息技术在更广范围、更深程度上交叉融合相互催化的技术进化新阶段。

21 世纪以来，信息科技领域技术呈现出集中突破新趋势。2006 年的物联网，2010 年的移动互联网、云计算，2012 年的 3D 打印，2013 年的大数据，2015 年的虚拟现实，2016 年的人工智能，2018 年的区块链、边缘计算，2019 年的 5G，新技术密集涌现，层出不穷。

而人工智能的技术突破及其在全球的蓬勃发展，很大程度上也得益于信息技术群进入一个密集成熟期，得益于芯片、互联网、大数据、物联网、新型计算架构等技术的共同进步。深度学习方法本身其实不是一个非常精巧的方法，当拥有了更快的网络、更强的算力和海量数据，机器学习的产业应用前景变得十分广阔。

因此可以说，近年来人工智能的进步是整个智能化技术群的共同贡献和综合成效。尤其是 GPU、TPU 等新的计算硬件、云计算等的计算效能指数级提升，手机从电话通信设备变为功能强大的智能机，高精度传感器成本快速下降，各类移动终端硬件向智能化发展，这些技术在各自的领域内齐头并进，为新一代人工智能发展构建起泛在感知、万物互联、计算性能大幅提高的信息环境。

智能化与之前阶段的信息技术既密切依赖又相互催化，各自激发新的变革。

智能化产品落地离不开数字化、网络化阶段发展起来的很多常规信息技术的支撑，包括芯片、网络、存储、显示等技术。同时，从数字化到网络化，再到智能化，每次科技变革都带来信息领域软硬件技术体系的换代，推动着计算模式的进化，带来芯片、操作系统等基础技术的新变革。

新一代信息技术的相互融合创新，为下一步人工智能的产业化落地提供了必需的计算环境、数据基础和硬件设备支撑，正在赋能各个领域，促进各个领域数字化、智能化升级。智能化的进步也有赖于相关信息技术的进一步成熟和性能提升，新兴技术的持续演化和陆续突破将给智能化不断带来新的推动力。

比如从互联网到物联网。互联网时代主要是建立了人与人的连接，而物联网时代，人跟物、物跟物将广泛连接。根据国际数据公司IDC预计，到2025年，全球将有416亿个物联网终端设备连接到互联网。人、机、物更为紧密和更为直接的连接，为人工智能提供了泛在数据获取和即时感知的新能力。

再比如从大数据到数据中台。大数据的早期发展解决了海量数据储存以及并行计算问题，企业之间，政府之间，都开始数据共享，打通数据壁垒。而数据中台被称为大数据的下一站，阿里巴巴等各大企业都在加速推动数据中台战略，采用"数据＋技术＋产品＋组织"协同设计的创新性运营方式，探索数据资源持续创造价值的新模式。数据中台通过建立企业数据业务中枢平台，聚合跨域数据扩展数据维度，统一处理巨量企业数据，实现业务数据化、数据资产化、资产服务化，并通过API封装服务提升了灵活性和可用性，也给人工智能算法企业级应用提供了施展能力、创造价值的数据舞台。

再比如，如果民用卫星遥感影像技术的精度达不到要求，基于卫星遥感的农作物种植分布、作物长势、洪涝旱情监测技术应用效果就会面临限制，产量估算、保险理赔和健康管理等智能农业新模式发展也就受到制约。GPS定位精度水平也会直接影响农机自动驾驶耕种技术的成熟和产业化进程。

一大批新兴信息技术包括高效能计算芯片、边缘计算、5G高速移动通信技术的快速成熟，还有VR、知识库、区块链等技术的加速突破，也会从不同方面给人工智能赋能，通过技术融合不断突破现有智能系统的能力瓶颈。

当前，以人工智能引领的智能化技术群正在加速发展集中成熟，区块链提供安全和信用保障，5G 提供泛载和连接，未来的量子计算将以新的计算模式提供更强算力。泛在获取、高速传输、海量存储、深度挖掘、知识共享、精准服务将持续创新，推动社会智能化变革向纵深发展。

展望未来，人工智能将充分发挥"头雁"效应，引领智能化技术群进一步释放历次科技革命和产业变革积蓄的巨大能量，推动信息科技变革由数字化、网络化向智能化阶段快速跃升。新一代信息技术群不再各自前行，而是深度交叉融合相互催化，共同构成未来经济社会变革的核心驱动力，通过多技术融合发展、技术群协同演进，推动社会文明向智能化阶段迈进。

3.2　高速移动互联的智能系统

当前，以 5G 为代表的高速移动互联技术加速成熟，与人工智能正在交汇、融合，形成重塑产业结构和生活方式的主要驱动力量。科技部副部长李萌表示，高速移动互联＋人工智能，两者的深度融合将成为未来世界主流的社会图景，重塑产业结构和社会生活，全面展现在我们的经济、社会和生活之中[①]。

回顾移动通信技术发展，快速迭代的移动互联技术给人工智能发展带来深刻影响。从第一代移动通信技术到第五代移动通信技术，从模拟信号到数字信号，移动通信系统的每一次升级都在网络结构、传输能力、连接覆盖规模和内容载体等方面带来新的突破。

1G（第一代移动通信技术）是以模拟技术为基础的蜂窝无线电话系统，历史上首次实现了移动语音通信。2G 使用数字信号技术取代模拟技术，短信和彩信开始流行。3G 的高速 IP 数据网络实现了更快数据传输以及视频通话和移动互联网，但还需依靠基站控制连接无线资源管理器再连接核心网。4G 基站直连核心网，整个网络更加扁平化，可实现以更低时延更快传输数据，随时随地自由享受高质量音频、视频及现场直播。在 4G 移动通信

①　李萌. 高速移动互联＋人工智能将成未来社会主流图景 [EB/OL]. 科学技术部. http://www.most.gov.cn/kjbgz/201901/t20190114_144729.html.

技术支撑下，智能手机、智能终端数量快速增长，同时移动支付、共享经济等移动互联网新应用层出不穷，人类步入了人与人连接的消费互联社会。2019 年，移动互联网接入流量消费达 1220 亿 GB，比上年增长 71.6%。

移动互联技术快速迭代也开启高速移动通信赋能人工智能之路，成为人工智能发展的重要驱动因素。

5G 具有大带宽、低时延、广覆盖的特点，能够实现更大连接、更强并发下的人与物、物与物的通信，将给人工智能的性能、形态带来深刻影响，提升现有智能产品的性能，创新更加丰富的智能产品，一些原来难以实现的人工智能技术将迎来新生，从而加快人工智能技术迭代速度。

5G 对智能系统发展的影响主要表现在：（1）高通量的移动宽带。5G 提供高达 10GB 的峰值数据下载速率，相比 4G 的 100MB，5G 的速度提升了 100 倍，能够有效解决现有移动通信网络拥堵和承载能力不足问题，对于当前高度依赖与云端大脑通信的人脸识别、无人机、虚拟现实等智能应用系统将带来显著的性能提升。（2）高并发量的机器通信。5G 网络可以连接的设备数比 4G 增加 1000 倍，每平方公里可连接设备数量达 100 万台，支撑大规模物联网设备连接，有助于解决目前人工智能在智能城市、智能家居场景下通信能力不足的问题。（3）高可靠低时延通信。4G 网络延迟大概为 50 毫秒，5G 网络有望降低至 1 毫秒的端到端响应延迟，并且兼顾移动性和低时延，可在 500 公里 / 小时移动速率下保证通信质量，为自动驾驶、远程控制、工业自动化等高精度低延迟智能系统提供了可靠通信支撑。

比如人在驾驶汽车时，由于脑神经系统信息传递时滞，驾驶员对突发事件的反应是有延迟的。人体神经系统延迟平均 150 毫秒，最短的眼—脑神经回路需要 30 ～ 50 毫秒，但大脑决策后要通过手或脚采取响应措施，脑到手需要 100 毫秒，到脚是最长的，需要 300 毫秒。从驾驶员发现危险，到汽车开始减速，加上控制机构机械传动的响应时间，通常情况下所需总时间为 0.5 ～ 0.6 秒。所以我们驾驶汽车必须保持足够的刹车安全距离，比如在 80 公里 / 小时的时速下，安全距离需要在 50 米以上。

自动驾驶汽车在 4G 网络条件下需要 20 毫秒传输信息，而在 5G 网络下只需要 1 ～ 4 毫秒，大大提高自动驾驶汽车响应速度，结合高速雷达、车—

车交互等技术，可在 80 公里 / 小时的速度下将跟车距离控制在米级，这样即便在车流量负载很高的情况下，也能够实现大通量高速通过，减少堵车，并为无人驾驶提供更高的安全性保障。

随着高速移动通信技术的进一步发展，未来卫星、高空通信气球等新型移动通信模式应用，基于毫米波、太赫兹传输、可见光等传输模式的 6G 高速移动互联技术有望出现，将实现智能体的高速、精准通信和交互，对人工智能计算架构形态格局产生深层次变革，持续推动万智互联图景实现。

比如远距离全覆盖宽泛网络。未来移动通信网络有望实现全球无缝地空全覆盖，包括地面无线网络、卫星链及高空通信气球等高空平台电信系统，以及水下海洋网络，宽泛的覆盖网络将更好支撑远距离控制的智能船只、无人机、自动驾驶车辆的实时通信与控制，保障各类智能设施在偏远地区服务、灾情检测及应急通信等场景的智能化应用。

再比如极速高通量低延时网络。美军捕食者无人机从地面操控者发出指令到收到响应之间有 1.8 秒的时滞。其中，指令通过空间卫星跨越半个地球传送时间大约需要 0.5 秒，剩余的时滞是视频压缩工具、路由器以及处理数据的其他设备造成的。基于太赫兹频率 6G 技术，其网络延迟也可能从毫秒级降到微秒级，有望为异地协同工作、实时远程触控机器人等分布式智能系统的落地提供有力支撑。

未来新通信模式将带来人工智能架构形态的深层次变革。数以千万的智能终端高速连通云端获得强大智能体验，云端大脑拓展丰富的神经末梢具备实时感知能力。高速移动通信能够提供匹敌光纤的带宽、低于工业总线的时延，以及无处不在的连接，将开启从万物互联到万智互联，从人机交互到人、机、物即时交互的智联网新时代。

随着 5G 等基础设施的普及和技术的进一步成熟，未来大量智能系统都将构建在高速移动通信网络基础之上。高速移动互联＋人工智能深度融合将全面展现在经济、社会和每个人的生活之中，将移动生态系统拓展到工业制造、智能汽车、健康医疗、智慧教育、智慧城市等各垂直领域，深刻影响其智能化形态。

（1）**多维实时感知的协同工作。**高速移动通信技术的发展正在推动信息通信网络从基本的信息传输网络进一步演进为感知传输网络，由连接世界到感知世界。通过精密传感器感知实现视觉、听觉和触觉的数据整合，融合虚拟现实、增强现实技术，为人们提供一种全新的人机交互方式，使用户可以用更真实、更自然的方式与虚拟环境进行交互操作，高速移动互联网络功能也将由信息交互向场景融合拓展。未来工作环境中，异地协同工作、实时远程触控机器人、虚拟教育等分布式协同将成为普遍形态，时空距离大幅度压缩。

（2）**全天时陪伴的智慧生活。**家庭中各种电器开始连通移动网络，未来高速移动通信和人工智能技术的融合，将为用户提供更加智能化的生活体验。比如图 3-1 是微软设计的智能厨房示范，看起来也跟平常的厨房没有不一样。但是，当你想要做任意一道菜时，吧台就能显示这道菜的食谱以及烹饪的方法步骤，不管这道菜有多稀奇小众，也不管是哪国风味的，拥有强大云端大脑的虚拟大厨都会声图并茂地全程指导你完成烹饪。把一瓶红酒放在吧台上，就能清楚显示其产地、口味甚至特色酒文化。与互联网联通的冰箱会自动检测各种不同食品储量，能及时按你喜欢的口味选择价廉物美的商家下单。有些食物快到保质期了，冰箱也会提前提醒你。

图 3-1　微软智能厨房

在家庭健康方面，无线血压设备、睡眠跟踪器、数字心情戒指等智能可穿戴设备，将持续监测并实时传输使用者的皮肤电反应和心率变化，感知人的心理压力和情绪状况，对身体实现实时观察和监测预警。可摄取的胶囊机器人、智能手表可以诊断和预测疾病发作，提前警示。大多数曾需要在医院才能完成的程序，可以在病人家里完成，大大缓解医疗资源短缺和就诊困难等情况。在未来"高速移动通信＋人工智能"技术下，我们每个人的健康都将有医学知识水平很高的虚拟助手 24 小时悉心观察呵护。

（3）人—车—路高效互联的交通体系。高速移动通信和人工智能技术的融合也将深度变革城市交通体系。现在主流的自动驾驶技术路线完全依赖车辆自身的感知能力，视野盲区和其他车辆的不可预估性都意味着风险的存在。只有融合人、车、路多方信息和智能，让不同智能交通应用组件之间即时联动，才能更好突破性能提升瓶颈，提高交通系统的智能化程度及驾驶的安全性。低迟延大带宽车联网 V2X 技术大规模部署，将推动自动驾驶从单项感知产品向人与环境、机器高度融合的智能形态发展。通过构建高效、可靠的通信连接和实时数据传输，实现人—车—路即时通信、高速协同、高度一体化的交通模式和出行体验，见图 3-2。

图 3-2　人—车—路的协同互联

目前专用短程通信技术（DSRC）和融合 LTE 网络的车辆通信技术（LTE-V2X）是实现车路协同的两大主流技术路线。DSRC 采用无线局域网通信模式，由 IEEE 国际电气电子工程师学会制定，适用于短距离通信，在欧美国家较早发展起来。比如，配备车载设备的汽车在中速（50～60 公里/小时）情况下可与部署在路边的设备实现数据交换，目前已经成为高速公路不停车自动收费 ETC 技术的主要支撑技术。通过车—车通信方式 DSRC 技术也能够提高交通安全性，前车可以及时将障碍物或事故信息向周边车辆发送，或在路边紧急停车的车辆可以向靠近自己的车辆发送警告消息等。车—车通信在车队管理和安全借道超车等方面也有不错的应用潜力。

LTE-V2X 采用蜂窝通信模式，由第三代合作伙伴计划（即 3GPP）制定。相较于 DSRC 技术，基于 4G 的 LTE-V2X 技术可以扩大近一倍的有效通信距离，给司机或自动驾驶系统提供更长的反应时间。未来 LTE-V2X 将支持车辆之间的传感器数据共享、协作式驾驶、汽车编队行驶等对通信时延、带宽要求更高的场景，从而将车辆、司机、行人、交通基础设施、路边传感器、交通管理系统以及其他各类交通实体连接整合起来，为无人驾驶车辆的安全行驶提供强大信息支撑。

随着移动通信技术由 4G 向 5G 的跨越，5G-V2X 车路协同技术研发正在进一步提速，相关车企和 IT 企业快速推进车载终端和边缘计算智能软硬件的标准化、产品化。国家发改委、工信部、公安部、交通部等 11 个部委联合出台《智能汽车创新发展战略》，到 2025 年，中国计划实现有条件自动驾驶智能汽车（L3 级）规模化生产，高度自动驾驶汽车（L4 级）特定环境下市场化应用。同时，车路协同（V2X）方面要实现 LTE-V2X 区域覆盖，5G-V2X 在部分城市、高速公路逐步开展应用。

（4）端到端高速互联的智能体协同。随着卫星链及高空通讯气球等高空平台电信系统的发展，未来智能终端之间的通信有可能由"终端—基站—终端"的传输模式转变为"终端—终端"的直通模式，替代"基站"的存在。同时，智能计算前移也将推动无人机、自动驾驶等终端设备具备更强自主通信能力，通过广泛的覆盖范围、低延时、高通量和可靠的信息传输实现"终端—终端"的智能体协同，变革无人机、无人船等智能体之间的协同交互模式，提升协同效率，推动群体智能的加速发展。

（5）即时交互的人机环境融合。在新一代高速移动互联的通信支撑下，也将迎来新的人与环境交互模式。随着智能可穿戴、脑机交互技术的成熟，新型通信网络将支撑手势识别、眼球追踪、情绪识别，根据人类行为和情绪的变化对环境做出实时调整。比如，人们下班回到家中，房门自动开启，设备端根据不同主人生物身份，以及不同的情绪状态，启动适合的氛围灯光音乐等，汽车将会调整适应乘客习惯的驾驶模式。伴随高速移动互联技术的发展，通过即时感知交互为特征的人—机—环境深度融合，智能化生活将进一步体现出以人为本的发展趋势。

3.3　人工智能算力基础设施

计算力是智能的重要来源，高效能的 AI 算力也是智能技术群的重要组成部分和未来智能化变革的核心要素之一。杨立昆（Yann LeCun）认为，深度学习的反向传播技术默默存在了数十年，只有在计算硬件大发展之后才得以发出奇光异彩，就是新的芯片和硬件架构将 AI 带出低谷。未来，同样的事情还会发生。

从历史经验看，人工智能发展与算力紧密相关。早在人工智能的第一次热潮期，美国麻省理工学院就编写了 ELIZA 智能问答系统，日本早稻田大学也发明了配有摄像头和麦克风装置的 WABOT-1 机器人原型。然而由于视觉识别和听觉识别需要的数据处理计算量太大，当时的计算力无法满足，这些技术也就无法实用。近年来，在深度学习和并行计算能力的共同支撑下，视觉识别和语音识别才得以走向成熟落地。

在以深度学习为代表的智能计算主流范式下，AI 算力还具有不同于传统算力的显著特征。深度学习需要大量使用矩阵运算，通过开发专用的处理器专门处理矩阵运算的各类基本操作，作为采用串行操作的通用处理器的协处理器，通过并行加速提升智能运算速度，专用智能加速芯片成为建造高效能人工智能算力的关键支撑。

从近两年国际上有影响的前沿模型算法和具有里程碑意义的 AI 系统来看，当前人工智能主流技术创新表现出大算力的典型特征，基于深度学习的人工智能创新突破越来越依靠强大的计算力。

在深度学习这一技术路线上的方法创新活跃，基于深度学习的人工智能模型的规模和复杂度飞速增长。2015 年微软的 ResNet 做到 152 层，2016 年商汤科技做到 1207 层，现在很多团队已经在使用达到上万层的深度神经网络。神经网络深度的增加带来表达能力的进一步拓展和突破，但同时也带来模型复杂度的飞升，越来越需要更为强大算力支撑。超大型的模型往往需要大规模的 AI 算力集群作为运算基础。

近年来在深度学习发展的新领域，也普遍具有大计算量特征。比如 2018 年谷歌发布 BERT 预训练语言模型基本版本具有上亿参数，能力强大一点的模型参数规模就要数十亿，谷歌曾用 16 个 TPU 集群（一共 64 块 TPU）在 33 亿文本的语料上预训练一个 BERT 模型，一共花了约 4 天时间，成本高达 28 万人民币，而如果普通研究团队在 8 块 P100 GPU 上做可能需要 1 年。GPT-3 模型已经达到 1750 亿参数规模；而深度强化学习也比深度学习计算量还要大通常 1 个数量级；AutoML 自动机器学习需要通过迭代运算实现深度学习网络设计自动优化，对计算量的需求也更为庞大。

在典型任务突破方面，世界多个人工智能研究团队在不完全信息博弈任务上都取得了一些里程碑式的进展。2019 年，由微软亚洲研究院开发的麻将 AI 系统 Suphx 成为首个在国际知名专业麻将平台"天凤"上荣升十段的 AI 系统；由 Facebook 人工智能实验室和卡耐基梅隆大学研究人员设计的一款程序在一系列六人无限制德州扑克比赛中击败了全球顶尖选手。通过 Dota、麻将、德州扑克、星际争霸这些不同的游戏场景，人工智能展示了在开放信息博弈等复杂任务下的巨大潜力，同时这些进展背后都依靠大模型大数据大计算的支撑。2019 年 OpenAI Five 以 2：0 的战绩战胜 Dota2 职业战队 TI8 冠军 OG，OpenAI 一共使用了 256 块 P100 GPU 和 12.8 万块 CPU 核心进行训练。

根据 OpenAI 统计，从 2012 年至 2019 年，深度学习模型计算所需计算量已经增长了 30 万倍，大算力也成为未来全球人工智能前沿创新的重要驱动力量。

人工智能企业巨头不断加大 AI 算力投入。苹果、谷歌、微软、亚马逊、Facebook 等人工智能巨头依托现有云计算平台，投入大量资金升级建设 AI 算力中心。谷歌设计的 Cloud TPU 是一种云端硬件加速器，旨在优化加速使用 TensorFlow 编程的机器学习任务，单个 Cloud TPU 的计算能力达到 180 万亿次浮点运算，具备 64GB 的高带宽内存。谷歌使用 Cloud TPU 建设了支持大规模 AI 训练的企业 AI 算力集群。IBM 与英伟达及美国能源部合作共同建立了两座新的超级计算机，其中美国能源部下属橡树岭国家实验室的 Summit，借助 GPU 等新型计算芯片的加入，成为世界上最强大的超级计算机。Summit 共部署了超过 27000 个 Nvidia GPU 芯片：一方面显著提升了整体算力；另一方面可支持机器学习和神经网络计算，以应对越来越庞大的 AI 计算新需求。

对于学术界很多团队，耗资十几万甚至几十万配备几块 GPU 只适合对小规模的模型进行研究。尽管很多领军企业也通过其云计算平台提供了租用 GPU 等 AI 算力的服务选项，但大部分公有云平台并非为运行人工智能算法而设计，网络设计、体系架构和软硬件协同方面都并非最优，多采用分割租赁方式提供 1～8 块 GPU 的小规模算力，无法满足 AI 大规模训练所需的高效能计算需求，只能用于教学和简单科研。

"要想富，先修路"同样适用于智能化变革。算力是 AI 时代的重要基础设施，充分有效利用算力是人工智能加速发展的重要推动力。建设更多软硬件一体化设计的大规模 AI 算力中心，在算力效能和成本方面形成比较优势，必将有利于提升人工智能学术研究活跃度，让更多学术团队和中小企业有条件开展最前沿的算法模型研究，缩短算法模型研发训练周期，加速技术创新。

3.4　从大数据到大规模知识库

受益于过去几十年来数字化和网络化蓬勃发展，来自互联网、社交媒体、摄像头、工业物联网、可穿戴设备的各类型数据急剧膨胀：一方面为数据驱动的连接主义人工智能发展提供了优良的土壤；另一方面海量数据本身所具备的多源、异构、多模态、不连贯语义等非结构性特征，给数据的存储、处理和分析也带来了新的技术挑战，对承载海量数据汇聚的大数据中心提出了迫切需求。

大数据技术于 21 世纪初兴起发展。2003 年以来，Google 陆续发表"Google File System""MapReduce""Bigtable"三大论文，为当前主流大数据分布式系统奠定了基础架构。在此基础上，2006 年 Apache 基金会推出 hadoop 软件框架，推动大数据技术快速走向商用。之后，由加州伯克利大学开发的 Spark、由 Twitter 开发的 Storm 等新技术，不断将大数据应用领域和技术成熟度推向新的阶段。

大数据处理需要高性能软硬件支持，通常要工作于集群上。这就需要大数据中心高性能的计算引擎、分布式计算平台甚至基于数据流的实时计算模式的强大支撑。在当前大数据驱动的主流智能计算形态下，海量数据的处理与分析是不可或缺的关键环节，大数据中心作为底层基础设施也是各类智能系统的重要支撑。

智能化的持续推进带来越来越庞大的数据处理需求，对优质数据中心资源的需求增长旺盛，数据中心大型化、规模化趋势仍在延续。未来大数据和大数据中心将长期成为支撑产业数字化、智能化转型的支柱型技术，也是未来智能社会和智能经济的关键基础设施。

与此同时，当前的人工智能感知能力较强，但认知、综合决策和规划行动能力还很弱。当人工智能在解决了感知问题而向认知智能跨越的时候，实现对于知识层面的处理和推理将成为未来重点和面临的主要挑战。深度学习模型要想突破现有能力局限，需要实现实体概念的理解能力和知识建模推理能力，以拓展深度学习的适用范围。中科院计算所研究员山世光认为，曾被誉为人工智能三驾马车的算法、算力、数据，到了需要反思的时刻，特别是深度学习在学术前沿后续发展乏力，恐难支撑 AI 能力继续升级。

从人工智能产业化落地面临的困难来看，人工智能产业化建模，都需要依靠对行业自身规律的把握，对业务机理的理解，需要与行业知识紧密结合才有效，而这些行业知识和规律的融入，就需要人工智能具备基于知识的建模能力。Watson 作为当前比较有代表性的医疗领域人工智能认知平台，其智能的形成也严重依赖医疗行业知识。所有的疾病诊断、分析与建议，均来自其内部储存的海量知识库，包括全球权威的医学期刊、教科书及医疗机构、医药公司等的行业数据。垂直行业领域的专业知识成为 Waston 发展的核心资源之一。

知识库是人工智能发展历程的第二次热潮期间发展起来的，但当时的知识库更多的是人工构建的小规模的知识库，把很多显性化的人类知识电子化、数字化之后存入计算机，支撑了以专家系统为代表的基于人工规则的符号主义人工智能在 20 世纪八九十年代的发展。

数据抽取和知识表示技术的最新发展也正在帮助我们从数据中自动生成大规模的显性知识。与传统知识库通过专家自上而下获取人类知识的方式不同，基于大数据通过知识抽取方式，实现自下而上从数据中自动挖掘知识、抽取知识，就可构建蕴含大量机器知识的大规模知识库，从而由知识规模上的量变带来知识效用上的质变，将为认知智能模型设计和算法开发提供强大支持。基于互联网大数据或行业大数据，通过知识自动化的方法，能够实现大规模知识库的高效构建。群体智能技术建立起基于不同互联网个体的知识汇聚新能力，像群体编辑的维基百科等众包式知识协作模式，也将有效提升大规模知识库的构建速度。

借助各领域专业化知识图谱的支撑，智能算法在知识表示、理解、推理能力方面能够实现实质性提升。2019 年 6 月，以色列海法的 IBM 研究中心发布了一款能够预测患者一年内恶性乳腺癌发展情况的人工智能模型。同行评议结果表明，他们的系统正确预测了 87% 的癌症和 77% 的良性病例的发展。未来基于大规模知识库的海量知识，借助新的计算架构和大算力能力爆发，有可能催生一批全新的知识推理的理论方法，推动认知智能的进一步突破。

在当前"大数据＋深度学习"的感知智能计算范式下，大数据中心发挥着基础性作用，快速获取大量数据的能力成为关键，基于高通量计算的数据中心、跨业务领域的数据中台，都是开展感知智能技术创新的基础设施。未来基于知识计算的认知智能计算范式，也必然需要新的基础能力支撑。

不同于传统关系数据库，图数据库是以图这种新型数据结构存储数据的数据库。大量人工智能场景数据自身具有图的结构，如社交关系、城市交通路径等，使用图数据库可提升存储和计算效率。图数据库也可能激发基于知识的机器学习方法创新，基于图数据库进行数据库内机器学习模型训练，模型大小不受内存容量限制，为智能计算提供了新的模式。节点的中心性、集聚度等图特征分析以及各类图算法，为复杂问题的最优路径求解提供了很好的途径，也可以很方便地用于识别诸如电信欺诈电话等场景。图数据结构可以方便地存储知识图谱中的关键词—语义关联，并基于图计算进行高效的语义分析和知识推理，图数据库有可能成为未来大规模知识库的重要载体。

在交通、教育、医疗等领域认知智能的突破和发展，可能会越来越依赖知识库和知识共享平台。目前需要有一批致力于公共知识图谱和知识模型研发的团队，汇聚人类知识和机器知识构建可同享的通用知识单元，在此基础上建设一批汇聚海量专业知识的万亿级大规模知识库，推动大数据向大知识提升，将为下一阶段学术理论探索和产业技术创新聚能蓄力。

3.5　演进中的新型智能操作系统

操作系统是基础性系统软件，也是信息技术群中重要的共性支撑技术，主要任务包括管理计算机硬件资源与软件资源、支撑上层软件运行、提供用户与系统交互的操作界面等。在底层硬件、上层程序和用户之间发挥承上启下的关键作用，系统管理人员、程序设计人员和最终用户都可以基于该操作系统完成各自任务。

最早的计算机没有通用操作系统，人们通过各种按钮来控制计算机，后来出现了汇编语言，操作人员通过有孔的纸带将程序输入电脑进行编译。由于不论从硬件成熟度还是操作系统技术体系成熟度上，还没达到形成通用操作系统的程度，即使后来计算机厂商为每一台计算机创造了不同的操作系统，在一台计算机上编写的程序还是无法移植到其他计算机上运行。直到 20 世纪 60 年代有了 IBM System/360，才为一系列用途与价位都不同的大型机使用了统一的 OS/360 操作系统。

操作系统与计算机硬件发展息息相关，伴随着计算机硬件和计算架构技术的不断发展，在信息技术发展的不同阶段，操作系统也相应更新换代。

最早的操作系统是针对主—从结构大型计算机开发的 UNIX 操作系统，而磁盘操作系统（Disk Operating System，DOS）则是最早运行于 PC 机上的电脑操作系统。微软研发的 MS-DOS 运行于 IBM PC 上，成为当时个人电脑的主流配置。图形化个人电脑操作系统以微软的 Windows 和苹果的 Mac OS 为代表，创新性地采用了图形用户界面以及鼠标或触控面板等输入设备，颠覆了用户与计算机的键盘交互方式。Mac OS 在图形化个人电脑操作系统方面起步最早，但由于与麦金塔计算机捆绑销售，后期没有得到大范围应用；微软在 1993 年推出 Windows 3.1，1995 年又推出 Windows 95，使图形化操作系统替代 DOS 成为全球个人电脑操作的主流。

网络移动时代的主流操作系统以谷歌的 Android 开源操作系统和苹果的 IOS 为代表，主要运行于手机及各类移动终端。相对 PC 操作系统，为适应移动设备计算力和功耗限制，移动操作系统进行了精简瘦身，去掉了移动端不需要的功能；同时，适应新的技术条件和移动场景，实现了能力升级。比如在硬件支持方面，相比 PC 操作系统增加了电话通讯、位置定位、拍照摄像等新的硬件管理操控功能；在人机交互方面，手写输入、语音输入成为更适合小屏幕移动设备的交互方式；在应用软件运行支持方面，能够支持各类移动互联网应用的开发和运行，支撑起出行服务、新媒体、网络社交等一大批移动互联类应用，越来越成为人们日常使用的主要工具。

智能时代大量具有机器学习运算需求的智能型应用开始出现，各类智能系统运行的硬件环境更加多样化，未来各类工作场景中人—机高效协同交互的需求更加迫切，现有不论 PC 操作系统还是移动操作系统都远不能满足需求，需要发展新型智能操作系统。

目前对于智能操作系统的概念认知仍不统一，很多领域的研发者提出了不同的智能操作系统概念。比如深度学习开发框架、人工智能能力开放平台、机器人操作系统等领域都有研究者认为，其研究方向将通向未来的智能操作系统，智能家居领域也在打造通过语音交互控制各类家居家电的未来智能操作系统。

如果回顾操作系统一代代演进的特征，可以发现：向下支持硬件资源管理、向上支持应用软件运行、横向支持与用户的交互都是一个典型操作系统的必备要素。而这些要素在智能时代都面临新的需求，需要具备更强大的能力，同时还面临支撑多智能系统之间协同交互等新的要求。

1. 需要支持差异化、复杂度更高的底层硬件载体

具备前端智能计算能力的智能算法将与各类移动终端、可穿戴设备、机械装置等深度渗透，智能时代泛在智能化的新需求，要求形成贯通物联网设备、智能终端、无人运载工具、智能机器人等异构硬件设备的智能操作系统，还需要管理机械机构、传感器、控制器、能源部件等不同类型的物理资源。

传统的工业机器人大多是能够完成特定动作的自动化机械臂，比如完成特定位置、特定形态工件的移动、加工、焊接等。智能机器人是人工智能技术与工业机器人的结合，需要适应工厂生产过程中更具灵活性的任务，比如食品分拣中的蔬菜形状千奇百怪，电子商务物流需要处理各种形状的商品。智能机械臂就需要借助机器视觉设备进行物品的定位和物品类别的识别，也需要借助各类型传感器进行力控反馈和环境感知，还要与智能化传输设备进行协作配合。然而不同的底层硬件差异非常大，导致软件开发周期长、难度大，软件运行兼容性差。工业智能机器人操作系统可以有效发挥中间件的作用，贯通机械臂、摄像头、传感器等不同硬件，协调硬件资源、驱动、算法，实现智能工业机器人手、眼、脑协同作业，并建立感知—规划—执行的闭环学习能力。

伴随万智互联发展趋势，我们需要智能操作系统运行于更为广泛的智能化终端上，具备多平台多设备适应能力，因此，系统的兼容性和通用性将成为需要解决的一个重要问题。在这方面，华为研发的鸿蒙系统正行进在探索的路上。据介绍，鸿蒙操作系统并非只是安卓系统的分支或翻版，而是针对下一步 5G 和物联网环境打造的横跨手机、PC、平板、智能电视等智能设备，同时兼容安卓应用的一套新的操作系统平台。

2. 需要支持云、边、端分布式协同的运行模式

随着芯片性能及嵌入式计算能力的快速提升，智能计算前移将成为必

然趋势，很多智能计算将在前端完成，设备端、边缘计算端对存储、计算、优化等任务的管理需求将会随之而来。同时，随着具备智能计算能力的设备越来越多，通用问题和异构问题需要协同。支持单一平台部署的人工智能软件，也将向支持在物联网、边缘设备和云计算等不同平台上分布式部署的人工智能软件发展。

未来云端服务器操作系统也面临基于异构加速硬件开展机器学习模型训练等新的挑战，需要能够实现异构芯片支持，具备智能计算资源灵活调度和任务分配、用户信息隔离等新能力的云操作系统，并使 AI 能力从云侧到边缘侧再到端侧全面贯通。这就必然需要新的能够实现云、边、端协同计算和任务调度的智能操作系统。

3. 需要支持更便捷高效的人机交互和群体协同

实现人对设备的交互与操控是操作系统的基本功能，每次操作系统升级都伴随着交互方式的变革。智能化正在推动人机交互模式从键盘、鼠标、手写、声音等单一信息输入到智能设备基于位置、温度、动作甚至情绪等不同信源的多模态环境感知与人机交互，操作系统将能够解决信息识别、知识转换和多模态知识融合问题，实现机器对人和环境的灵活感知和即时交互。人与机器的高效协同与深度共融，形成"人在回路"的人机混合计算形态。

同时，无人系统过去多采用封闭式技术架构和垂直专有模式开发软硬件，互连、互通、互操作难。未来大量的无人化智能装备需要实现大规模协同运行，就需要解决不同无人系统上智能操作系统的互操作和标准化问题。从支持不同设备通信网络联通，到支持群体智能协作，无人系统须具备自主作业、人机互理解和群体协同任务管理等新的能力。

4. 需要支持各类智能算法的开发和高效运行

相对于 PC 操作系统和移动操作系统主要支撑传统程序和网络 APP 的运行，智能操作系统需要能够在各类设备、云计算等不同平台上高效部署人工智能软件，支持机器学习、知识推理、运动控制等智能算法的开发和运行，能够对数据、算力、知识等新型资源进行管理和优化调度。

近年来深度学习开源框架在全球快速发展，支持大规模深度学习模型的开发、训练、优化、推理等过程，成为人工智能算法开发者研发各类机器学习算法的主要平台。各类轻量化、终端化的设备侧机器学习开源框架也开始能够支持智能算法在设备端有限的算力条件下低功耗、高效率运行。深度学习开源框架有望成为未来智能操作系统的重要组成部分。

但未来智能操作系统将如何演化而来还存在很多不确定性。有可能从机器人操作系统的智能化进化而来，有可能从深度学习框架向涵盖更广泛功能的通用操作系统拓展而来，也有可能从当前各类设备端嵌入式操作系统向上演化形成，还有可能从当前手机移动操作系统向兼容更多智能移动设备发展而来。不同技术都在向着未来的智能操作系统发展，究竟未来技术路径如何演进，目前尚不清晰，有待继续观察。

在这一过程中，不同技术路线相互激荡，殊途同归。前期可能包括几类特定用途操作系统，之后其中的优秀者融合其他技术的功能，逐步进化为能够满足以上各方面需求的通用操作系统，成为最终胜出者和智能操作系统的主流。

智能时代也有可能不再出现大一统的智能操作系统。如同在移动互联时代，各类 APP 通常在计算机上研发，在移动操作系统上运行一样，运行在不同硬件设备上的智能系统不同组成部分、不同任务环节，也可能是由不同操作系统支撑，多个特定用途操作系统共同组成智能时代的操作系统体系。在服务机器人领域，ROS 开源机器人操作系统越来越成为行业主流；在工业领域，不同行业针对不同任务正在发展不同的操作系统，比如手眼协同抓取操作系统、AGV 移动平台操作系统、自动驾驶操作系统等，未来这些特定用途的操作系统是否会走向统一还有待观察。

总体来看，现在距离出现通用的智能操作系统还有一段路要走。而实际上，智能操作系统既是各类智能算法的运行载体，也是智能技术的综合集成。智能技术群的进步将与智能操作系统的演化相互促进，交错进行。人工智能不同分支领域的技术进步将是智能操作系统发展的重要推动力。包括多模态感知、视觉交互、深度学习、群体智能等理论和技术进一步成熟，云边端架构各环节技术逐步完善，以及底层软硬件技术栈的迭代。

不论未来其具体形态如何演变，智能操作系统都将是智能化变革不可或缺的参与者。

3.6 智能时代的芯片 10 倍数变革

集成电路技术的发明开启了全球芯片产业近 50 年的快速发展期，目前已经形成市值 4500 亿美元的庞大产业。根据摩尔定律，每 18 ～ 24 个月晶体管上集成的晶体管数量就会提升一倍，并同时降低芯片成本，推动着全球半导体芯片产业往更快计算、更高集成度、更低价格方向发展。半导体芯片是 PC、服务器、手机、可穿戴设备等 ICT 产品的关键支撑技术，推动着各类产品的不断创新，也成为支撑信息产业发展的核心技术之一。

"10 倍数变革"是格罗夫提出的概念，指的是一个领域的技术、商业发展到一个临界点，导致竞争格局发生剧烈变动。没有技术变革，就没有弯道超车、重构格局的机会。比如互联网领域在过去二十年属于创新活跃期，发生了多次 10 倍数变革，并不断有新的巨头企业发展起来。

见图 3-3 的半导体芯片的创新周期，从 20 世纪 60 年代，半导体芯片技术开始进入产业化阶段，与第三代计算机互相成就，同步进入创新活跃期。这期间 10 倍数变革密集出现，技术快速发展，产业竞争格局变化频繁。日本超大规模集成电路计划作为日本赶超美国的成功范例，开始于 1976 年，完成于 1980 年，就发生于半导体芯片技术创新高峰期。

由于物理性质限制，现在通过集成电路工艺微缩的方式获得半导体芯片性能提升越来越难，先进制程工艺的推进步伐也变得越来越慢，甚至在未来的某一天，有可能会变成不可实现的任务。现在，将芯片中集成晶体管的数量提升一倍的周期已经延长到 30 个月，同时所需要花费的研发投入也在急剧上升。制造工艺创新活跃度降低，大量企业从技术追逐中退出。而行业地位稳固的芯片巨头英特尔近年来也开始步入"挤牙膏"式创新阶段。当年几年一代奔腾、几年一代酷睿的追"机"时光已经成为一代人的回忆。

智能化变革：人工智能技术进化与价值创造

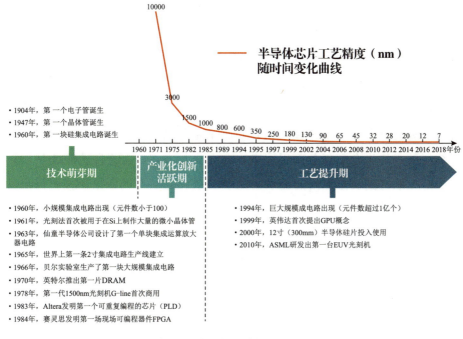

图 3-3 半导体芯片的创新周期

面对晶体管成比例微缩方向上越来越难提升的困境，芯片领域目前在构架创新、三维集成、探索新的计算模式等方面积极探索突破口，努力寻求摩尔定律的延续。

趋于成熟的产业格局导致强者恒强，寡头垄断加剧，也带来了创新空间挤压。而芯片产业技术研发具有典型的高投入、长周期特点，新产品需要足够广阔的市场空间才能支撑一个芯片品类的研发收益。如果不能从新科技革命带来的产业变革中发掘市场需求，芯片产业越来越难以找到新的机会。

自从 1970 年半导体集成电路出现，芯片经历了以 CPU 通用处理器和存储芯片为代表的通用芯片大发展时期，和以智能手机处理器芯片、通信芯片等为代表的移动互联芯片时期，近年来发挥并行化、定制化优势的智能加速芯片迎来发展新机遇。

在处理器芯片领域，基于复杂指令集（CISC）的 PC 和服务器处理器是数字化时代的芯片之王，这一领域长期以来被英特尔、AMD 两家公司垄断。移动时代对手机等微型系统中处理器芯片的体积有了更高要求，发展起了基于精简指令集（RISC）的移动处理器芯片。ARM 公司凭借在精简指令集上的不断努力，最终成为低功耗、高效率处理器市场的设计大师，占据了 90% 的设计市场份额。

随着基于大数据的深度学习模型训练对于高效能计算需求的急剧上升，通用中央处理器的传统计算架构开始越来越难以支撑大规模机器学习模型训练任务，如果全部任务都采用串行命令执行方式，无论在性能还是功耗方面都无法达到实际应用的需求。GPU 是英伟达研发的用来加强图像渲染计算能力的并行加速芯片，2019 年吴恩达及斯坦福大学人工智能研究小组将 GPU 应用于深度学习模型训练，使得神经网络可以容纳上亿节点规模，并使模型训练效率大大提升。近年来 GPU 在深度学习训练和推理的并行加速方面大显身手，占据了云端训练加速芯片领域近 70% 的市场份额，成为当前云端大规模人工智能系统运行的主流硬件。

与此同时，设备端智能计算对低功耗高效能的智能处理芯片需求激增。相对手机处理器芯片，机器学习计算需要的操作指令集进一步收缩，大量为通用程序运行而设计的运行机制和指令集，例如分支预测器、超线程执行处理核、深度缓存内存层次结构等，对机器学习计算来说都是不必要的。寒武纪等研发的深度学习专用处理器芯片，结合深度学习的计算特点，将模型集合中的共同操作，如向量内积、向量距离、排序、非线性函数等，形成专用指令集 Cambricon ISA，通过组合调用减少智能算法运行的开销，大幅度提升了网络模型在设备端的运行能效。

芯片研发具有大投入特点，市场收益要大于芯片的设计成本才有商业意义。未来智能时代在经济和社会各领域爆发的大量智能化需求，将为智能芯片提供足够的市场需求支撑。见图 3-4，在信息科技变革的不同阶段，对芯片的需求随着典型产品的演进而变化。随着各类智能技术的产业化落地，安防、手机、音箱、自动驾驶汽车、智能机器人等都将形成规模巨大的细分市场，对专用智能芯片形成强劲的产品需求和产业拉动。

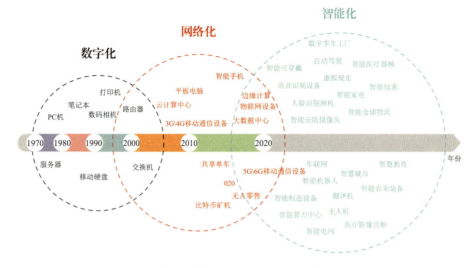

图 3-4　不同阶段的典型产品

智能化浪潮正在催生芯片产业新机遇，专用智能芯片有望成长为芯片产业新贵。在下一代智能产品中，云端训练芯片、云端推理芯片、终端推理芯片（手机 AI 芯片、自动驾驶芯片、安防芯片、语音推理芯片等）等是目前产业界发展较为活跃的芯片类型。

1. 云端训练芯片

以 GPU 为代表的云端训练芯片是目前产业化最为成熟的智能芯片类型。英伟达率先在云端训练加速芯片领域发力，并多年来引领全球。谷歌、英特尔、AMD 等也在积极跟进，形成了各自的技术路线。英伟达的 GPU+CUDA 的路线，技术最成熟，市场占有率最高；谷歌的 TPU 加速芯片目前只租用，不对外销售，与全球主流的机器学习开源框架 TensorFlow 协同优化，寄希望于依靠在机器学习开源框架领域的优势，以软硬结合的方式打造生态；英特尔依靠本身在服务器芯片领域的积累，加上 CPU+FPGA 的异构计算优化 Xeon CPU，在云端训练加速芯片领域持续爬坡。寒武纪 MLU100 芯片是中国第一款云端训练芯片，也是迄今为止中国本土已完成研发并出货的单芯片峰值最高的云端训练芯片，已进入大规模量产阶段。华为推出的昇腾芯片在部分性能指标上表现出色，并已在多个大型人工智能算力中心中投产应用。

2. 云端推理芯片

云端推理任务也可采用 GPU 进行加速，但不同应用场景各有其特殊性，GPU 执行推理任务效率不高，不能灵活配置。如果根据具体问题的神经网络算法进行优化可以带来更高的效率，FPGA/ASIC 在定制优化方面性能突出，各类云端专用推理芯片就此快速发展起来。ASIC 全定制芯片在性能、功耗、面积等方面相对 FPGA 更为优越，与语音识别、自然语言处理等计算模式匹配度高，现在成为 CNN 卷积网络定制芯片的主流。

语音识别是推理芯片的典型场景之一，如 Alexa 是预装在亚马逊 Echo 内的个人虚拟助手，其语音智能的实现主要依靠 AWS 云上采用的 Nvidia P40 推理芯片。通过将语音数据上传到云端，输入推理芯片进行计算，再返回结果至设备前端，以达到与用户交互的目的。早期云端采用 CPU 进行推理工作会有 300 ~ 400ms 的延迟，影响用户体验，采用专用的语音推理芯片，可以将延迟缩减到 7ms。目前，借助云端芯片的推理能力，很多语音助手的语音识别准确度已达到 97%。

目前，Google 每天要处理的搜索中有 15% 的内容是系统之前没有见过的，需要对用户意图进行准确的语义理解。这种能力的实现离不开 Google 云端推理芯片 TPU 的支撑，利用谷歌 RankBrain 中的深度学习模型，把知识库中数十亿个页面进行高效排序和最佳匹配，快速找到人们最想要的结果。

3. 终端推理芯片

很多智能化终端对于智能计算响应延迟和可靠性要求比较高，智能计算任务在云端执行带来的延迟越来越令人难以接受，推理类任务逐步向终端前移。尽管智能终端使用现有 CPU 也可运行 AI 算法，但其性能很难满足实时性要求高的场景，因而需要采用专用推理芯片加速。在技术落地上，目前仍以基于 GPU 和 FPGA 实现为主，未来 ASIC 有可能成为终端推理芯片的主流，成本也将大幅度降低。

智能手机、智能机器人、无人机、物联网设备、自动驾驶汽车、智能家居、共享单车、无人零售等广阔领域对于终端推理芯片的需求都将持续上升。其中智能手机、智能安防、自动驾驶汽车将是终端 AI 推理芯片率先落地的领域。

手机 AI 化已是必然趋势。随着智能手机的功能越来越全面，各智能手机生产厂商推出的旗舰机近年来相继推出指纹识别、面部识别、AR 等功能。手机智能芯片通过集成机器学习专用处理器，实现语音交互、图像处理、指纹识别等前端高效推理运算。如集成了寒武纪 1A 深度学习处理器的世界首款人工智能手机芯片华为麒麟 970 最早在华为 Mate10、荣耀 V10 等手机中大规模商用，已经应用于数千万智能设备。

自动驾驶是一项实时性要求非常高的智能技术，导航、环境感知、控制与决策、交互等功能对前端推理芯片提出了更高的要求。比如在车辆感知周围环境的过程中，融合各路传感器的数据并进行分析是一项艰巨的工作，推理芯片在其中起到了关键性作用。车辆需要实时辨别目标到底是其他车辆，是标志物，是信号灯，还是人，等等。避障规划也是自动驾驶车辆的核心任务，通过探测障碍物，对障碍物的移动轨迹进行跟踪并推算预测，从而实现车辆运动路线最优规划，最终给出操控决策。随着车速越来越快，无人车行驶的路况越来越复杂，对算法效率及推理芯片的算力都是极大挑战。根据丰田公司分析，实现 L5 级完全自动驾驶，至少需要 12TOPS 的推理算力，在复杂的城区路况下，所需算力可能超过 30TOPS。推理芯片计算能力和处理时延直接关系自动驾驶性能。英伟达、高通等采用 CPU+GPU模式各自推出自动驾驶汽车的计算机视觉加速器；Mobileye 有智能汽车辅助驾驶系列芯片 EyeQ；地平线将其 BPU 架构实现在 ASIC 研发的"征程"高级辅助驾驶芯片上，在实时检测车辆、车道线和行人方面也实现了不错的性能。

安防视频监控领域对设备端和边缘端的推理芯片需求也越来越大。摄像头高清化产生海量数据，采用 H.265 编码每日从摄像机传输到云端的数据达 20G 左右，不仅增加了数据传输时间，也给数据的存储造成了很大压力。在前端摄像头或边缘端装备推理芯片，可以实时对视频数据进行非重要信息压缩处理，或从视频中提取关键目标，包括车辆、人及其特征等，将视频流在本地转化为结构化数据，从而大大减轻云端压力和传输压力。

据市场咨询公司 ABI Research 预测，到 2025 年，边缘 AI 芯片组市场收入将达到 122 亿美元，云 AI 芯片组市场收入将达到 119 亿美元，边缘 AI 芯片组市场将超过云 AI 芯片组市场。

寒武纪、深鉴科技等一批专用智能芯片领域新秀企业发展迅速。寒武纪开发出国际首个神经网络通用指令集，Intel、微软、Nvidia、谷歌、HP 等上百个国际机构跟进研究；依图发布 AI 云端芯片"求索"，应用于安防、交通、智慧医疗等场景中；地平线推出 XForce 边缘 AI 计算平台，实现了人脸和人体抓拍识别、人体行为分析、视频结构化等功能。新的芯片产业格局调整为很多企业赢得了宝贵的发展机遇。

智能化浪潮正在蓬勃兴起，越来越庞大的云端训练任务以及智能推理前端化、定制化趋势可能带来半导体产业新的"10 倍数变革"，也将孕育智能芯片领域诞生新的巨头。

第四章

重塑：智能技术与系统的新形态

随着智能技术群的体系化升级和技术之间的重混创新，以及纵向的软硬件协同融合，人工智能产品和系统的形态正在快速演进。技术交叉融合成为智能产品创新的重要驱动力，"平台＋场景应用"成为主流商业模式，开源化成为生态成长的重要途径，"智能前移"推动云边端混合架构发展、"软硬协同优化"驱动智能计算效能提升，智能时代产品新形态正在初步显现。

4.1 体系化：技术群驱动的产品创新

在人工智能发展早期，智能系统往往表现为一套程序算法，在 PC 机上运行，这一产品形态在人工智能发展历程的前两个阶段长期持续。

当前，人工智能已经不再是一项单一的计算机应用技术，而是涵盖软硬件全栈技术的技术体系，其上游需要智能算力、模型算法和各类数据的供给，下游则需要附着在各类实体软硬件产品上，通过设备端处理器芯片、高精度驱动电机等关键部件实现与物理世界的深度融合。技术体系化成为新一代人工智能区别于之前的人工智能的一个典型特征。

人工智能技术创新正在表现为与物联网、边缘计算、5G、虚拟现实等多技术融合发展、协同演进。这种技术间的深度交叉和相互催化能够激发出惊人的产品创造力。正如触摸屏技术早在 20 世纪 60 年代已经发明，但历经几十年始终没有得到规模化产业应用，真正引爆触摸屏技术产业化的是苹果公司在 2007 年推出的具有高分辨率、多点触控功能的第一台iPhone。这期间，技术自身经历从电阻式向电容式、单点向多点的演化过程，更重要的还在于技术发展早期并不具备支撑技术落地的发光二极管、玻璃屏幕面板技术、全贴合技术等配套技术群。时至今日，电容触摸屏已经成为智能手机的标准配置。

人工智能更是如此。尽管作为引领智能化变革的关键核心技术，但智能技术与系统创新不仅仅是人工智能。除了要依靠人工智能理论突破和算法创新，还需要在大数据、物联网、高性能并行计算、低功耗前端芯片等智能化相关技术群的共同推动下，激发化学反应与链式突破，研发创新性智能产品。

同时，人工智能也将与能源、材料、生物、制造、空间技术交叉融合，综合利用工业领域、材料领域、能源领域最新技术成果，将智能技术深度嵌入设备或生产系统，从而让人工智能技术真正落地。自动驾驶就是一个典型例子，它需要融合机械、车辆、电控、路径规划、视觉、激光雷达等多领域核心技术。除了车侧智能化技术，车路协同也是自动驾驶的重要配套技术，实现车与车、车与路侧基础设施、车与云端网络、车与行人之间高速连接、实时交互和协同，推动自动驾驶从单车智能走向人—车—路的智能协同。

在智能制造、机器人等领域，人工智能技术落地也是先进动力技术、精密机械技术的综合集成，高精度的驱动电机、减速机、泵、阀等都是智能技术产业化不可或缺的关键部件。比如高精度的力觉传感器使仿人智能机器人具备了对外界抗力的适应能力，使机器人在受到冲击时始终处于稳定的站立状态，这也是智能机器人显著区别于刚性工作的工业机器人的新能力需求。力学传感提供的动作柔韧性对于智能机器人提重物、在不平整地面上行走等也都非常重要。再比如像开门等智能机器人典型任务，想通过准确的物体位置移动规划是很困难的，必须要通过力控反馈实现实时的动作调整和优化控制。

随着力觉传感、动作控制、手眼协同、路径规划等技术群齐头并进的快速发展，尽管智能机器人在运动能力方面跟人的灵巧程度相比还有很大差距，但也在不断取得新的突破，比如波士顿动力的 Atlas 系列人形机器人，不仅能够轻松完成诸如开门、行走、跳跃、搬运等基本动作，还具备了完成倒立、空翻等高难度体操动作的运动控制能力。

在智能化时代，互联网本身就成为一个可以动态配置资源的云计算分布式系统，其前端有智能物件、助手、AR、VR、自动驾驶汽车、机器人，后端有行业云、城市大脑，终端与云端和边缘端互为补充，高度依赖，高度协同，融为一体，支撑产品和系统平台化、体系化发展，见图 4-1。

除了人工智能核心系统本身，也需要底层的数据基础，包括各行业政务数据、医疗数据、工业数据等数据基础的支撑，还有工业互联网、车联网、智能物联网等网络基础的支撑，也需要遥感技术、地图导航、分布式能源，共同支撑智能无人机、自动驾驶、智能机器人、城市大脑等各类智能化应用。

智能家居往往是综合利用物联网、云计算、移动互联网和大数据技术的产品创新，结合自动控制技术，将家庭设备智能控制、家庭环境感知、家人健康感知、家居安全感知以及信息交流、消费服务等家居生活有效结合起来，创造出安全、舒适、便捷的个性化家居生活。这些智能化生活场景，都需要智能化技术群的共同支撑。

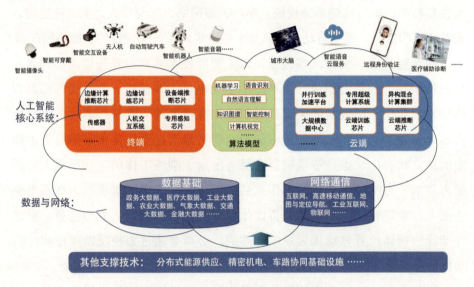

图 4-1　体系化发展的智能技术与系统

可以看到，智能化科技变革正在向体系化创新的新阶段迈进，智能产品研发的过程也是技术融合和集成创新的过程，各项技术成为未来新产品新物种的基础基因，相伴相生，重混创新。智能系统与产品所表现出的技术群驱动的产品创新特征，正在形成你中有我、我中有你的"技术一体化"产品新形态。未来智能化变革中的技术进化，一方面依靠人工智能共性模型、算法创新，另一方面，技术群集成并与数据、场景的交叉融合，也将成为重要创新路径，并有望发展起一批具有竞争力的壁垒型技术。当前人工智能领域的企业，尤其是领军型企业，研发布局往往覆盖从底向上多层次的软硬件体系，开始以体系化的技术架构打造全栈的智能系统解决方案。

4.2　平台化：横向拓展的能力输出

人工智能模型高度复杂化和海量数据训练对大算力的需求，使得现在人工智能系统严重依赖云平台的算力支撑，在云端计算和高速传输能力的共同支撑下，当前人工智能系统往往以云平台方式运行。人工智能发展与云计算发展正在新的历史阶段交汇，AI 云平台化和云平台 AI 化成为当前人工智能平台化发展的主要趋势。

平台化发展的人工智能系统不是一个孤立的产品，更不是一套软件，而会成为末端深入物理世界，云端集超级算力和海量数据的超级大脑。大量智能设备处在无线网络环境下，利用 4G、5G、卫星通信、蓝牙、NB-IoT 等移动通信技术把传感器采集的大数据源源不断地传输到云端，并将云端大脑的分析结果快速传递到前端应用，通过云、边、端密切协同、高效运行，创造出各类智能化应用。比如，当你走在大街上，手机可以实时看到你身边的空气质量环境数据，并不是手机上装有探测器，而是智慧街灯上的空间质量传感器采集的数据，通过云端大脑和手机定位给你提供了贴身的服务，可以使手机拓展各种各样新的虚拟功能。

平台化的系统新形态，使物理空间和数字空间之间的界线也越来越模糊，给智能化产品设计提供了无限广阔的创新空间。

算法模型是智能系统的关键部分，包括机器学习、自然语言理解、知识图谱、计算机视觉等各类智能算法。还需要云端大规模智能计算平台和高速超级计算系统，还有云端的推理芯片和云端的训练芯片，共同构建起人工智能平台化核心系统。

开放技术平台正在成为人工智能能力输出的主要方式，可以帮助创新者减少重复性研发投入，也是加速数据资源汇集、加速技术迭代的重要推动要素。平台化运行正在成为各类智能化应用的普遍趋势，在产业化应用方面也体现出"平台＋场景应用"的主流商业模式。

1. 平台化成为人工智能能力输出的主要方式

平台化指行业领先公司通过构建并对外开放基础能力和资源，其他公司也可以在这个基础上推出产品或服务。

人工智能领先企业将语音识别、图像识别、机器翻译和定位技术等共用型人工智能产业化技术，通过 API 接口的方式开放给所有用户，形成平台化的人工智能工具箱，赋能汽车、工业、金融、智慧城市等各行各业，成为目前各类人工智能平台型企业首选的业务模式。得益于平台化模式，服务规模可实现快速拓展，推动 AI 算法的边际成本不断降低，甚至最终接近"零边际成本"推广，有利于人工智能企业构建摊平重磅技术研发投入的商业逻辑闭环。

如轴承制造行业的工业大脑往往来自于行业领先的轴承工厂，经过搭建数字孪生的生产场景数据链，积累生产过程中的工业制造工艺知识，形成轴承制造数字化解决方案，在云端封装成为工业 API，可以输出给中小轴承制造工厂使用，帮助处于工业 2.0 水平的中小企业实现基于网络化、智能化的智能制造。

中国正在推动建设一批国家级人工智能开放创新平台，鼓励人工智能领先企业通过建立开放创新平台，推进数据开放、算法算力开放、服务开放。比如智能语音、图像感知等人工智能共性技术平台，或是医疗影像、智能家居等行业专业平台，通过 API 接口的方式输出基础数据资源、深度学习计算资源和软硬件一体化的人工智能集成开发服务，将业界领先的人工智能技术能力提供给开发者，赋能汽车、工业、金融、智慧城市等各行各业，对于降低中小型企业的研发成本和行业门槛，活跃中小微企业人工智能创新创业将发挥带动作用。

2. 平台化是加速资源汇集、技术迭代的重要推动力量

新一代人工智能天生无法与数据分割开，高质量的训练和测试数据集是机器学习技术突破、智能技术规模化应用的必备资源，而这些数据集供给归根结底离不开不同行业（领域）数据的积累。但由于缺乏规范的数据共享机制和交易渠道，加之受商业利益所限，很难形成数据互利共享，目前"数据孤岛"现象仍是制约智能化向行业进一步拓展的关键挑战。

在给用户提供人工智能平台化技术的同时，企业也可以快速积累越来越丰富的大数据资源，这些数据又成为进一步优化其模型算法的重要反哺，比如自动驾驶等领域的高质量训练数据资源，能够大幅降低关键技术的研发周期。因此，平台化通过共创分享的方式，既实现了人工智能能力输出，也加速了人工智能技术迭代。

通过建立人工智能平台，也有助于推动数据开放和建立起行业生态体系。人工智能平台为在不同部门、行业之间进行技术、数据和能力的共享与交换提供渠道，有助于实现与其他企业尤其是传统行业企业的资源整合与共建共享，构建以企业为主体的产学研合作体系，通过广泛合作共同建设一个开放、包容、互利、共享的产业生态。

3. 平台化也将深度改变产品形态和产业价值构成

在当前数字经济体系中，各类平台正在成为经济实体，成为生产力的全新组织方式。平台通过协同上下游合作伙伴，为供应方及需求方带来更大增值，甚至通过跨界整合，创造全新的价值。

贯穿产业链的跨产业、跨领域型平台的兴起给生产组织模式和产业链形态带来重构，增强跨行业生态系统的协同效率，给产品价值构成和用户服务提供方式带来深刻改变。

现在快速发展的共享单车是一种典型的平台型产品，原来用户买一辆自行车可能要花 200 元钱，现在骑共享单车一年内的费用有时都不止 200 元钱，但是有了共享单车大部分人已经不会再自己买自行车了。比如出差没法带着自己的自行车，而现在到了大部分城市，出了地铁后就有共享单车可以取用。所以用户宁愿骑一次花一块钱，一年花数百元钱，也要使用这种新产品。实际上，在用户每次花的这一元钱里边，成本均摊给自行车厂的部分可能并不多，比如两角钱，而平台就可能有八角钱，这样产品的形态和价值构成都改变了，原来自行车厂所创造的价值在新的共享单车产品体系中只占其中的一小部分，平台占一大部分。而不同共享单车平台企业其核心竞争力的构成不再仅仅是车的质量本身，更重要的是整个平台运营能力和配套服务。

数字孪生体（Digital Twins）技术近年来发展快速，支撑未来制造业实现平台化运行、状态实时监测和提供全生命周期服务。三一重工通过工业互联网将 4 万设备连接，通过数字孪生体技术变革传统设备生产制造企业的设备维护、客户服务，甚至产品研发的模式，如建立基于工业互联网的设备健康监测与管理能力（见图 4-2）。比如，在客户服务模式方面，原来接到客户电话派工程师上门维修，往往由于不能准确及时掌握设备故障情况，导致工具、配件准备不合适，从而延误维修工期。现在，很多故障发生后工程师可以马上分析判断故障类型、原因，小问题指导客户实时排除，大问题也可以在有效的方案讨论和配件准备情况下，赴现场快速解决。平台化的数字孪生体技术实现产品运行全生命周期的云端数字镜像，对于厂商开展轮船燃气轮机远程状态监测和故障诊断排除价值更大。

图 4-2　树根互联工业互联网平台

在当前产业智能化过程中，随着网络技术进一步向工业互联网和产业互联网拓展，人工智能也将通过平台化，改造现有制造业的产业模式和产品形态，推动产用融合的新制造范式革命[①]。互联网的快速发展，使人们购物、娱乐、出行、教育等活动越来越多地被迁移到互联网上，未来的生产制造活动也将基于工业互联网运行，用户参与的产品设计、个性化订制的柔性制造、实时在线的产品运维，走向平台化为特征的智能制造，产业链上下游各环节的企业深度参与生产过程，实现各类资源的共享和互补，产品的价值创造和分配模式也将随之发生深刻变化。

---

① 杨青峰. 未来制造：人工智能与工业互联网驱动的制造范式革命 [M]. 北京：电子工业出版社，2018.

4.3　开源化：共创共享加速生态培育

开源化是近年来信息技术领域快速发展起来的一种新的研发协作机制，开源软件已成为互联网环境下发挥"众智"作用的典型代表，是网络化的大规模协作创新实践，借助开源化发展起来的 Andriod 手机操作系统，成功重塑了智能手机的产业格局。

智能时代大模型的特征也使开源文化在人工智能领域更加繁荣兴盛。相较过去简单、发展速度缓慢的传统 AI，现在的 AI 领域尤其是以深度学习为代表，网络层数越来越深，参数越来越多，模型越来越复杂，从头开发一个模型的难度越来越大。

随着深度学习的主流技术优势越来越明显，在图像识别、语言识别等各类应用中所用模型架构开始趋同，基础算法通用，底层算子共用、复用的空间非常大，开源框架的使用，可以避免大量的重复性工作。一个简单的 ResNet 残差网络算法从头开发需要 3 个月，上万行代码，出错的可能性很大，也很难做到与 GPU 等底层硬件的最优化设计；而采用成熟的深度学习框架，开发周期可以缩短到 2 ～ 3 天，开发量降低到数百行代码，对于开发者的好处是显而易见的。

1. 开源框架正在成为推动AI技术进步的"发动机"

成熟的开发框架和丰富的开源代码，相当于给开发者提供了结实的脚手架和功能强大的机械化工具，可以快速地将自己设计的图纸变成一栋独一无二的楼房。越来越多的研究者、程序员等参与到软件库、程序包的改进和优化工作中，不仅可加快创新速度，在某种程度上更节约了相当的研发成本，给无数人工智能初创企业减轻压力。

机器学习开源框架在一个完整的人工智能系统中是承上启下的关键枢纽环节，向下承接芯片和底层硬件，向上承接 AI 应用。能够汇聚众智加速技术成熟，并使人工智能技术更快速地普及到各行各业，成为智能产业生态最重要的基础设施。基于开源框架可以实现新技术的集约化发展，包括数据样本集约、新算法集约，活跃的使用者贡献者又进一步促进了其快速更新和算法完善。如今人工智能发展日新月异，知识共享已成为影响创新绩效的关键。通过开源化可以提升协同创新效率，不同团队可以发挥群智力量，及时将新的算法更新到开源平台上，加速各前沿技术的创新迭代速度。

2. 模型库和算法开源将加速人工智能技术落地

人工智能开源框架只是一种通用的语言，可以此为核心为人工智能开发者提供技术研发平台，提供开源共享模型库和开源算法。比如针对解决人脸识别、自然语言处理、推荐，语音，知识图谱等特定领域特定问题的模型库的开源，使开发者能够基于模型快速方便地构建 AI 应用。

人工智能开源化还包括丰富的开源创新应用项目，围绕这上面还沉淀各种各样的模型以及行业的数据，以及对底层硬件资源的充分支持，大大提升了企业基于开源技术快速实现产品落地的效率。比如 TensorFlow 只开放七八个官方支持的模型，其他都是靠学术界的贡献，目前已有一大批在 TensorFlow 上实现的 AI 行业应用算法开源出来。

3. 开源化成为构建人工智能产业创新生态的重要途径

发展手机操作系统时期，谷歌的 Andriod 和苹果的 IOS 选择了开源和不开源两路发展路线，而现在全球主流的人工智能领先企业巨头都开始把自己研发的模型、框架、算法开源出来，吸引用户使用，并加速算法的迭代，形成生态区发展产业链。

谷歌的深度学习框架 TensorFlow 起步较早，功能完善，支持 CPU、GPU 混合搭建训练平台，也支持 Google 自主研发 TPU，可以将训练好的模型便捷地部署到不同的移动端应用上，配合可视化工具 TensorBoard，已发展成为目前深度学习开源框架的引领者。目前，谷歌 TensorFlow 使用量、活跃度、开发者数量等指标都名列全球第一，在全球最著名的开源社区 GitHub 上，超过三分之一的深度学习开发者使用 TensorFlow。

Facebook 发布的 PyTorch 平台与原有的 Caffe2 合并，功能更加丰富，灵活性相比 TensorFlow 大大增强，近年来快速崛起，与 TensorFlow 的性能差距逐渐缩小，已经成为最有希望赶超 TensorFlow 的独立框架。PyTorch

在动态计算图、运行时编译优化等方面的优势更有利于研究人员、爱好者、小规模项目等快速做出原型，而 TensorFlow 更适合大规模部署，特别是跨平台和嵌入式工业化部署。

国际上具有一定影响力的深度学习开源框架还有蒙特利尔理工学院 2007 年推出的 Theano，加州大学伯克利 2013 年推出的 Caffe，Amazon 2015 年底开源的 MXNet，微软 2016 年开源的 CNTK 等。

近几年中国的开源学习框架和开源软件也开始加快发展，目前已经开源的深度学习开源框架以百度飞桨（PaddlePaddle）为代表，因其易用性和本土化支持等优点，获得了部分国内人工智能开发者的青睐。2020 年百度又基于飞桨开放了 35 个视觉领域预训练模型，为开发者研发落地产品提供更丰富的模型库支撑。2020 年 3 月，旷视宣布开源其深度学习框架旷视天元（MegEngine），实现了训练、推理一体化的机制，支持动态图、静态图一键转换和混合编程，可使用高级编程语言进行图优化和图编译。华为开源了 AI 计算框架 MindSpore，这个支持端、边、云全场景的开源深度学习训练推理框架 MindSpore，还实现了与昇腾 AI 处理器软硬件的协同优化。此外，还有腾讯专门针对移动设备开发的开源深度学习框架 Ncnn，阿里巴巴的深度学习开源框架 Euler，小米的移动端深度学习框架 MACE 等各具领域特色的机器学习开源框架产品。2020 年 3 月，清华大学计图（Jittor）的深度学习框架，也成为国内不多的由大学研发推出的深度学习开源框架。

同时，随着新的机器学习框架不断推出，技术形态快速演化。未来，在深度学习方法创新方面的进展，包括解释性、知识建模、机器学习自动化等突破，也将带来深度学习框架的革新和全球开源框架格局的新变化，对很多人工智能企业来说也是值得努力把握的机会。

4.4　协同化：云边端混合的分布式智能

深度学习具有计算密集、存储密集的特点，目前大数据＋深度学习的智能计算模式需要大算力、大数据，云端高性能的算力成为智能算法运行的强大支撑。现在各类深度学习计算主要依赖后端算力，我们现在经常与之交互的许多 AI 都是在"云端"发生的，同时也就不可避免地需要承担通信时延导致的系统整体性能损失，难以满足未来大量涌现的低延时场景的性能需求。

在中心端智能计算为主的基础上，通过设备端计算、边缘端计算等就近提供智能计算能力正在成为当前人工智能发展的另一新趋势。

在业界，英特尔、英伟达、谷歌、华为等企业研发了多种用于边缘网络或终端的前端 AI 处理器，不仅可以直接运行像贝叶斯、决策树等一些轻量级机器学习算法，而且辅以轻量级推理引擎，能够使训练好的深度学习模型很方便地在前端进行推理运算。比如，Edge TPU 是谷歌推出的专用推理芯片，专为在边缘运行 TensorFlow Lite ML 模型而设计。Edge TPU 的设计旨在补充谷歌云 TPU，可以在云端加速训练，然后在边缘进行快速推理，使设备端能够做出本地的、实时的、智能的决策，减轻数据传输和云端计算压力，增强实时性、安全性。Paddle Lite 是百度发布的用于在边缘端、移动端和部分服务器端等进行 AI 模型部署、高性能推理的轻量化推理引擎，百度云也发布了智能边缘产品智能边缘 BIE，既可以与云端进行无缝数据交换，对敏感数据进行过滤计算，也可以在无网或者网络不稳定的情况下缓存数据、独立计算，实现实时的反馈控制。

随着高速移动通信技术的快速成熟，轻量级推理引擎、无损压缩的神经网络模型，以及各类定制化、低功耗、低成本的专用加速器，正在共同推动智能计算前移的崛起。在智能手机、安防监控、可穿戴设备以及智能驾驶等领域，大量智能处理任务开始向设备端、边缘端迁移，未来市场潜力和空间巨大。

智能计算前移也将驱动人工智能架构形态的变革，使人工智能向分布式智能、"云边端"混合架构等形态演化。

1. 分布式智能促进云—边—端负载优化

智能计算前移是分布式计算的思路。如果你在一个大型图片库找一张特定图片，传统做法是先将图片库中的图片全部上传到 CPU 内存，然后才能搜索到需要的那一张，但这一过程中其他图片就相当于白传了，而且还占用了 CPU 计算资源。如果这个步骤能在数据端存储阶段就完成，效率将会有质的提升。只需告诉存储单位要找这么一张图片，找完了送上来，就释放了 CPU 或者 TPU 的资源，也降低了通信量。

监控芯片智能化是当前智能监控技术发展的重要趋势。通过研发图像传感器 + 视觉处理器集成式芯片，将视觉芯片嵌入摄像头，就把很多针对图像的智能处理迁移到前端，可以直接在前端进行过滤降噪，或是对视频、图像进行针对特定任务的信息处理，只需把结果信息上传云端，从而实现智能系统性能提升，以及更好的运行稳定性。

有意思的是，对于视觉监控领域的智能计算前移，未来甚至有可能都不需要前端 AI 处理器的加入。据 Nature 发表的最新研究，由于数码摄像头的感光器件也是典型的半导体芯片，因此图像传感器本身也可以"印刻"神经网络，它能同时担当感光与处理图像这两大功能，甚至这种"感光 + 计算"的机器视觉芯片比传统卷积神经网络要快上千倍。

高速移动通信网络为云端智能与终端智能的协同和负载均衡提供关键支撑。通过 5G 这种高带宽、低时延、大连接数的移动通信技术，把人工智能的推理能力放在边缘侧、设备侧进行，并与云端智能相互融合，形成"云端中心计算 + 边缘计算 + 前端智能"的"云—边—端"混合智能计算架构，推动当前云端智能为主的模式向分布式智能发展。

值得一提的是，目前算法前端化的成本还不低，一块 FPGA 怎么也要上百元。智能计算任务在云边端的分布式配置，还需要结合场景、任务特点、规模特点进行具体的设计优化。比如安防领域，是选择摄像头前端实现车牌识别、人脸识别等智能算法，减轻主机配置和运行开销，还是在云端主机采用多路并行算法进行视频识别 + 小前端轻量化摄像头，需要从成本、速度、效果等方面综合均衡，选择性价比最优方案。有很多低时延需求的目标追踪任务，具有专用化、小批量特点，主机发挥不了多路并行的算力优势，采用 FPGA 等高成本前端智能化方案的实时性效果就凸显出来。

2. 多样化的前端智能拓展智能系统整体功能

安防领域每年产生大量非结构化数据，传统的人工查看方式已不能满足日益增长的需求，将海量非结构化数据结构化后进行智能处理，可以极大地提高追踪效率。图像结构化信息处理包括在视频拍摄的同时，进行目标识别，通过新的视频编码技术，将视频内容目标的个体信息（身份证号，或目标衣着特征等）编入存储，可以实现存储视频的结构化，大大缩短传统后期回溯分析的时间，比如可在数十小时的视频录像中快速找到具有特定身高或衣着特征的人。通过这种"前端智能处理＋结构化存储"，可以支撑智能系统实现视频内容理解和信息抽取等更高层级智能。

前端智能也为传统电视拓展了智能化新空间。索尼公司2020年发布的智能视觉传感器IMX500和IMX501，模仿人类视觉和听觉的认知方式优化音视频内容，在设备端实现高速智能计算，根据不同的画面内容和画面焦点，对主体内容、背景和焦外区域进行实时优化。

基于前端智能算法，还可以进行视觉注意力选择操作，把摄像头资源更多聚集到视觉目标上，并能把一些涉及隐私的细节屏蔽掉，适度采集适度上传，更好地保护隐私。比如，以监测人群密度控制流量为目的的智能视觉系统，是否需要采集每个人的面部信息？可以在摄像头端就将人的面部信息进行脱敏处理，只完成行人识别、人数统计等，或根据移动速度、移动方向等预测区域人群变化。利用前端智能实现有限采集、有限上传，监管部门就可以通过抽检定制的智能摄像头，检测其前端算法是否符合该产品申请的数据采集需求，从产品市场准入端着手，落地国家的隐私保护治理规范。

3. 智能计算前移使数以千万的设备具备"末梢神经"

就像人的神经系统一样，既需要有强大的脑部神经，也需要各种神经末梢配合。随着部署前端AI所需的硬件设备更加便宜和可用，快速发展的智能推理芯片、感知芯片等正在将部分智能算法嵌入各种设备，越来越多的车辆、家用电器和工具等将能运行AI算法，实现人脸识别、语音交互、图像识别、屏幕触控等计算需求，使传统硬件变成可感知、可运算、可交互的智能终端。

指纹识别算法变得越来越成熟，甚至完全可以优化到一个MCU（微控制单元）芯片就能实现，从而嵌入到指纹锁中。运行于 MCU、PFGA、ASIC 等前端芯片上的智能算法使得遥控器、汽车电子、步进马达、机器手臂等越来越智能。义肢上安装了基于 Loihi 处理器的动作控制器件，佩戴者走路时遇到突发情况，义肢能够更快对环境作出判断，在一定程度上模仿人脑"下意识"的神经活动，让佩戴者轻松保持平衡。

有科研团队研发的集成传感阵列和语音神经网络算法，把简单的神经网络运算放到传感器端，仅将前端神经网络处理后的特征信号输入云端，只对特征信号进行深度处理，大大降低了通信传输负载。尽管声音识别的精细程度不见得很高，但是对于很多场景已经可以很好地进行声音分类，比如可以把爆炸声、坍塌声、人声和背景声分离出来。

通过智能计算前移实现端到端的智能体协同、人机环境相融合等新趋势，将推动未来社会从"万物互联"走向"万智互联"。

4. 边缘计算驱动"云—边—端"新架构

作为云计算的演进，边缘计算将应用程序主机从集中式的数据中心转移到网络边缘，以更接近消费者和应用所生成的数据。通过在近端设备或设施中进行数据处理，边缘计算减少了原始数据在云端与终端间往返的传输等待时间。这种计算架构一方面凭借低时延等优势，可对数据进行快速处理，实时判断，满足多场景的算力需求；另一方面也因为更靠近数据源而减少了数据泄露的风险。

尽管自动驾驶汽车自身装载有视觉摄像头、激光雷达传感器、毫米波传感器等感知设备，能够获得对道路上汽车、行人等目标的识别，构建汽车行进的道路环境，然而，不论是视觉传感器还是雷达传感器，都难以克服遮挡的问题，而被视线挡住的车辆或行人却恰恰是事故产生的最大原因。

因此，目前有自动驾驶汽车研发团队与部分城市的交通管理部门协作，通过在马路旁边的路灯杆上和路口的交通信号灯杆上安装边缘侧传感器，从不同角度对道路目标进行识别，并实时传送给云端服务器和与其建立对话协议的自动驾驶汽车，从而能在自动驾驶导航地图中补充大量关键信息，将汽车的驾驶控制安全性提升一个等级。灯杆上的边缘设备自身具有较强的数据处理能力，与汽车和云端之间建立起高速信息传输链路，形成端、边、云协同的智能计算架构，将繁重的目标识别和环境重建任务分散到大量边缘设备上，既减轻了云端和设备端的计算压力，也可能优化系统任务设计，提升系统整体性能。

随着单机计算软硬件能力的提升，计算模式从早期大型机时代的集中计算，到 PC 时代的分散桌面式计算；智能化时代出现的各类新的智能计算任务，再次把计算模式推动到云端的集中计算；随着低功耗智能芯片、轻量化算法的发展，智能计算模式正从云端集中向分布式、边缘计算演化。在计算需求、计算能力此消彼长的交织发展中，计算架构经历了两次历史性轮回。

当然，计算模式也并非单纯轮回，而是螺旋式上升。未来，针对不同应用场景，智能计算任务将根据资源约束程度、业务实时性等在设备端、边缘端、云端进行协同运行和动态调配，形成云边端混合架构，在云、边、端上都有人工智能芯片赋能，可能是人工智能未来实现"智能无处不在"的必由之路。

从技术需求上看，支撑智能计算前移的芯片和算法很多都要求具备较低的功耗，以便所部署的监测终端可以在不容易更换电池的恶劣环境中持续工作较长时间。因此，未来迫切需要发展低成本低功耗的智能芯片，在设备端或在边缘端处理前端智能任务。

另外，当前的智能计算前移主要还是模型训练环节在中心端解决，模型训练完之后的推理运行阶段在前端完成，以降低通信的成本和延迟。但如果模型训练阶段的任务也前移，就需要突破目前模型训练大样本大计算量依赖的问题，也需要小样本学习等基础性技术的突破。

4.5 硬件化：软硬结合的纵向贯通

人工智能计算模型和算法日益复杂，算力需求与日俱增。据斯坦福《AI INDEX 2019》报告，2012 年之前，人工智能的计算速度紧追摩尔定律，算力需求每两年翻一番；2012 年以后，算力需求的翻番时长则直接缩短为

3～4个月，计算负荷的增长率达到摩尔定律的 5 倍。算法硬件化、芯片化正在成为加速智能系统计算效率、助力智能技术产业化落地的主要创新路径之一。

然而，自 20 世纪 90 年代以来，以摩尔定律为代表的电子小型化道路即将触到物理学和经济学的极限，面对各类智能计算训练和推理任务的飞速增长，已无法仅靠计算芯片集成度的提升来应对激增的计算需求。将算法、架构与芯片、设备软硬相结合实现提速，正成为当前人工智能发展新的趋势，有望成为接棒智能时代的"新摩尔定律"的重要潜能，芯片和算法两个行业走向融合的趋势越来越明显。

1. 针对深度学习算法的软件硬件化加速

硬件加速尤其是并行加速是新一代人工智能成功的重要原因。GPU 适应深度学习的算法特征，把需要大量重复性计算的神经网络训练任务分解为大量并行的子任务，通过部分计算环节的硬件化，进行矩阵元操作的并行化加速，实现了深度学习系统训练速度的飞速提升。

深度学习处于硬件层之上，与人工智能芯片的设计关系密切。在深度学习中，张量（Tensor）是基本的数据表示规范，底层芯片设计中充分考虑张量这种数据表示方式进行优化设计，将大大提升空间和计算效率。基于张量的各种共性操作（Operator），如相乘、相加、投影等，可提炼为基本算子，而底层芯片的指令集与这些基本算子高度结合，硬件层面的优化设计对计算加速作用显著。

2. 跨层垂直优化推动智能计算效率提升

OpenCL（Open Computing Language，开放运算语言）是业界非常具有代表性的面向异构系统通用目的的编程环境，软件开发人员可基于 OpenCL 平台为高性能计算服务器、桌面计算系统、手持设备编写高效轻便的代码，而且向下广泛支持 CPU、GPU、DSP 等底层硬件。OpenCL 作为一个更为通用的框架，没有与硬件进行紧密绑定。在上层算法与下层计算之间需要一个翻译环节，通常采用一个中间模型表示的方法形成通用接口,各类硬件都与这个中间模型和通用接口衔接。这样的优点是通用性更强,开发者可以选用不同的芯片,但不足之处是需要与硬件进行适配,各类硬件环境下数据流的效率都不是很高,也会经常遇到一些 BUG。

软件算法与芯片计算之间进行直接翻译是提升整体效率的重要途径,从当前全球人工智能技术发展趋势来看,智能计算系统的发展越来越表现出软硬一体化整合和垂直优化的技术路线。

以深度学习开源框架与底层芯片的软硬协同趋势表现最为明显。谷歌研发了 TPU 芯片,把 TensorFlow 深度学习框架与 TPU 绑定式设计协同优化,针对深度学习中张量运算的特点,设计出专用的矩阵加速计算芯片,以"深度学习框架 + 人工智能芯片"的软硬结合模式,打造智能时代新的"Wintel"生态。

从下端看,芯片设计根据深度学习框架甚至特定类型的智能计算任务,从模型的支持和编译方面进行优化;从上端看,针对芯片指令集及其提供的各类算子的集合,从算法设计方面进行优化。软硬一体化整合和垂直优化可能会给硬件兼容性带来一些局限,但系统效率可以获得大幅度跃升。

3. 异构协同是智能算法工业性能提升的重要途径

在基于深度学习框架开发的智能应用进行工业化部署过程中,也需要大量的软硬件协同。应用模型生成后,只是学术表现很优秀,但是不一定能做到工程表现同样优秀,原因就在于硬件环境差异非常大。比如视觉领域尤其依赖加速能力,但加速能力不单纯靠软件自身,而需要与特定硬件结合,针对高通、ARM、华为、海思等不同厂家的芯片做算法优化。

为实现与算法层的高效协同,AI 芯片要有丰富的工具链和系统软件,将不同的算法映射上来,诸如驱动、编译器、函数库等。深度学习框架中还有一类加速库,通过加速库实现深度学习框架与底层硬件的协同和优化,使开源框架在不同硬件平台上部署时能够发挥出最佳性能。cuBLAS、cuDNN 等是 NIVIDA 专门根据自己的 GPU 为深度学习开发的加速库,并加入到 TensorFlow 开源框架中，使 TensorFlow 在 GPU 上运行时实现最高的计算效率。

GPU、TPU、NPU、FPGA 等不同计算架构的智能芯片各有特点和优势，需要充分发挥其互补性，取长补短，提升人工智能能力。传统的 CPU 集中处理的单一计算架构，正在向 CPU 与各类异构加速器的异构融合方向发展。在集成了多种不同计算架构芯片的场景和任务中，也需要能够支持多种异构芯片协同的异构融合算法或计算平台，以支持计算资源分配和任务自适应调度。

INTELLIGENT
REVOLUTION >>

2

第二篇

赋能之路

第五章

革新：重构经济业态和产业模式

人工智能是一项影响深远的使能型技术，未来人工智能向百行千业广泛渗透将引发深度变革。很多变化现在还难以看清楚，需要随技术的陆续突破和产业形态的持续演化逐步显现。就目前大数据驱动的弱人工智能发展阶段来看，经济社会已经在发生着很多变化，数据开始成为新的生产要素，算法成为新的生产力，产业模式和经济业态不断迭代。在智能经济时代，通过发掘数据和知识作为新的生产要素的价值，通过发掘智能算法作为新的生产力的价值，通过变革生产、营销、服务的组织模式，都会极大地提高各行各业的生产效率，重构经济形态。一场由技术创新引发的商业和社会变革正在到来，全新的商业形态正在重塑。

5.1 数据的经济价值变迁

从 20 世纪 50 年代电子计算机发明以来，电子化的数据就开始进入人们的生活。见图 5-1，早期的数字化阶段，信息技术主要解决数据的存储、计算和查询问题。物理世界的业务流转换到虚拟空间，原有业务流程可能没有发生本质变化，但数字化的存储、查询、传输使工作效率大大提升。构造起数字化的虚拟空间是数据的早期价值。

图 5-1　数据在不同阶段的价值逻辑

2000 年之后的网络化阶段，数据的主要经济价值就不再是创造，而是交换。网络技术在数字空间里建立起不同个体之间的连接，解决信息的可获得性和信息不对称。人们能够更加便捷、更加准确地获取和交换数据，大大优化了人、财、物等要素资源的配置方式和配置效率，物理世界原有业务流被改造，电子商务、O2O、滴滴打车、共享单车等各种新的商业形态纷纷涌现。

与网络化大发展相伴随的，是各种类型的网络数据作为主要的副产品开始积累起来。但在网络化产业模式中，用户连接的构建和生态拓展是商业成功的关键，互联网企业的非实物资产主要是其构建的用户群生态网络，数据的资产价值还不明显，也没有成为一种生产要素。

得益于互联网、社交媒体、移动设备和传感器的大量普及，网络化阶段中后期全球产生和存储的数据量指数级增长。通过大数据驱动的智能算法实现"数据—信息—知识—决策"的转换，是智能化阶段数据价值创造的基本逻辑。知识的复用、传播和数据驱动的机器决策能够创造巨大的经济价值，基于海量数据和知识库的智能服务在医疗、教育、金融等领域的应用不断拓展。由此，这些积累的大数据就成为企业新的资产，数据开始成为经济领域的生产要素。一批新的产品、新的产业、新的业态将会大量涌现，进一步推高数字经济的天花板，拓展产业新空间。

数据作为一种新的生产要素介入经济体系，并且具备可复制、可共享、边际成本几乎为零等独特优势。数据、知识不仅是其他经济要素发挥作用的重要基础和根本前提，而且通过数据、知识与其他要素的相互渗透融合，能够放大和提升其他各类要素的价值创造能力，也将成为改变商业模式的关键因素。

在大数据驱动的人工智能发展时代，来自全球的海量数据成为智能经济发展的关键要素之一。世界经济论坛报告曾预测，"未来的大数据将成为新的财富高地，其价值堪比石油"。瑞士达沃斯经济论坛的经济报告认为，数据是一种类似于货币或基金的新型资产。

数据作为新的资源型生产要素，对于国家、地区和企业核心竞争力的影响日渐深入。党的十九届四中全会《中共中央关于坚持和完善中国特色社会主义制度、推进国家治理体系和治理能力现代化若干重大问题的决定》中提出"健全劳动、资本、土地、知识、技术、管理、数据等生产要素由市场评价贡献、按贡献决定报酬的机制"，明确将"数据"作为新的生产要素，就是要通过合理的产出分配机制，调动数据参与创新和生产的积极性，充分激活数据的要素价值。构建并逐步完善数据产权制度、数据保护制度、数据交易制度，建立以数据开放、数据产权、数据保护、数据流动等为基础的数据规则，也将是构建数字经济制度的重要基石。

5.2 算法创造的数字生产力

智能社会的大数据相当于工业社会的石油，是新的生产要素，而以机器学习为代表的智能算法正在成为发掘数据价值的发动机。

机器设备是人类改造世界的工具，电力、发动机等使能型技术将重新定义设备工具的生产效率。比如，得益于电的应用，手锯被改造为电锯，手钻被电钻替代，各类传统工具、设备通过电气化改造实现了生产效率的大幅度跃升。

在人工智能改造人们的生产生活之前，人是所有行为的决策主体，现代工业变革催生的汽车、自动化生产线，只能使机器在人们的操作下通过机械力放大操作，如汽车转向、刹车、刮雨刷等，或者通过利用固定模式的高速重复操作来提升劳动效率。

人工智能作为一种典型的新型使能技术，也将通过赋能生产工具改造而变革生产力。智能算法是人工智能的核心，它使机器拥有了分析、预测、优化甚至决策能力，智能算法的自主性和决策能力成为智能化变革的核心要素，通过智能算法直接改造生产力也将释放人工智能最大价值潜力。

人工智能使大量的机械被装备上"大脑"，进化成为能够按照人类设定的任务目标，自主操控完成复杂任务的智能机器。人们将从机器的具体操作中获得巨大解放，汽车能够自主驾驶，智能化设备可以自主安排生产。很多简单的重复性、流程化的体力劳动都已经能够由人工智能实现。

基于人工智能技术重新赋能、改造和定义机器，可以让机器生产效率大大提高。DeepMind 通过智能算法控制着 Google 数据中心的制冷系统、风扇和窗户等 120 个变量，使其用电效率提升了 15%，几年内共节约电费数亿美元。在国内某企业的板材切割生产线上，通过算法优化降低 2% 材料消耗，每年创造 4000 万元的直接效益。通过生产设备智能化改造，智能算法在生产效率提升、生产成本控制、设备健康运行、产品质量升级等方面将展现出巨大潜力。

在非生产领域，基金公司直接利用其专有的算法开展智能量化交易，在金融市场上赚取利润；一个有经验的交警，过去依靠个人能力最多也只能同时查看 40 路监控视频，而城市大脑的算法具备支持 2 万路摄像视频识别的能力，可以让城市管理者有机会获得对上百万辆汽车进行高效指挥的能力，从而实现城市治理工作效率的根本性提升。

通过替代一部分脑力劳动和体力劳动，算法将创造大批新的高效率、低成本的"数字劳动力"，深度改变一个国家的劳动力构成。埃森哲预测，到 2035 年，人工智能有望将中国的劳动生产率提升 27%，使中国的预期经济增长率提升 1.6 个百分点。

拥有低成本的劳动力曾是很多经济体得以在激烈的全球产业竞争中实现差异化发展的利器。未来，基于强大算力和算法形成的虚拟化"数字劳动力"将以更低成本、更高劳动生产率全天候持续工作，成为未来社会化大生产中大多数行业的主力军。"数字劳动力"的规模、成本、效率也将成为影响智能时代全球产业版图和决定经济体产业竞争力的关键性因素，主流经济学模型也可能因此改变。

5.3 人机协同的生产服务新模式

人工智能发展的初衷就是研发具有类似人类智能水平和行为能力的机器。而人机协同模式将覆盖从决策到运营，从生产到服务的经济活动全链条，成为未来智能经济中一个重要的特征。

1. 做好人们不愿做的事

在智能时代，各类智能助手将在各行各业深度融入人们的生产生活，通过人机协同，大量简单的、烦琐的和重复性的工作都将由智能助手完成，不仅人们的工作舒适度会大幅提高，工作效率和工作质量也会大大提高。

在生产制造领域，仍存在大量劳动密集型岗位，需要工人日复一日、年复一年地重复同一个动作，既劳累又枯燥。很多科研团队都在开展自主智能体灵巧操作研发，致力于使机器能够完成过去人用手工做的精密装配生产线工作，在劳动力密集的轻工业生产中，实现任何一项操作的智能化，都将创造非常巨大的经济价值。建筑、物流等领域各类智能机器人或智能化设施将以更高的效率替代体力劳动，推动生产力的直接改造；由于智能化无人设施和知识决策系统的精准性远远超过人类，社会生产力水平将得到显著提高。

在会计、金融、医疗等各行业，人机协同也将成为新的工作模式。机器人流程自动化（Robotic Process Automation，RPA）发挥机器在准确性、并发性等方面的优势，重塑办公室工作者的工作方式和效率。随着智能系统数据和知识处理能力的提升，数据搜集分析、客服对话、票据处理等各类专用智能助手出现，使得大量简单、烦琐、重复性的工作可以由智能助手完成，为企业带来速度和敏捷性的提升，人就能够腾出更多的精力去完成技能性、创造性、灵活性更强的任务环节。医疗助手能够帮助医生完成筛查医疗影像片的任务；司法助手能够帮助法官找到最相近的判例，进行法律信息提取和主题建模；行业分析助手则能够帮助分析师完成大量数据收集和报告梳理工作等。

在教育领域，老师们批改作业、回答问题的任务量大，负担很重。但实际在这一类任务上，现有的智能技术已经越来越成熟，效果也越来越好，甚至从稳定性和知识量方面已经超过了人，能够很好地帮老师完成大量重复性的任务。现在市场上有很多英语作文批改类智能产品，对出现的拼写问题和语法错误分析得非常准确，并且能够基于这些错误总结学生的知识短板和知识缺失。利用这些产品，老师就能够腾出更多的精力用于培养学生的特长和创造性，引导学生的个性化发展。

2. 优势互补实现倍增效应

实际上，人工智能和人类智能各有所长，大部分专家认为，未来人机融合、人机协同将成为各类智能化场景的主流趋势。

尽管目前智能技术在很多领域已取得非常好的效果，但涉及创造性、推理性问题时，或遇到无法给出明确定义和边界、缺乏可数据化知识经验的任务时，智能机器可能就显得有些笨拙了，还需要与人配合。另外，模型自身在可解释性、信息安全等方面尚存在问题和风险，目前阶段也需要人的介入，形成"人在回路"的控制闭环来保障安全。在人工智能技术支撑下，发挥机器和人的各自优势，实现高水平人机协同将成为未来生产和服务主要模式。

现代制造业生产需求正在快速从少品种、大批量向多品种、小批量转变，大部分制造企业常常面临日益增大的产品多样化需求以及时刻变化的产量需求等挑战。在 3C 电子、家电、食品饮料等产线点位密集、生产柔性化要求较高的行业领域，很多非标产品和复杂工艺仍需要人的参与。机器与人分工合作、技能互补，才能更好地发挥机器人的潜能。

感知智能和认知智能的快速发展都将为人机协同提供支撑。之前工业机器人没有感知能力，只能用于固定场景，采用开环模式执行预先设定的任务，不能承担不确定性、非标准型任务。机器人往往需要在隔离栏里运行，以避免人不小心进入其运动路径而被误伤。高精度力觉传感器不仅能够辅助机器人控制对环境输出力，实现复杂力控打磨、装配等生产工作，也可以检测机器人与协作人员的碰撞力。智能化协作机器人在重要关节处都配置了扭矩传感器，通过传感器可以持续监控力觉感应，对机器人跟其他物体的接触做出即时响应。当操作人员和机器人发生接触时，会通过自动停机来确保协同工作时人的安全性。感知智能的突破，包括触觉感知、姿势感知、语音感知、图像感知等多维度综合感知能力，使得机器人可以构建起与人和环境即时交互的闭环控制系统，完成不确定性任务和非标准型工件操作，实现人与机器在同一个工作空间中进行近距离互动和协同作业。

智能驾驶技术目前最大的优势不在于它能够替代驾驶员的劳动，而在于它能够增强驾驶员避免交通事故的能力。人的感知能力总是有限的，而借助各类型传感器件，自动驾驶汽车具备了增强版的多维度感知能力，超越人类司机肉眼能够达到的范围、精准度和响应速度，可以大大降低事故率。无人船也并非仅为了减轻船员驾驶劳动，更重要的是能够充分利用海底部署的传感设施、海洋知识图谱等环境感知、知识获取类技术，进行态势预测、路径导航、智能化决策，以人机协同的方式，实现更优化、更安全的航行。丹麦航运巨头马士基集团近日和总部设在波士顿的海洋设备机器人（Sea Machines Robotics）公司签订合同，马士基将在其新建造的一艘冬宫（Winter Palace）冰级集装箱船上安装计算机视觉、激光雷达和感知软件，成为世界上第一家在集装箱船上试验人工智能动力感知和态势感知技术的公司。

随着人工智能在越来越多特定领域的能力开始超过人类，人类想要超越 AI 的唯一办法是掌握和利用 AI。今后的 10 年、20 年不是"人 VS 机器"，而是"人＋机器"。未来社会，人在职场的工作竞争力也在很大程度上将取决于你能否掌握 AI。可以设想，如果将来一个人不掌握智能化相关技能，不能跟各类智能系统和设备协同工作，那他可能会失去职业竞争力。

5.4 错位的"老板"和"小二"

尽管精准的智能机器将为我们完成大量重复性和体力劳动，聪明的智能助手也将为我们完成大量烦琐的脑力劳动，但机器不能帮我们完成一切工作，人机协同是智能社会的必然趋势。*更为重要的是，在新的生产协作形态中，企业管理者未必是自信的人类，而一线员工也不一定是机器。*

智能算法具有多样化的外化形式，比如超大规模计算群支撑下的云端大脑智能形态、深度嵌入设备终端的机器智能形态等。云端大脑与设备端智能密切协同，改变许多产业的生产方式和服务方式，重构产业链，共同驱动生产力变革。其中，通过工厂运行智能化、企业经营智能化、产品创新智能化、供应链智能化等，人工智能正在从企业管理层面提升生产经营效率。

比如在市场经济模式下，工厂根据市场需求安排生产，是一种订单导向的生产方式。利用多维度的市场运行大数据采集，智能算法能够进行市场消费需求预测，订单式生产模式正在向智能化决策导向的生产模式升级，等到客户需求出现时，需要的产品可能已经生产出来了，就不需要再等待很长的供货周期，从而可以有效提升生产企业的市场竞争力。

盒马鲜生、便利蜂等新零售企业通过智能算法综合分析区域消费者的个性化需求，以及市场供应价格信息，实现千店千面的定向投放，每天应该进什么货、从哪里进货、怎么摆货已经不再需要店长决策，原来的店长变成店小二，只需要按照智能大脑的指令完成操作，货品的周转率和生鲜品质也得到大幅度提升。

在企业经营管理岗位上，人类如果 PK 不过人工智能，也只能让位。2015 年马云在复旦管理学奖励基金会颁奖典礼上表示，他曾畅想三十年以后，全世界最优秀的 CEO 是一个机器人。

5.5 跨界融合与共创分享的新生态

人工智能具有高度交叉的技术和产业属性，跨界融合正在成为人工智能产品创新的主流形态。

1. 技术融合

在智能化阶段，随着新兴信息技术群的多源迸发和技术之间的重混创新，以及纵向软硬贯通的垂直渗透，人工智能与 5G、IoT、区块链等数字技术融合程度加深，人工智能产品和系统自身正在体现出体系化、交叉融合的发展趋势。

2. 行业融合

人工智能作为一项使能型技术（Enabling Technology），具备强大的行业融合和横向整合能力，跨行业跨领域要素融合、产品融合、服务融合、业态融合的趋势越来越明显，跨界融合发展成为企业竞争和产业升级的重要方式。数据作为一种新的生产要素，加入生产活动也会改变原来的产业链结构，跨界获取数据将会极大增强自身产品的竞争力，将自身数据应用于别的行业领域，也可能衍生新的商业模式和产品。

通过垂直渗透和横向整合给行业赋能，人工智能已经逐渐渗透到各行各业，以"人工智能＋"的方式，在医疗、汽车、金融、零售、安防、教育、家居等领域引发能力升级和模式变革。传统行业插上 AI 的翅膀之后，将会产生不可思议的化学反应，在人工智能跨界融合的同时，不少产业也会借助 AI 的力量进行相互融合。

很多专家认为，纯粹的人工智能是没有商业模式的，未来的人工智能投资将会分散到各个应用领域中，从医疗健康的监测诊断、智能医疗设备，到教育领域的智能评测、个性化辅导、儿童陪伴，从电商零售领域的仓储物流、智能导购和智能客服，到应用在智能汽车上的自驾技术，都能看到人工智能的身影。

在"AI+"时代，行业之间的界限变得模糊，跨界、跨行业的融合发展正在成为人工智能驱动的智能经济的典型形态。跨产业建立平台打造产品，将为智能经济带来旺盛的创新活力。

自网络时代开始，基于互联网的共创分享模式已经快速发展起来，通过将海量的供方资源和需求进行按需匹配实现高效率、规模化的商业行为，逐渐成为共享经济生态的基本特征。网络化初期主要推动信息的分享，如社交软件、电子商务、网络搜索等；网络化中期开始加速实物的共享甚至服务共享，引发了以O2O模式为代表的新一轮创业浪潮，催生了共享单车、网约专车、共享充电宝等一批新生代网络化商业模式。智能经济时代，随着人工智能知识处理能力的提升，知识在互联网上的共享、不同个体之间知识和智力的分享成为可能。

3. 群智创新

借助基于互联网的群体智能技术，众包、众创等新的模式正在应运而生。比如：基于群体开发的开源软件，基于众问众答的知识共享，基于众包众创的共享经济，等等。

大规模个体通过互联网的共同参与和群体交互，可以表现出超乎寻常的智慧能力，创造新的科学成果。普林斯顿大学"连接组"（Connectome）项目开发了眼线（EyeWire）游戏，让玩家可以对显微图像中单个细胞及其神经元连接按功能进行涂色。来自145个国家的16.5万多名科学家参与了这个游戏，从而第一次详细描述了哺乳动物视网膜的神经组织如何检测运动的结构功能关系。引发近年来图像识别技术飞速发展的著名数据集ImageNet，就是李飞飞等科学家采用众包的方式，组织全球167个国家近5万名工作者历时三年合作完成。随着群体智能理论和技术的进一步成熟，群智科研将越来越成为一种新的科研活动组织模式。

在疾病诊断方面，智能医疗利用基于案例的知识抽取和群体智能技术，也在改变原有的诊疗模式。比如导致感冒、SARS 等一些传染性疾病的病毒种类非常多，并且在不断变异。在日常诊断中，经常出现的情况是对于一种新出现的病毒，医生只能根据病人指征凭各自经验给出一个用药方案，有的效果好，有的效果不好，这种试错式的诊治有可能耽误疾病的及时治疗。而群体智能技术的医疗大脑则会充分发掘医生群智力量，及时将各医生的诊疗方案及效果反馈进行案例汇集、数据建模分析，形成超越单一医生的群体认知，有助于快速找到最佳诊疗方案，指导医生优化用药方案，提升诊疗效果。

4. 开源共享

代码开源共享已经成为人工智能领域的主流文化，开源化成为加速人工智能技术迭代发展的重要推动力量。同时，现在人工智能是基于经验积累的范式，严重依赖案例数据，数据的共创分享对于人工智能发展尤为重要。自动驾驶技术研发过程中，路况场景数据需要积累；医疗诊断系统研发时，基于任何一家医院的病患数据都可能有偏差，而基于数据和代码共享的协同创新将大大加速人工智能技术突破和走向成熟。

随着智能可穿戴、数字孪生体技术的广泛落地应用，智能化应用向平台化、生态化发展。用户既是智能产品的使用者，同时也是智能产品的创造者，智能化应用的共创分享特征将越来越明显。正是用户的使用，以及个体数据在平台上的贡献，使得智能产品的功能不断迭代升级，日趋完善。

5.6 个性化与规模化定制

不论是农业还是制造业，早期人们生产和提供的商品模式主要是个性化的非标产品，这是手工制作或小规模作坊式生产的特点。随着大规模生产线进入工业领域，以及电力的广泛应用，标准化、规模化生产使生产成本大幅度降低，生产效率和产品质量显著上升。工业化时代丰富的产品供应，使人们的物质生活水平快速迈上新台阶。以生产线为代表的工业化生产，最大的特点就是标准化，以及标准化支撑的规模化。

随着社会基本物质产品越来越充足，人们面临新的消费升级，消费者对定制化服务的需求不断提升，对产品的个性化要求越来越高。每个人都希望将自己的想法、理念、设计融入产品当中，这就对"个性化＋规模化"的智能化工业生产提出了新的需求。

智能机器人和柔性制造技术的成熟，有望解决产品个性化定制与规模化生产之间的矛盾，推动商品制造模式从流水线模式的标准化产品制造向多品种、小批量的个性化产品供应转型，提升工厂非标产品制造能力。海尔的智能工厂借助智能技术实现产品个性化定制占比达 57%，订单交付周期缩短 50%。

在生活服务领域，互联网信息量日益庞大，网络与通信能力已不再是人类获取有价值信息的主要瓶颈，人们不再缺乏信息。知识过载时代，人们开始越来越多地感受到被信息淹没的困扰，海量的信息阻碍了人类获取真正有价值的信息。

人们从对信息量的需求转向需要高品质、精致化的信息提供，希望厂商发来的每一条短信、每一个 APP 推送，都是为自己量身定制的。而个性化智能算法，正在帮助人们解决信息繁杂、知识过载的难题。将用户画像等 AI 技术应用于创作、分发、管理与营销等多个层面，为用户推荐在特定场景下最适合浏览的个性化内容，形成了千人千面、精准推送的服务方式。新闻的个性化定制提高了人们的时间利用率和知识获取效率。

科技进步叠加消费者需求变化，共同驱动各行业个性化服务与业务创新。以精准用户画像数据为基础，在满足用户既有学习需求的同时，通过个性化推荐的方式来激发用户的学习需求。通过用户反馈数据能够完整地勾勒出用户画像，开展个性化营销和智能获客，这将大大提升营销成功率。

在智能时代，企业研发与用户反馈形成闭环，利用智能技术分析产品的运行数据和用户的需求数据，建立融入用户反馈的产品研发模式，将显著提升智能制造产品的质量和用户满意度。三一重工通过工业互联网将 4 万台设备连接起来，通过数据孪生体技术变革传统设备生产制造企业的设备维护、客户服务模式，利用智能技术打造出服务优势，利用智能化走出应对工程机械国际产业竞争的新途径。通过开展在线产品虚拟化设计和个性化制造，推动企业运营前后端打通，有助于制造业实现由需求端到研发生产端的拉动式生产，减轻传统库存积压问题。

在个性化制造和服务提供能力的支撑下，经济形态有望向服务集约化、产业集约化方向演化发展。当同一套生产线可以生产制造不同规格不同需求的产品时，就有可能对原有产业模式带来冲击。靠特定用途生产设备生存的小企业市场空间受到挤压，各类需求有可能向效率、质量、成本更具优势的大规模的生产服务中心聚集。比如在餐饮行业，对于个体家庭来说，配备一台机器人炒菜、洗碗，在目前乃至今后相当一段时间内成本将难以达到经济性要求。但随着配送体系越来越发达，通过配置的高性能的餐饮智能装备建设规模化、集约化的餐饮中心，实现对不同品种的饭菜生产线式定制化制作、不同类型餐具的清洗，将是智能技术中短期替代人类复杂性体力工作的更可行途径。

第六章

创造：驱动智能经济的新动能

　　全球经济面临下行压力，中国经济也进入新旧动能换挡期，制造业等传统产业亟需转型升级，实体经济增长面临严峻形势。人工智能具有溢出带动性很强的头雁效应，有望对传统产业结构进行深度调整，成为未来经济增长的发动机。各传统行业的生产过程和工艺流程实现优化升级，生产和供应链更加高效，降低经营成本；以智能软硬件、智能机器人、智能汽车、智慧城市等为代表的一批智能新产品、新产业，在整个国民经济中所占份额将不断提升，创造出规模庞大的经济发展新动能。

6.1 人工智能新产品和新产业

科技变革对经济产业的推动，主要是通过创造新产品和新产业，这是其打造新动能的主要渠道和模式。汽车的发明创造了全新的出行工具，催生出庞大的汽车产业。汽车生产又带动了制造创新，激励福特改进生产过程，发明了生产线，从而推动了工业革命的进程。互联网的成熟提供给人类获取信息、解决信息不对称问题的新的服务和能力，催生了现今蓬勃发展的网络经济。

智能经济发展，首先将通过创造新产品和新功能的形式创造经济新动能。各类专用智能芯片发展迅速，正在成长为芯片领域的新贵。在国内，华为公司发布了人工智能芯片昇腾910、昇腾310。阿里平头哥发布玄铁910，适用于5G、网络通信、人工智能、自动驾驶领域；百度发布了远场语音交互芯片鸿鹄，能实现离线语音识别、语音唤醒，以及远场阵列信号实时处理。

图像识别技术在交通、安防等领域发展起庞大的新产业链。在这一新兴领域，商汤、旷视、依图、云从等国内机器视觉"四小龙"正在加速成长，依靠其创新性技术提供不同行业的智能视觉解决方案。海康、大华、宇视等视频领域领军企业也基于其雄厚的行业积累，加快推进智能视觉新产品研发及产业化应用。据市场调研咨询公司 Markets and Markets 预计，2023年计算机视觉全球市场规模将达到253.2亿美元。

机器人技术与人工智能技术融合进一步加深，智能机器人正在成为机器人领域的新生力量。科沃斯、优必选、图灵、小i机器人、晓曼导诊等智能服务机器人新产品在儿童教育、老人陪伴等多种场景投入商用。妙手手术机器人、新松消融医疗辅助机器人等医疗服务机器人进入临床，高新兴千巡系列公共安全机器人也已在产业园区、公安机关、机场巡逻、防暴等任务中投入应用。

此外，智能医疗诊断产品、机器翻译产品、无人机、健康监测可穿戴硬件等都会为用户带来全新价值，创造出新的市场需求，带来新的购买力，从而开辟出新的产业空间，其中很多都将是上百亿甚至更广阔的新兴市场，而在这个新的产业空间里面，可能没有传统产业那么多竞争壁垒，存在更多的产业机会。

6.2　产品创新的旧动能沃土

*智能化变革赋能经济高质量发展的第二条路径是驱动各类现有产品和服务的功能创新、质量升级和品牌升级，产品和服务智能化将为更广阔的传统领域带来科技新动能。*埃森哲预估，到 2035 年，人工智能将使包括中、美等 12 个主要国家的 16 个行业产出增加 14 万亿美元。

在带动传统产业智能化变革方面，信息科技变革也经历了"计算机+""互联网+""大数据+"，最终走向"智能+"的发展历程。在每个阶段，信息技术都以一种扩散性特征向各行业渗透。

见图 6-1，智能化浪潮的行业影响力不论从深度还是广度上都将远超之前：一方面，原来曾被"计算机+"和"互联网+"覆盖的行业将迎来新一轮变革；另一方面，制造业、医疗、农业、养老等一大批在"计算机+"和"互联网+"涉足未深的行业将在智能时代迎来深度融合。未来可见的一批经济社会的新变革新场景，大部分都将是智能技术驱动的。

图 6-1　智能化变革前所未及的行业辐射

正如 iPhone 手机不断通过技术创新实现功能升级，创新先行创造用户需求，而非满足用户需求。当传统产品被赋予自学习、图像识别或者语音交互等智能功能，产品的颠覆式创新可以使得原本已经成熟的品类重新焕发活力，给消费者带来前所未有的消费体验，创造新的增量市场空间。通过推动现有产品升级，引领产业向价值链高端迈进，将开发出更为广阔的"旧动能"沃土，打开高端市场空间，有力支撑实体经济发展，进入智能技术驱动的数字经济新阶段。

通过加入人机感知、知识交互、情感陪伴等功能，推动现有产业转型和产品升级，人工智能正在引领音箱、门锁、冰箱等家居家电产品的再次产业增长，创造高端家电增量市场。比如云知声基于语音感知、认知和表达等多模态人工智能技术打造智能家居方案，与众多传统家电企业合作打造了格力"金贝"空调、美的"智能王"空调、华帝"魔镜"油烟机、乐视超级电视等智能化家电产品。传统的按摩椅仅是简单的机械捶打，在精准度、力道控制方面依然有较大提升空间，导致很多潜在消费者并未转化为购买行为；而目前伴随 AI 智能算法、精准穴位定位、力学使感反馈技术的不断成熟，高端按摩椅用户体验已逐渐接近人手按摩的程度，市场渗透率有望随之增长。

智能技术从感知到认知的提升，也将为更多行业的产品带来新的技术创新空间。目前生态监测、交通、安防等多个领域都安装了大量摄像头，形成了对环境感知的基础设施，也具备了感知生态恶化和重大事件应急处理能力。在此基础上，如果能够通过人工智能技术预知、预判、预测出犯罪事件或自然灾害的发生，就可以提前采取措施进行预防，应对方式从事后处理转变成事前处理。

基于这一能力跃升，大量产业的形态会发生阶段性的质变，实现能力增值和价值延伸。比如在零售行业，高效能的产业互联网、运营大脑、货架配货等智能技术推进零售业改造升级，电商与实体零售融合进化，新零售正在成长为新经济的代表。

国外研究机构认为，未来汽车的经济价值构成中，当前汽车技术所贡献出来的部分将仅占 40%。随着智能汽车技术加速演进，新的能力不断融入。比如通过车载传感系统和信息终端实现与人、车、路等的智能信息交换，使车辆具备智能的环境感知能力，能够自动分析车辆行驶的安全状态等。

智能驾驶平台公司所提供的自动驾驶、智能交互等新智能汽车技术，以及基于位置的消费、娱乐服务功能，可能要贡献 60% 的份额，新技术变革传统产业的潜力和空间巨大。

6.3 生产过程降本提质增效

推动各行各业生产力、生产方式变革，将是智能化驱动经济新动能的另一重要路径。生产过程智能化从实体经济业务需求角度定位智能技术研发方向，追求技术对于现有业务能力的提升。

智能算法嵌入设备前端实现环境感知、设备交互能力，能够提升设备运行和作业效率；基于工业物联网构建设备运行、产品流、物料流等生产微观过程的数字孪生体，将工业制造知识沉淀在大数据模型中，进一步可预测、优化生产过程，实现人、机、料生产管控的实时调整，提升生产效率，降低生产成本；通过智能算法优化航空、码头、仓储等各生产环节的调度方案，节省设备、燃油、人力，实现可观的经济效益；灵巧操作、工业视觉、能耗优化等智能技术与各行各业各领域深度融合，也将促进生产过程降成本、提质量、增效率，使大批传统企业重新焕发出生机和活力。

智能化变革在全球范围已是大势所趋，作为一项典型的颠覆性技术，未来人工智能向百行千业广泛渗透将引发深度变革，正在成为全球经济增长的新引擎。GE 油气利用数字化技术对传统石油行业进行智能化升级改造，打造石油工业全新模式。沙特阿美运用 AI 技术，使钻井时间普遍缩短 5%，成本下降 10%；通过推行地质工程自动化，使成本下降 40%，解释时间缩短 50%；壳牌集团已经实施两年的将人工智能（AI）嵌入其各个运营环节中的策略正在帮助这家石油巨头降低成本、避免设备故障。

1. 降低生产成本

利用智能技术和智能制造设备改造传统生产工艺，能够大大降低材料成本和人力成本。

据国际机器人联盟调查，传统工业机器人只能解决工业自动化过程中 5% 左右的需求，而智能机器人将以更大力度赋能产业升级。在手机、iPad、电视、电子消费品等 3C 制造行业，由于其工序非标准化程度较高，需要处理各种型号、不同大小的零件，大部分装配过程都是工人在聚光灯下通过手工作业完成的。比如在手机代工厂中，往往粘贴岗位占 12%，拧螺丝占 11%，组装 15%，包装 6%。拧螺丝目前仍是一个重要的手工操作环节，一个价值仅仅几美分的微小螺丝钉旋拧过程中出现失误，可能就会造成价值上百美元的机架报废。

智能感知和建模技术的应用能够减少工人操作失误导致的残次品，有效降低废品率并节约生产成本。高精度的力控传感器和监测设备能够实时记录整个旋拧过程中的扭矩数据，对于拧螺丝过程中发生的不同故障，在 1000 毫秒记录时序中可以采集到不同的扭矩曲线模型。基于这些工艺数据建模结果，使用配备了高精度力控传感器的灵巧手在旋拧过程中可实时计算和预测，从而能够在故障刚刚出现征兆的几毫秒时间内做出预判和响应，以防止损坏整个机架。

3C 行业在 2018 年中国 90 多万亿 GDP 产值中约占到 15 万亿，经济规模庞大。产品打磨、玩具装配等都会耗费大量人工，随着我国人口结构变化，劳动力成本提升，这些领域的企业在国际上的竞争力越来越弱。借助机器智能强大的并发复用能力，可以轻松完成以往需要几千人的手工作业，大大降低劳动力成本。

智能技术在节能降耗方面也大有作为。随着智能电表和各类智能终端的应用，基于用电大数据可以实现消费模式和用电需求预测，从而提前优化调度，降低因负荷临时调整而带来的发电能耗损失风能、太阳能等。智能电网技术能够综合天气、需求等多方面因素，优化能源供应结构，增加风能、太阳能等可再生能源发电的入网率。

联合利华集团在全球 100 多个工厂实施了能效管理系统建设，通过云平台建设锅炉专家系统、电机专家系统、蒸汽专家系统、制冷专家系统和压缩空气专家系统，对能源的生产、转换和消耗进行在线平衡，利用人工智能从能源系统角度发现节能机会，大大提高能源管理效率和效果，平均为每个工厂节约能源 5% ～ 15%，节约用水 5% ～ 30%，减少原材料 1% ～ 3%，节约包装 5%，取得了显著的经济效益和社会效益。

2. 提升质量效率

机器智能在精准性、稳定性方面优势突出，能够显著提升生产效率和产品质量。见图 6-2，传统的板料折弯机需要人工上料，依靠人眼定位，不仅操作人员劳动强度大，容易受伤，而且精准性也很难得到保证，废品率很高。

图 6-2　智能机器人操作的板料折弯机

采用智能机器人操作的新型板料折弯机，能够自主完成板料的抓取、上料、切割、下料等一系列操作，实现不间断生产流程，不仅大幅度提升加工效率，降低了操作人员的劳动强度，而且能利用工业视觉在测量、识别、定位、检测等方面的优势，自动完成物料精准定位校正，同步无误差，定位精度更高，显著提升了产品质量，促进产业转型升级。

采用机器视觉进行电路板质量检测，能够比人工检查更精准地发现虚焊等质量瑕疵。在上海大飞机制造中，基于 AI 技术进行产品表面缺陷检测，有助于提高工作质量，避免可能出现的缺陷。华为与中石油合作通过 AI 技术改进的地下石油勘探技术，提高地震波测量效率，使每年测量量从五百平方公里提高到两千平方公里。

物品分拣任务在食品、电商物流、汽车配件等领域需要占用大量劳动力。借助力控传感器和智能算法的柔性抓取发展迅速，已经从抓取瓶子、球类等规则物体，到现在能够抓取各种不规则形状的物体。基于柔性抓取、机器视觉技术的智能分拣系统开始走向成熟并大量应用。比如库柏特机器人在香菇分拣生产线上可以将形状千奇百怪的香菇分门别类，每台设备可以取代 4 个人工（见图 6-3）；京东应用人工智能技术改进物流系统，分拣效率超过人工分拣的 10 倍多。

人工 　　　　　　　　　　　　　　　自动

图 6-3　香菇人工 / 自动分拣生产线

见图 6-4 的三一重工智能化制造车间，采用智能化技术进行生产过程控制，可从生产计划下达、物料配送、作业指导，到质量管理、关重件监测等多个维度进行管控，通过设置在生产现场的 MES 终端机，指导工人在每个工位上进行安装操作，通过生产线上的 LED 屏幕及时同步现场信息与生产管理决策信息，极大提高了工作效率和作业质量。

图 6-4　三一重工智能化生产过程控制

阿里巴巴的阿里小蜜依托语音处理、强化学习、知识图谱、机器翻译等先进技术，实现智能导购、多轮交互用户意图理解、咨询问题提前预测、复杂文档理解与规则解读等智能服务。"双 11"期间能够服务的日活跃用户峰值突破 5000 万，相当于直接节省客服人力 58.6 万人。发挥机器智能超强的并发能力，把形成的知识工程化复用，以低成本支撑了业务大规模增长，并且系统往往会融合那些最优秀的客服人员和销售人员回答问题的业务知识，也带来传统服务行业模式的变革与用户体验的提升。

3. 改变产业格局

服装业一直是劳动力密集的典型行业，在柔性材料制造领域，机器人一直未能走到舞台正中央。面对柔软的面料，传统工业机器人往往无从下手。原来那些传感器或者定位技术都不好使，必须要靠人，劳动力便宜便成为传统服装制造业的竞争优势。随着中国人力成本上升，服装制造企业纷纷将服装制造业向东南亚等拥有更低成本劳动力的地区转移。

智能制造技术也在快速进步，Sewbot 是美国软装（Softwear Automation）公司研发的国际领先的自动缝纫机器人，已经能够实现对纺织材料的裁剪、缝纫和质量检验，与传统人工生产相比，预计可降低 50%～70% 的人工成本，同时提高 70% 以上的生产率。每件 Adidas T 恤从面料裁剪到缝纫到成品，大约需要 22 秒，而生产成本只需要 2 元人民币，1 位机器人操作员可以顶替原来的 11 名工人。未来有望实现比越南、马来西亚低成本劳动力更低的生产成本。

在西雅图的一家初创企业——Sewbo 机器人公司，也跃跃欲试地要把服装制造业带回美国。它采用了另外一种技术路线，即使用无毒的聚合物来暂时使织物变硬，这样现成的工业机器人就能够用"硬布"来制造服装，就像处理金属薄板一样。美国蓝水防御公司与 Sewbo 公司合作，尝试使用该机器人工艺为美国国防部生产战斗裤。

美国每年进口价值 1000 亿美元的服装，占国内服装消费的 90% 以上。由于美国规定 Sewbot 系统只能应用于美国工厂，苏州天源等中国服装企业已经赴美国投资建厂，以降低生产成本。人工智能技术的深度应用，正在改变纺织服装业，这一传统产业可能因新技术的应用而迎来全球产业格局重构。

4. 重塑竞争优势

从供应链的精准响应，到设备运转的实时调整，再到服务链的优化高效，智能化技术在交通、制造、物流等各行业的深度运用成为企业打造市场竞争力的重要突破口。生产和物流环节通过自动化设备提升效率，显著提升企业的生产效率、库存周转率、设备使用效率和精准营销效率，以更强的快速反应能力，适应越来越激烈的市场竞争。

在 ICT 行业，很多生产企业经常需要面对超过 10 万个零部件半成品，形成订单生产排程与需求预测计划，这其中存在上亿种可能性，千万级的限制条件，基于运筹学和机器学习技术的供应链算法，通过实现需求精准预测、库存动态优化等显著降低生产成本，提升交付周期。

绍兴新昌有 100 多家轴承企业，地方政府鼓励轴承企业进行生产装备网络化、数字化改造，推动生产制造智能化转型。但因为平均每个企业要花 23 万元，大多数企业都不愿意改造。县里出一半钱帮助改造了 30 家企业，改造后平均设备运营率提高 20%，能耗下降 10%，设备利用率、管理、节能状态都上了新台阶。相比之下，成本、效益就是竞争力，现在 100 多家轴承企业全都参加了智能化改造。

在零售业、餐饮业等行业，企业每天都会收到很多订单，企业的补货方法、配送方式等决策会对服务水平和成本产生直接影响。通过优化产品供应、物流配送、终端销售等环节，算法创造的"智能化"与"提前化"优势正在帮助不同领域的企业实现竞争力提升。比如餐饮外卖领域的企业，通过算法分析不同区域的群体在套餐品类、用餐时间等方面的消费习惯，提前安排外卖配送员在正确的时间携带正确的食物出现在正确的地点。客户下单后往往几分钟就能接到外卖，相对传统的下单、制作、打包、派送等流程消耗的几十分钟甚至更长时间的等待，独具优势的服务体验能够赢得更多消费者。

6.4 行业智能大脑驱动"效率革命"

AI 平台化正在成为新一代人工智能发展的重要趋势，平台化的行业智能大脑发挥云计算平台的高效能算力和智能算法的复杂任务求解优势，优化外部供应链效率、企业资源使用效率、业务运行效率，在提升城市交通、机场航班、物流配送等各领域的运行效率方面已经展现出巨大潜力。

一是城市大脑带来交通、公共服务和城市治理效能提升。首都机场应用人工智能技术实现在 50 秒内完成 1700 架次航班的停机位安排，降低了飞机延误率，提高了停机位利用率。越来越庞大而精准的城市感知体系实现了对城市道路、基础设施、气象、环境和资源、能源供给和消耗等要素的智能感知和自动数据采集，以人工智能技术为核心的城市大脑通过对城市活动的虚拟化建模和实时状态感知优化管控，正在快速提高城市管理的科学化水平，形成新的城市治理模式。比如百度的 AI 智能城市依靠人工智能、大数据和位置服务能力，通过整合百度搜索、百度地图、百度大数据等资源，为重庆、北京、保定、芜湖等城市提供基于百度云的全方位城市公共服务。腾讯的未来城市 WeCity 方案凭借大数据、通信能力和腾讯云超级大脑技术体系，为广州、厦门、嘉兴、延安等多个城市提供了智能化城市治理方案。

二是工业大脑在工艺提升、资源节约和流程优化等方面创造巨大的经济价值。智能化的工业大脑正在构建起生产过程中的知识建模能力，为工业领域的工艺提升带来新的途径，如中策橡胶集团利用工业大脑优化不同产地的原材料配比和工艺参数，使混炼胶的加工性能更稳定，提高生产效率约 28.7%，产品良品率提升 7% 以上。通过工业大脑进行园区、车间的物流布局，优化生产线物料配送方案，使各种生产流程实现紧凑化运行，空间、原材料、人力等生产要素集约化使用，生产过程智能化的经济效益潜力得以激发。

三是服务大脑通过提升营销效果、配送效率和服务质量打造企业新的竞争力。基于海量数据的智能优化系统正在推进零售业、餐饮业等服务行业改造升级。通过优化产业链上下游产品供应、客户营销、物流配送、销售服务等环节，平台化服务大脑创造的"智能化"优势正在帮助企业实现竞争力提升。盒马鲜生、便利蜂等新零售业态充分利用高效能的产业互联网、运营大脑、货架配货等智能技术创造价值，解决传统供应链的冗长和低效问题，降低物流成本，推进快消品产业链改造升级。

相对于生产级智能控制和智能化设备改造，行业智能大脑主要基于大数据智能和感知智能等相对较成熟的技术，对设备数字化依赖度低、对算法精度容忍度高，并具有投入低、见效快的典型特征，能够快速带动行业整体生产工艺和服务质量提升。

未来各行各业将有一大批强大的行业智能大脑，借助云计算平台的算力优势，通过汇聚海量的产品流、信息流、工作流数据，运用智能算法实时解决各行业价值链各个环节上大量的优化、匹配、预测等业务问题，驱动各行业效率革命。

6.5　加速技术创新和产品研发

智能技术的快速发展和应用也为新时期的技术创新和产品研发带来方法变革和能力提升。功能强大的智能化设计助手内化了越来越多资深工程师设计经验，推动产品设计质量的持续提升。基于海量数据和智能模型的产品设计改变了研发模式，减少人力、物力投入，大大缩短产品研发和实验验证周期，为经济高质量发展提供更加高效的科技创新原动力。

1. 算法驱动科学发现和技术创新

几乎每个领域都在经历数据爆炸，传感器网络、超级计算机、医疗成像设备、智能移动终端等正在快速产生海量数据，技术研发的方法也正在被数据洪流所影响。

运用人工智能算法能够在大量数据中发现最优模式，其多目标优化能力在复杂任务求解中极具潜力，在一些不确定性因素多（程度深）的领域，应用效果尤其突出。DeepMind 联合创始人哈萨比斯认为，AI 是一个非常强大的工具，将其应用于科学，将带来诺贝尔奖级别的科学突破。

材料领域长期采取以试错法为主的研发模式，研究人员经常要费力地将各种化合物组合在一起，并测试它们的性质，导致材料研发周期长、费用高。以"数据＋智能算法"为特点的研发模式代表了材料基因工程的核心理念与发展方向，能够更快、更准、更省地获得成分—结构—工艺—性能间的关系，大大加速新材料研发速度。美国麻省理工学院开发的机器学习系统，可从大量论文中提取数据进行分析学习，针对特定材料需求，定制性地给出材料配方。对比试验数据，该系统可以给出准确率99%的材料方案。美国西北大学利用人工智能算法从数据库中设计出了新的高强超轻金属玻璃材料，比传统试验方法快 200 倍。

在医疗领域，生物测序技术、医疗影像、电子健康档案等可获取的生物医学数据量激增，给常规医疗科研方法带来强大助力。比如，新型病毒出现后需要立即开展疫苗和新药的研发，但疫苗研发和药物筛选过程中海量的数据分析、大规模文献筛选和科学计算工作需要耗费大量时间。借助机器学习和智能算法能够加速病毒靶抗原挖掘、新药研发、既有药物筛选等工作，将针对新发病毒的药物和疫苗研发进程提速数十倍。2020 年，谷歌 DeepMind 团队研发的 AlphaFold 2 可以基于基因序列准确预测蛋白质结构，将大大提升药物研发效率，激发医疗和生命科学领域的技术创新。

2. 智能化机器加速实验操作

在科研探索中采用自动化机器人，能够替代人类实验员完成大量的重复性实验，甚至更为精准，给需要大量实验的产品研发任务带来大幅度能力提升。蓝脑计划是以治疗阿尔茨海默症和帕金森症为目标的研究计划，该项目采用"膜片钳机器人"，在不损害神经元精细薄膜结构的前提下，能够以精确到 1 微米的精度近距离扫描神经组织，测定特定的粒子通道、神经传递素以及负责每个神经元内电化学活动的生化酶，将 30 年的分析时间缩短为 6 个月，大大加速研究突破时间，并且借助该系统发现了新皮质的基本功能单元"乐高记忆"模块。

美空军研究实验室利用人工智能开发可自主开展材料制备试验的机器——"自主研究系统"（ARES），并已成功用于单壁碳纳米管的合成研究，同时开展 25 组制备试验，在 5 天内完成了 500 余次试验。在药物研发领域，英国的 OROS System 公司设计出一个利用蛋白质 A 柱的从杂交瘤细胞培养基中提纯单克隆抗体的最佳方法，开发了一套新的提纯单克隆抗体的自动化系统，该系统一天可不间断工作 24 小时，不需要人看管，每天可生产出 2 克抗体。

3. 智能技术赋能产品设计

人工智能使机器代替人类实现认知、识别、分析、决策等能力。人的知识、经验、精力是有限的，在服装、可穿戴设备、虚拟现实等产品设计中，智能算法可通过不断积累经验，不断优化方案，甚至采用穷举和对比的方法找出更佳方案，并且可以引入新的设计思想和元素，给设计者带来更好的设计思路启发和创意拓展。

阿里鲁班系统通过深度学习来量产横幅广告（Banner Ad.），设计师将自身的经验知识总结为一些设计手法和风格，再将这些手法归纳成一套设计框架，让机器通过自我学习和调整框架，演绎出更多的设计风格。微软亚洲研究院与清华大学美术学院将视觉空间的配重、心理学中的色彩和谐因子等一系列关键问题知识化，把视觉呈现、文字语义、设计原则、认知理解等领域专家的先验知识集成到智能计算框架内，实现智能技术辅助繁杂的图文排版设计工作。

个性化技术使以用户为中心的产品设计成为可能，设计过程考虑结合用户体验，密切关注用户感受，使产品更好满足用户需求。

金融领域根据客户风险偏好、历史金融产品购买记录、社交媒体言论等信息，在以越来越高的准确性了解和预测用户实际需求，设计更符合客户需求的个性化金融产品。服装生产企业通过构建全球数据系统洞察消费者时尚偏好和消费习惯，帮助企业进行产品趋势热点分析判断，快速响应时尚潮流，设计出最契合市场需求的产品。

数字孪生技术也给工业领域产品研发模式带来重大创新，向产用融合的新研发范式转变。比如，通过在挖掘机臂架上的应力传感器实时采集监测臂架上不同位置的应力分布，实现对不同型号的臂架在不同工况下应力超限情况的准确感知，在后续产品设计优化过程中，通过调整钢板的厚度、强度，使工程机械性能、安全性能逐步提升。

类似地，近些年发展起来的智能蒙皮技术在飞机表面和各类构件内埋入各种传感器，能在飞机飞行过程中实时监测机体不同部位的传感信息，采集不同飞行条件下的流速、压力等参数，为飞机机体结构设计和强度优化提供实际数据支撑。

6.6 更高阶段的知识经济

*知识经济是知识作为主要生产要素的经济形态，人工智能恰恰是一门表示知识、获得知识并使用知识的科学。*尼尔逊教授认为人工智能就是关于怎样表示知识以及怎样获得知识并使用知识的科学。人工智能技术以知识工程化的形式，帮助人们发现知识、处理知识、分享知识，使知识生产、知识传播、知识应用等创造更大经济价值，推动知识经济进入新阶段。

1. 发现和创造新知识

海量的数据是人工智能的原始材料，基于数据间的联系，发现规律、生成知识、形成认知、产生决策，已经成为当前基于大数据和深度学习的智能计算的主流范式。不管是互联网大数据，还是各种传感网、物联网、工业互联网都为智能化提供了丰富的数据，可以生成知识、衍生智能。

基于"大数据 + 深度学习"的智能计算模式，实现了智能"涌现"，不再局限于人类预先嵌入的知识，而是能够提出人所不能发现的规律，从大数据中发现知识，很多甚至都是人类尚未掌握的知识。在围棋博弈中，AlphaGo Zero 通过自我博弈方式进行增强学习训练，超越了人类过往数百万场围棋博弈过程所积累的知识，并且挖掘出新的打法、新的策略。

在工业生产中，工业大脑能够自动组合优化生产工艺，筛选发现更为高效的工艺参数。以杭州中策橡胶项目为例，阿里工业大脑在对生产端的各类数据进行深度运算和分析的基础上，能够给出资源最优利用的组合新方案，比如哪几个产地的原料组合在一起质量最好，某个工艺处理环节该用怎样的参数配比等，从而使混炼胶的加工性能更稳定、良品率比过去提升 3% ～ 5%。

2. 隐性知识产品化

新一轮人工智能已经从原来符号主义技术路线的"制造智能"转向基于"大数据 + 深度学习"的"习得智能"，对互联网数据、生产工艺数据、行为数据中丰富的隐性知识进行抽取和建模。人类个体本身生命是有限的，部分显性知识可以通过论文形式留存下来，但大量的隐性知识和Know-how随着人生命的终止而损失了。人工智能对于知识尤其是隐性知识的处理，有助于将人类大量知识建模，实现人类知识的不断积累和更快增长。

比如，中医与西医相比，在很多方面具有自身优势，但中医很大程度上是一门经验医学，在诊断、处理等环节都有大量隐性知识，很难量化表述。通过"大数据＋人工智能"可以将大量难以显性化的知识进行建模，并通过智能辅助诊断向社会输出知识价值。

研究发现，企业越依赖一线员工的隐性知识，采纳智能技术的动力就越强烈。员工（尤其是需要凭借经验决策的员工）离职，同时带走了企业的隐性知识，并破坏了已有流程管理的逻辑，使得企业不得不承担突如其来的风险和损失[①]。比如零售行业开始通过不断积累的门店销售经验训练智能大脑辅助运营决策，门店的销售数据实时进入云端，后台及时预测未来补货信息，并发送到店长的手机终端，使店长轻而易举就能知道准确的补货量，减少了对店长隐性知识的依赖，也提高了门店的运营效率。

3. 知识复用和增值

数据和知识资源具有可复制、可共享的天然优势，打破了传统要素有限供给对经济增长的制约。共创共享正在成为智能时代知识创造经济价值的重要模式。近年来，快速发展的智能医疗、智能教育，实现了高水平医生、教师的智力在更大范围的共享。

比如，智能医疗通过数据标注将高水平医生的知识嵌入训练数据中，然后通过深度学习再把这些知识模型化、工程化，实现大规模复用，放大知识的经济价值。再如，通过前期的问答知识嵌入形成智能客服系统，并发挥强大的并行性优势，阿里小蜜24小时接了634万次呼叫，如果通过人去回答这些问题恐怕需要几百个人一年多时间。知识工程化通过大规模的

① 王砚羽，苏欣，谢伟. 商业模式采纳与融合："人工智能＋"赋能下的零售企业多案例研究 [J]. 管理评论, 2019, 31(7): 186-198.

智能化变革：人工智能技术进化与价值创造

知识复用大幅摊薄成本，从而使得智能时代的知识可以创造极为可观的经济增值。

人工智能推动知识自动化创造更大经济价值，迎来知识经济的新生。根据麦肯锡报告预测，到 2025 年，知识工作自动化将创造出 5.2 万亿～6.7 万亿美元的经济价值，相当于增加了 1.1 亿～1.4 亿全职劳动力。

INTELLIGENT
REVOLUTION

第七章

普惠：智能时代社会生活变革

智能科技正在给人类带来一场更大范围的经济社会全面转型，而不仅仅是"工业革命"。随着全球人口持续增加，地球资源消耗严重，气候变化、环境污染等可持续性发展问题亟待解决；大量欠发达地区公共服务水平落后，重大传染性疾病、慢性病等人口健康问题仍面临严峻挑战。人们在享受快节奏、高品质城市生活的同时，也正在遭遇各种问题，如交通拥挤、就医困难，以及面临各种安全隐患等，这些问题影响了人们的生活质量。小康社会不仅关系 GDP，也关系社会生活疾痛。面对社会民生迫切需求，智能化浪潮将给社会生活带来新的变革机遇，并且惠及千家万户。

7.1 智能化惠及社会民生

智能化的最终目标是促进生产力提升，改善百姓生活。智能科技创新在改善人们健康水平、改进生存居住环境、弥补区域发展鸿沟、增进社会公平等方面潜力巨大。尤其对于中国这样的发展中国家，面临教育、医疗、养老等民生领域公共服务能力提升的现实需求，利用科技创新成果改善民生福祉更是智能化变革的内在追求。

比如，中国近十年来城镇化进程加快，但大城市病也随之而来。汽车销量连年激增，在给百姓出行带来极大便利的同时，也开始带来堵车、停车难等资源承载压力，城市空间和交通承载力接近极限，人们耐着性子慢慢数秒或爬行的驾驶过程带来糟糕的出行体验，严重影响城市宜居环境。

随着医疗检测设备的普及和公众对健康关注度的提升，我国医疗影像数据年增长率达到30%，而放射科医生数量仅增长了4%左右。医疗公共服务能力缺口严重，导致大部分医院的患者需要花很长时间等待影像诊断。中国幅员辽阔，仍有很多农村边远地区公共服务短缺严重，教育和医疗资源匮乏。大量基层医疗机构专业医生不足，诊断经验欠缺，解决公共服务短缺和不均衡仍是重要挑战。

随着数字化、网络化高速发展，城市重大设施、金融、网络等关键领域存在的攻击、欺诈、犯罪等不安全因素成为可能威胁百姓安居乐业的风险点，公共安全也越来越成为突出问题；恐怖活动、重大传染病、食品安全等社会公共安全事件时有发生，对政府治理能力提出更高要求。

中国正在经历低生育率和人口结构转变，并已经开始步入老龄化社会。麦肯锡认为，到2030年，中国17%的人口都将在65岁以上，劳动力供应快速下滑，企业生产、家政服务、养老看护劳动力短缺，老年人医疗健康和养老问题日趋严峻，迫切需要劳动生产率更高的智能设备、更加便利的智能生活设施。

这些问题有些是中国特有的，有些是全球共有的，但它们都是迫切需要应对的社会民生挑战。

从当前人工智能技术应用路径来看，智慧城市、智慧交通、智能制造和装备、社会公共安全、医疗和人口健康正在成为人工智能技术融合的重点方向。智能技术在这些重点领域的落地应用，将让这个时代的每一位公民都能切实感受到新技术带来的实实在在的价值。比如，医疗领域的临床诊断决策支持、病人护理和外科手术中的自动化设备、慢性病预警和身体健康监测等智能化进展，将帮助千百万人提升健康水平和生活质量。

普惠性将是未来人工智能发展的重要特征，对于现有公共服务资源的均等化也能发挥重要的促进作用。

计算机发明以来，人机交互的模式和手段就一直处在不断变化和升级过程中，从早期的打孔机和磁带方式的交互手段，到通过键盘的代码命令交互，到图形界面下的鼠标控制，人机交互的效率和便捷性不断提升。在以前，很多电子设备，包括录音机、录像机，老年人或者小孩子操作起来比较困难。随着感知智能的发展，语音交互、图像识别创造了新的人机交互模式，而这种模式对交互者的要求进一步降低，只需要具备语言这一基本技能即可，大大拓展了人机交互的适用群体范围。智能交互正在进一步嵌入各类设备设施，带来设备操控和交互模式的升级。新的交互技术将大幅度改善复杂设备的普适性，使更多群体可以享受到新技术、新发明带来的社会文明进步。

随着人工智能技术而进一步发展的脑机接口、外骨骼机器人等混合增强技术，将会给脑损伤或肢体残障群体带来生活能力的提升和生活质量的提高，减小不同群体之间享受社会服务的差异，增强弱势群体融入现代社会的能力。

智能化也在努力让一些失明、失聪的特殊群体"看得见、摸得着"。比如，专为盲人研发的人工智能辅助视觉系统 Seeing AI，由可穿戴眼镜和智能 APP 组成系统，能基于微软智能云上的视觉识别和自然语言处理技术，识别出摄像头拍摄到的场景，把盲人眼镜上的摄像头看到的场景转化为声音来告诉盲人，如"一个穿红衣服的女孩正在踢球""一个男孩正在练习滑板"，有望帮助全球上亿视力受损人群实现无障碍生活。

具备更强大语音识别、合成、语言翻译能力的语音助手，还将以低成本支持全世界 6000 多种语言的顺畅实时交流，使更多小语种群体更加方便、更加紧密地融入地球村。

未来，社会民生领域还会有大量新问题新需求，有待我们利用智能化技术去应对，去解决，以给人们创造更加舒适、便捷、高质量的生活。

7.2 赋予智慧城市新内涵

智慧城市的概念已经出现多年，智慧城市的内涵也在不断进化与演变，并且与信息科技变革的几个阶段密切关联。随着信息技术发展从数字化、网络化走向智能化，智慧城市也正在向全新的发展阶段迈进。在每个不同的发展阶段，信息技术解决不同的城市问题，秉承不同的发展理念。未来城市正在走向以智能化为代表的智慧城市 3.0 时代。

在以数字化为特征的智慧城市 1.0 时期，主要是建设各个城市职能部门的业务系统，将传统业务数字化。医院、政府、交管等部门内部管理的信息化建设是这一阶段的主要任务。

在以网络化为特征的智慧城市 2.0 时期，城市管理中各个相互孤立的数据烟囱被打通，开展城市云和数据中心建设，推进城市各部门间数据的传输、共享、整合及应用。在此基础上，网络化的城市生活模式得以发展，比如统一诊疗挂号、跨平台网络缴费、交通购物一卡通等。城市已经不再需要那么多售票处、挂号窗口，人们不再需要抽屉里一摞卡、本子上记一堆账号，跨入虚拟空间的市民生活开始变得简洁、有序。

在以智能化为特征的智慧城市 3.0 时期，智慧城市的内涵将向深度认知的城市治理能力纵深发展，向以人为本的自然生活方式提升，向人机共存的未来城市空间拓展。 智慧城市 3.0 阶段的未来智慧之城可能表现出三大新特征。

1. 数字孪生城市

数字孪生技术最早在工业领域提出，但现在已经开始向各行业扩展，推动经济、社会各领域向虚实融合的"Phygital"（实体数字化）新形态快速发展。

全方位的城市感知体系支撑虚拟城市重构，数据中心开始升级为城市大脑，形成强大的复杂信息认知能力、决策分析能力和城市治理能力，提升城市管理智能化水平。数字孪生城市将构建智能化城市治理的基础。

在新的发展阶段，智慧城市的感知体系将全面升级。以物联网技术为核心，采用信息采集和识别、无线定位系统、RFID、条码识别、摄像头等各类传感设备，对城市中的道路、基础设施、气象、环境和资源、能源供给和消耗等要素进行智能感知、自动数据采集。信息采集手段也向空中、地上、地下、水中构成的空、天、地一体化感知体系发展，建立上下协同、信息共享的智慧城市监测网络。

智慧城市有望成为数字孪生技术除制造业之外落地的另一典型场景。基于庞大而精准的城市设施感知体系，对真实物理城市在虚拟空间的重新建模和实时状态感知，实现地下管廊空间、城市关键装置设备的健康诊断和可视化维护，保障城市设施安全稳定运行。

借助传感器、物联网、5G、边缘计算等技术，活跃在物理城市中的每辆车甚至每个人，都可能是数字城市中的个体，并与物理个体的空间行动实时同态，见图7-1的阿里巴巴城市事件感知与智能处理系统，给交通、疾控、

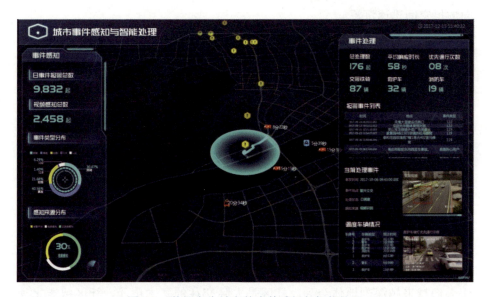

图 7-1　数据孪生城市的事件感知与智能处理

消防等各类城市管理业务带来能力和效率的跃升。重大传染病防控期间，可在虚拟街区模仿人群聚集以分析市民感染风险高低；日常也可以在虚拟交通空间进行流量预演，使交通管理做到科学、可控；消防部门可以利用工商数据、社区健康数据，甚至结合水电煤消费数据，预测受灾区域重点人群分布；孪生城市也可为城市建设、城市规划提供数字化仿真能力，产业管理部门可以结合不同类型用户分布、消费地图、交通潮汐结构进行科学化商业产业布局，提高城市管理的科学化水平，形成新的城市治理模式。

2. 以人为本的城市

新的智能技术对于居民生活质量的提升也体现在向以人为本理念转变，人们越来越数字化、虚拟化的生活将与人们追求自然生态的生存方式之间取得新的均衡。

数字化使人们的社会活动越来越虚拟化。当人们开始越来越习惯甚至依赖数字化技术给生活带来的便利，网上购物、网上订餐、虚拟社交正在将人们的精力迅速吸纳到虚拟空间，公交车、地铁上的低头族，足不出户的宅男宅女们，成为越发严重的社会现象，人们正在逐渐脱离物理社会，向虚拟空间迅速沉浸。

在新型智能城市发展过程中，须将以人为本作为基本宗旨，不能为数字化而数字化，需要考虑在数字化过程中人性的基本诉求，重视人与人之间的自然交互，吸引网络化造就的一大批宅男宅女回归大自然。

以人为本的智慧城市需要努力促进越来越发达的虚拟活动空间与人们自然生活空间的融合。比如，智慧商店、智慧街区充分发挥人工智能技术在增强社会互动、促进可信交流中的作用，促进虚拟环境和实体环境的协同，实现在工作、学习、生活、娱乐等不同场景下的流畅切换。

安全便捷的智能化养老基础设施的建设，健康管理可穿戴设备的发展，智能化轮椅的普及，以及家庭智能健康检测监测设备在智能社区中的部署，都有助于老年人的生活空间从封闭的家庭向社区扩展。这一次的新冠疫情让人们越来越深刻地体会到，社区是人际交往的基本单元。社区智能化须将虚拟活动与社交活动融合，通过社区智能设施建设，实现社区功能与家庭功能的贯通，这些都有助于未来智慧城市的人性化发展。

另外，快速发展的数字化过程，正在将个人行为透明化。从购物、娱乐到社交，人们的生活越来越深地融入数字虚拟空间，数据的挖掘能力提升，使个人信息透明化趋势进一步加速。智能可穿戴硬件、物联网设施、无人机，正在从各个维度数字化建模个人行为，并通过重构使个体物理生活也越来越透明。这引发了人们关于数字社会中个体隐私和个人空间权利问题的忧虑和争论。

技术需要有温度，技术发展也要实现以人为本的理性回归。在新型智慧城市建设中，需要实现武装到牙齿的信息全面感知能力与保护居民个体空间的均衡，比如个体信息的适度采集，个体生活空间的让出等。

3. 人机和谐城市

人类智能和机器智能各有所长，人工智能发展目标正从过去追求"用计算机模拟人的智能"转化为以人机协同方式结合而成的增强智能系统。

各类无人化设备、智能机器人等正在陆续进入人们生活，提供丰富多样的服务协助和生活便利，城市各类基础设施也需要适应技术的发展。比如，现在的公路体系并不是为人类设计的，而是为了适应汽车的运行方式。当送货机器人越来越多，行人可能就不愿意与它们共享人行道，从而会限制送货机器人的发展与使用，有必要为这些智能化机器指定道路赋予路权，因此智能化基础设施是新型智慧城市建设的重要命题。

自动驾驶汽车是否需要像人类驾驶员一样看红绿灯和车道线？未来的智慧城市交通管理体系应当如何更好地适应自动驾驶汽车的运行？随着V2X车路协同技术的进一步发展和成熟，以及部署在路灯、指示牌上的边缘侧智能能力不断增强，需要与城市大脑的中心指挥系统协同融合，发展起一套适合机器识别和对话交互的交通指挥信号体系。自动驾驶汽车的研发，也将从车侧模拟人类驾驶向如何在新的交通体系和信息环境中实现自动驾驶控制演化。

同样，现在机器人在灵巧动作方面与人手的差距仍然非常大，为了能够在当前的城市物理环境中使用它们，很多智能机器人研发企业仍在努力解决如何实现机器人转动房门把手，机器人按电梯按钮等模拟人类行为的任务，大大增加其功能设计的复杂性，技术难度大，也很难达到理想效果，限制了智能机器人的应用。

新冠疫情的冲击让人们充分认识到"非接触"生活模式的优势，很多小区为了应对疫情在电梯上安装语音交互功能，乘坐电梯只需要告诉电梯要去几层，减小了因共用按钮带来的病毒传播概率，也给机器人与电梯交互提供了新的模式。未来，城市中高层建筑可能需要配置独立的自动机器入口，包括配置有标准无线协议的专用电梯，以方便这些智能化机器方便地进出电梯并到达目的地。未来的智能化城市，必然应当是人机共融的生存环境，未来城区需要为人和智能化机器活动而设计，同时需要为机器设计适合机器的配套设施，就像现在城市中机动车道与人行道和谐共存、有序运行一样。

值得重视的是，人机共融的新型智慧城市是智能新技术落地的最大场景，智慧城市建设将与智能技术发展相辅相成。通过城市基础设施与智能化产品的协同设计，促进智能产品技术方案和未来应用形态的协同演化，加速技术成熟。从这个意义上看，智慧城市建设不应仅仅是提供一个场地和空间，等待人工智能技术成熟后落地应用，而应当参与其中，成为人工智能科技创新本身的一种推动力量和创新力量。

7.3　教育走向个性化、普惠化

人工智能在教育领域的应用正在快速落地，在课堂教学、考试测评、教学管理等多个环节都出现了智能化探索案例，未来也将给人才培养模式和教育方法带来深层次变革。

1. 从填鸭式到个性化

现代社会知识量快速膨胀，越来越多的人受困于信息爆炸。学生也并非需要掌握所有的知识，尤其是很多死记硬背的，背不过来也记不下来，在未来工作岗位上也未必用得上。未来人们工作中会有各类能力强大、知识丰富的智能助手，大量知识性内容智能助手完全可以提供。死知识不如活能力，在以人机协同为特征的未来工作职场，单纯依靠掌握大量知识已经难以构建个人职业核心竞争力，职场人士必须具备更强的创造性、逻辑思辨、情商、团队合作、沟通等能力。

那么，在学生接受知识教育阶段，如何改进教育模式和方法，在庞大的知识体系里提供给学生最需要的知识？如何以最高效率、最低的成本和代价实现学生能力提升？这些可能是未来在教学培养方面需要考虑和努力的方向。教学重心需要从知识传授转向能力培养，帮助学生建立适应智能社会需求的技能是当前教育适应智能化变革过程中亟需完成的转身。

个性化正在给各个领域带来新模式变革，在教育领域同样如此。中国长期延续应试教育模式，针对应试目标和考核大纲开展课堂授课，对不同的学生教授的是相同的知识内容，这种填鸭式教学是中国需要适应当前人口规模和教育资源条件的国情。在这种模式下，老师很难照顾到所有学生，可能有一部分学生与老师进度同步，有一部分学生会感觉内容不够有挑战性，还有一部分学生已经疲于应付，甚至慢慢开始掉队。

美国国家工程院公布的人类在 21 世纪面临的 14 大科技挑战中，就包括适应学生个体需求的"个性化学习"。他们认为，学习应该是因人而异的，教学不能遵循"一个尺寸适合所有人"的学习方法，不能不顾天资或者兴趣方面的差异，而简单地给每个人都提供完全一样的教学内容。

智能算法对学生学习过程中各类型学习数据进行收集和分析，借助各学科知识图谱，能够根据不同学生的学习特点和知识需求，有针对性地制定不同的学习方案，实现大规模的个性化教育，提升教学的针对性和学习效率，让学生从一些不必要的知识灌输里解脱出来，把精力更多地投入创造性学习任务方面，有助于更好地培养学生获取知识的能力、决策的能力、创新的能力。美国佐治亚理工大学、日本金泽工业大学使用 IBM Waston 分析系统，能根据成绩数据、书籍借阅记录等大量个性化数据针对每个学生开展知识结构分析和性格判断，为学生量体裁衣制订学习计划、专业选择、出国等成长计划，力图使每个学生都能根据自身专长追求自己的梦想。

此外，智能化也将推进以学生为中心的智慧校园建设。传统的校园往往是力图通过制定各种规则构建出一个学生有序活动的场所。智能化技术走进校园，将推动不同场景数据的打通和各类智能化设施的应用，有助于分析学生的学习习惯，识别个性化潜力空间，有助于因材施教；并可提前发现其心理波动，防控安全隐患等。人工智能技术在校园生活、分班排课、图书馆管理等方面的应用也将为学生构建更为便捷高效和更利于个性发展的学习空间。

2. 促进教育公平和普惠化

平台化智能教育产品基于知识建模、语义交互以及虚拟现实等相关技术，正在推动普惠教育落地见效。

智能化技术群孕育的虚拟现实、智能可穿戴等新智能硬件技术将有效提升学生感性认知，明显改善教学体验，提升教学效果。比如微软研发的心脏虚拟现实教学，戴上虚拟眼镜就可以细致观察整个心脏搏动的情况，甚至可以走进心脏内部观察其工作机理，大大提升学生的学习兴趣和知识掌握的牢固度。

通过知识建模技术可以将优秀教师的知识经验和教学方法嵌入智能教育产品，结合语言理解、虚拟现实等技术，未来将发展起各学科的虚拟教师、虚拟教室。丰富广博的高水平知识、身临其境的在场化教学体验，使学生不论身在何地都能跟随名师学习，并能够将自己的问题和困惑通过一对一的形式与虚拟教师互动问答和讨论。

在我国，仍有相当一部分地区英语、数学等师资薄弱，缺乏专业能力强、教学有深度的老师。通过平台化智能教育产品实现能力分享和知识分享，开始成为人工智能赋能普惠教育的主要模式。虚拟课堂、虚拟博物馆等智能化教育产品可以依托互联网平台进行并行化能力输出，实现低成本的功能复用，向边远地区和教育资源欠缺地区进一步推广，使当地学生也能够以相似的教学体验同步享受到一线城市高水平的教育，减少地区间教育资源差异，促进教育公平。智能化有望推动教育事业向着"使每一个孩子都能平等地享受教育"这一伟大目标再迈进一步。

对智能化技术的积极利用将有助于快速顺应未来社会需求，变革传统教育理念，升级人才培养模式和方法，构建起未来社会创新型、普惠型人才教育体系。

7.4 高效便捷的交通出行

智能技术群将给汽车形态、交通管理、出行停车方式等各方面带来深刻变化，智能化的交通出行方式会变得更加高效、安全、便捷。比如，通过实现交通流量的全局优化将大大缓解道路拥堵，并且降低因堵车带来的尾气排放；无人驾驶技术进一步成熟之后，无人车辆可以自行找到最优停车地点，甚至可能实现随叫随来的无人出租车服务，为减缓城市停车难题提供了全新方案。

1. "自动驾驶+车路协同"的智能交通体系

根据智能汽车环境感知与自主导航的实现方式，现在汽车自动驾驶技术的主流技术路线大致可分为两种：视觉主导的技术路线和激光雷达主导的技术路线。视觉主导的技术路线以特斯拉或英特尔旗下的 Mobileye 为代表，以摄像头和毫米波雷达为主，少用或不用激光雷达，因为高性能激光雷达成本高（基本在 50 万～100 万元），对于推进产业化落地是很大的成本制约因素。谷歌 Waymo 以及国内大多数自动驾驶企业采用激光雷达为主导的技术模式。

从成熟度上来看，在通用场景上特斯拉 L2.5 级别的智能驾驶已经商用化；在专用场景下，百度的 L4 级自动驾驶客车实现批量下线；谷歌的 Waymo 在 2019 年 7 月获得了美国加州自动驾驶客车服务试点许可，上线首月就完成了 4678 次载客服务，运送了 6299 名乘客。以无人驾驶技术为代表的智能汽车技术将带来汽车产业链的颠覆性革新，传统车企的生产、渠道和销售模式将被新兴商业模式所替代，新兴的无人驾驶解决方案技术公司和传统车企的行业边界也将变得模糊。

随着移动通信技术由 4G 向 5G 的跨越，5G-V2X 车路协同技术研发正在进一步提速。当下车路协同技术还主要用于汽车主动安全，可避免大量交通安全事故，后期该技术将成为自动驾驶为主导的未来智能交通体系所依赖的核心技术之一。相关车企和IT企业快速推进车载终端、边缘计算智能软硬件标准化、产品化。国家发改委、工信部、公安部、交通部等11个国家部委联合出台《智能汽车创新发展战略》，到2025年，中国计划实现有条件自动驾驶智能汽车（L3级）规模化生产，高度自动驾驶汽车（L4级）特定环境下市场化应用。同时，车路协同（V2X）方面要实现LTE-V2X区域覆盖，5G-V2X在部分城市、高速公路逐步开展应用。

2. 驾驶辅助技术保障交通出行安全

现在每年发生的交通事故中，有90%都是人为失误造成的，其中相当一部分属于疲劳驾驶。尤其是近些年来，越来越发达的高速公路吸引了越来越庞大的自驾出行群体。长途驾驶往往需要耗时几个小时，甚至十几个小时，人的大脑很难做到长时间精神高度集中，驾驶员容易因疲劳驾驶而发生事故。每次小长假期间，高速公路上发生的事故基本都是人为失误造成的追尾及其次生事故，这在货运驾驶员群体中情况也很严重。

增强感知的辅助驾驶是智能驾驶技术中成熟度相对较高的，可使汽车具备全方位感知能力，能够进行盲区监测、后方碰撞预警等，而且在恶劣条件下，也能通过红外、超声等多模态感知技术组合，实现远超过人的感知能力，对于提升车辆行驶的安全性、降低事故率具有很大作用。

在高级驾驶辅助系统中，利用机器视觉、图像识别技术分析处理实时视频数据，能实现车道偏离预警、车距监控预警、前车碰撞预警、前车启动预警等，提供更多的安全驾驶协助，拓展驾驶者能力。还可以利用混合增强现实技术，实现虚实一体的环境感知，为行驶安全保驾护航，见图7-2。

视频图像分析技术也将从增强监管能力角度更好保障人们出行安全。比如，对于"两客一危"[①]等安全性要求较高车辆的驾驶员，通过驾驶室摄

---

① 指从事旅游的包车、三类以上班线客车和运输危险化学品、烟花爆竹、民用爆炸物品的道路专用车辆。

像头可进行状态监控和安全预警。智能系统通过对视频的实时图像分析，可自动识别驾驶员的注意力集中度，以及不系安全带、开车打电话等违规行为。

图 7-2 AR 增强现实辅助导航

脑机接口技术可以实时监测司机大脑状态，当检测到驾驶者表现出焦虑或疲劳等不安全因素时，系统将及时给出警示，以避免重大交通安全事故发生。

3. 交通拥堵问题有望得到显著缓解

随着各类传感器摄像头的部署安装，交通领域数据开始快速积累。以人工智能技术为核心的城市大脑，把居民分布、商业区分布、轨道交通、路面交通甚至重大活动信息等多维信息融合起来，实现基于大数据的路况预测和智能化调度，目前已经在很多城市证实其能够明显缓解交通拥堵，缩短居民出行时间。比如，阿里将城市大脑应用于杭州交通管理，区域通行时间减少 15.3%，120 救护车到达时间缩短一半，见图 7-3。

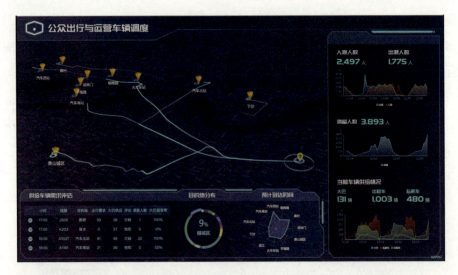

图 7-3　阿里城市大脑的公众出行与运营车辆调度

在交通流量大的城市主干道或市外高速公路上，如果能划出一条自动驾驶专用车道（见图 7-4），在该车道上所有车辆都启动自动驾驶功能，借助激光雷达、车—车通信等技术，实现更短的跟车距离，也将大幅度提高道路的利用率和通过率，减少道路压力和交通拥堵。

图 7-4　主干道路上自动驾驶高速通行

4. 无人驾驶共享汽车改变未来城市出行

在自动驾驶技术进一步成熟之后，使用共享的无人车可能成为未来主流的出行模式。在车、路、交通大脑一体化信息联动和城市智能车路侧基础设施全面升级支撑下，整个城市交通将成为一个超大的个性化体系，只要指定目的地，共享无人车会像轨道交通一样，根据定制化交通路线，准确无误地把你送到目的地。优步、滴滴等叫车平台公司都在投入资金研发自动驾驶技术，瞄向这一市场潜力巨大的新出行商业模式。

百度的阿波罗（Apollo）是国内首批量产的自动驾驶汽车，可以支持在简单城市路况下的自动驾驶，并开始在多个城市的限定区域内探索自动驾驶出租车（Robotaxi）服务。2019年，长沙在湘江新区梅溪湖等135公里城市开放道路上开启自动驾驶载人试运营。据报道现在已经累计自动驾驶达18万公里，接待试乘人员700多人。

2019年10月作者曾在雨天试乘了阿波罗自动驾驶出租车（见图7-5），恶劣天气情况对自动驾驶技术提出更大挑战，下雨产生的噪音会影响图像质量和激光雷达探测精度，干扰自动驾驶系统用来检测行人和其他道路使用者的算法，湿滑的路面对于制动距离也有影响。试乘中明显感觉到近两年技术进步很快，掉头、转弯、让行等操作规矩顺畅，已经能和众多社会车辆和谐相处，商用化目标在一步步接近。

图7-5 百度阿波罗自动驾驶出租车

根据密歇根大学交通研究院一份研究报告，如果无人驾驶汽车普及，美国的汽车保有量将降低43%。主要原因之一就是，相对于自己养车、驾车，呼叫使用无人驾驶汽车服务更加省钱。2017年4月谷歌的Waymo开始试运营，2018年12月开始推出收费的商业化出租车服务。另据通用汽车推算，目前在旧金山打车的费用是每英里3美元，到2025年通用的无人驾驶出租车的费用将降至每英里 1 美元。

经历过共享单车的全球化推广，我们对此已很容易理解。现在城市里已经很少有人购买自行车，同样未来很多家庭也会选择不再自购汽车，无人驾驶技术下的共享出行将替代传统的私家车，个体化智能型交通工具将给个人出行带来极大方便，这对于缓解城市拥堵和停车难等一系列问题将带来根本性变化。

届时，汽车也会成为新的服务场所。因为现代人每天要将很多时间花在驾车上，如果使用无人驾驶汽车出行，人们就能够利用这一时间工作或做其他事情。根据摩根士丹利的研究报告，仅在美国，未来无人驾驶汽车每年能够增加的工作产量价值大约为 5070 亿美元。无人车本身也是轮式移动机器人，未来服务行业中的一批商业场景也会转移到车上。比如，早上在你洗漱穿衣的时候，无人车已经从早餐店为你取来你喜欢的早餐，准时到楼下来接你。无人驾驶汽车使工作、生活、娱乐、休闲无缝切换，激活大量基于移动空间的各类新商业服务模式。

无人公共交通也在成为解决城市最后一公里交通的新模式。早在 2015 年，法国自动驾驶技术公司易迈（EasyMile）就开始致力于研发无人驾驶公交车，投入城市交通，目前已经在全球 200 多个项目上投入运营，一次可搭载 15 人，并且还配备了自动坡道，方便残疾乘客上下车。无人驾驶公交车在很多欧洲小镇穿梭于火车站、大学校园、旅游景点，为这些人力成本很高而交通又相对不便的城市提供了很不错的最后一公里通勤解决方案。图 7-6 是作者在法兰克福街头试乘的易迈（EasyMile）无人公交车。

图 7-6　法国易迈（EasyMile）无人公交车

交通领域是智能化变革的最典型场景之一，当前正在从不同方面、不同路径渗透融合，改变交通出行的形态。随着智能化的进一步推进，未来的交通出行必将迎来颠覆性变革。

7.5 安全可信的智能社会

网络犯罪、人口拐卖、自然灾害、重大传染性疾病等无时不在威胁社会安全和公众安全，智能化技术在安全防控领域的落地应用可推动构建安全可信的智能社会。开展网络自动防御和监测、通过生物特征识别罪犯、监测蓄意的金融欺诈……智能技术为治安侦查、打击网络犯罪、隐私侵犯监测等提供了有力手段，加速社会风险防范能力和社会综合治理水平的提升。

1. 治理社会犯罪

公共场所视频采集设备的安装部署使犯罪行为越来越难以隐藏，过去因缺乏证据而难以破获的大量案件由于监控系统的存在变得易如反掌。基于强大的大规模实时并发分析，犯罪分子即使置身茫茫人海也不再无处追踪。配备高清视觉识别软件的无人机可以全天候巡逻，对于犯罪分子起到了强大的震慑作用，让我们的社会生活变得更加安全放心。

人工智能技术正在从感知智能向认知智能发展，图像内容理解、语义理解、态势预测等开始逐步走向应用。利用新的视频图像内容理解技术，能够对视频中人物的动作、步态、手势等进行分析，识别和发现打架斗殴、偷盗抢劫等行为。甚至即使犯罪时蒙着面，根据前几天嫌疑人踩点时的视频，通过姿态步态的匹配算法也有可能把嫌疑人筛选出来。

来自不同摄像头的视频可以进行关联和聚类分析，能够发现嫌疑人的活动轨迹和活动规律，对潜在犯罪行为进行事前预测预警。比如，对多次到同一居民区徘徊、神色动作异常的陌生人，可能会给出预警提示，将犯罪识别和响应时间进一步提前，有利于警务人员通过提前干预避免犯罪事件发生，使城市安全保障理念和能力得到再次提升。

屡屡发生的拐卖儿童案件，给社会安全带来阴影。传统破案手段要投入大量警力查看可能的监控视频，在茫茫人海中寻找丢失儿童，极为困难。如果利用图像检索和目标识别技术进行全城甚至更大范围内的快速检索，关联蛛丝马迹，破案的可能性就会大大提升。而且，很多儿童失踪长达十多年，跨年龄辨认成为难点。现有的人工智能算法已经能够通过成千上万不同年龄段人脸照片的学习，抽取深层规律，在跨年龄人脸匹配方面实现越来越高的准确度。利用这一新技术，警方已经找回成百上千的走失或被拐儿童。

2. 保护网络安全

随着互联网、车联网、工业物联网连接设备的规模越来越庞大，网络安全防御压力也在与日俱增，未来网络防御任务将远远超出人类手工处理的规模。借助不断迭代优化的机器学习算法，以及高并发性的大计算力，对网络安全大数据进行自动化处理，可以大幅度提高网络攻击对抗能力。通过对未知病毒和木马的自动识别，对 DDoS 攻击的监测预警，对 APT 攻击的溯源定位，实现对网络攻击的智能化检测、监测、预警和响应，提高重大网络设施安全运营水平。

除了对抗攻击，人工智能算法也正在用于对互联网平台上发布的不良视频进行监测分析，识别风险因素，震慑违法活动。比如，利用机器智能强大的并发算力，能够实现万亿级图像信息内容的实时语义分析，让直播中的暴力和色情内容无处遁形。阿里巴巴的"知识产权保护科技大脑"可以对海量视频进行实时并行扫描，在每天 6 万场淘宝直播中打假，依靠其超强辨识能力协助警方发现制售假货的商家，保护消费者权益。

3. 防范自然灾害

在全球很多地方山体滑坡、堰塞湖等自然灾害仍在频繁发生，危害巨大而且难以预测。利用卫星影像进行持续监测，通过图像内容精准分析，能够提前发现微小山体位移，提前预警和疏散群众，从而避免重大灾害发生。如果采用人工，几乎不可能完成这一任务，因为位移变化需要时间比对，人即使站在现场都不一定能觉察到，而人工智能技术在这些场景的介入就有可能挽救很多生命。

2020年3月，T179次列车撞上因山体滑坡而产生的塌方体，导致火车脱线倾覆。按火车的行驶速度，司机在看到轨道上的塌方体时已经很难采取措施快速使火车停下来。人工的沿线巡查巡护，往往也很难及时发现突发异常情况。但是利用机器视觉、物联网的全天候监测能力，进行铁路沿线的智能化改造后，就能够使司机更准确地掌握前方异常情况，防止因偶然或人为破坏导致的事故，为保障火车运行和乘客生命安全贡献技术价值。

认知技术也将给生态灾害防控治理带来新的模式。通过对生态数据趋势预测，以及多源监测数据的融合，能够建立生态事件的智能预测模型，在生态事件发生前进行预警，将突发事件的被动应对变为主动预防，并通过及时采取相应的干预措施有效避免事件发生，提高决策的科学性、时效性、准确性。

4. 保障公共应急

突发传染病、恐怖袭击、火灾等危及民众安全的社会重大安全事件，极大考验社会应急保障能力。比如，重大传染性疾病是人类目前尚未攻克的难题之一。自2019年12月以来在全球急速蔓延的新型冠状病毒，引发大规模传染病疫情，造成数万人感染和数千人死亡，对各国经济稳定运行和人民生活造成巨大冲击。

智能技术为传染病疫情防治也带来了新的能力提升。比如，利用多维度社交时空大数据开展综合建模和分析，可以准确预测人群流动的可能路径，以及流向不同地区人群的规模分布，从而有力支撑各级政府精准施策，在高危地区提前采取公共卫生干预措施避免疫情失控，并指导危机时期资源分配；利用人工智能技术开展流行病传播数据、基层门诊病历数据分析挖掘，为加速病原体发现、传播机理研究、变异分析等提供科技支撑；人工智能技术已经能够通过肺部CT影像诊断帮助医生更准确地识别冠状病毒患者，有效纠正试剂盒的假阴性检测结果，大大加速诊断过程，为患者争取治疗时间；基于人工智能技术研发的热成像大规模测温产品，基于无人机红外视觉产品可对车站、广场等开放区域人群进行非接触式体温随机抽样检测，配送、消毒、陪护机器人在隔离病房等场景下的应用，都将有助于阻断和预防疫病蔓延。此外，智能化技术在突发公共安全事件的感知、应急决策指挥、物资调配等方面也具有相当大的潜力，可有力推动智能时代社会公共安全治理水平提升。

INTELLIGENT
REVOLUTION

第八章

落地：产业化初期的价值发掘

人工智能已经历史性地跨越了产业化临界点，基于大数据和深度学习的人工智能技术的产业化潜力得到产业界的认可。但在初期阶段，技术成熟度和成本限制使技术商业化步履艰难，需要充分发掘技术比较优势，以价值为支撑、以场景为驱动打造商业闭环。技术产业化落地的路径选择也存在远近缓急，依技术成熟度、数据就绪度和场景明确度的不同而异。推进产业化落地需要人工智能的科学思维加工程思维，其中比较优势的增强智能、二八原则的容错场景、后发优势的边际效益，都是挖掘智能技术初期落地场景的重要原则。

8.1 构建价值支撑的商业闭环

人工智能产业化仍处于长期变革过程的早期阶段，智能技术的产业化应用仍然面临种种现实难题。当实验室验证的技术真正面对工业化应用，算法模型的误差率、鲁棒性、泛化能力等要求全然不同。个别异常案例在学术研究中可以不去关注，但在工业环境下必须要关注，99%的准确率也不算高；1毫秒的处理时延对于实验室研究不重要，但对于工业领域很多场景却非常重要。

当前的智能技术仍处发展完善阶段，还存在很多问题和不足。比如，工业视觉领域利用深度学习进行缺陷检测，仍会出现两张差不多的缺陷照片一张能够被检测出来，而另一张却检测不出的情况，甚至缺陷不明显的被检测出来，缺陷明显的却被漏掉了。唯有突破一批制约性的理论性问题，提升其鲁棒性、可解释性、安全性，人工智能技术才能在工业控制、L4以上级别自动驾驶、医疗辅助诊断、军工装备等更宽广的领域落地。

同时，由于技术发展初期成本往往较高，大规模推广面临很大的制约。服务业领域投资智能化设备或智能机器人，通常希望运行维护费用要比使用人工低一半以上；制造业企业进行技术改造或设备投资，往往很难接受三年还不能收回投资。这样就导致智能技术成功落地和规模化应用的行业场景还不多，距离人工智能的全面产业化仍有很长一段路要走。

产业化初期阶段是最为艰难的时期，需要在技术能力不足的前提下构建价值支撑的产业化闭环，这个时期产品设计和技术落地的场景选择尤为重要。既要合理定义问题边界，使得当前智能水平能够够得上，也要考虑产品技术的准确性、稳定性能够满足场景要求，避免一上来就去尝试解决低容错场景问题，还要考虑技术落地成本在用户可接受范围内，需要找到能够支撑经济性的场景。比如，同样是发动机故障诊断技术，用在A380上可以，用在拖拉机上就没有经济性；同样是个性化定制，用在高档西装上可以赚钱，用在袜子上就不赚钱。

产业化初期阶段推进技术产业化，必须以创造新价值为支撑，挖掘当前人工智能技术的价值点和最佳路径。不论提效降本还是提升客户体验，现有技术首先得找到价值点，针对现实生活中的痛点或需求创造出新的商业价值，用户才能够付费使用，形成快速的资金回笼和看得见的收益回报。这就需要深入分析和挖掘目标行业的生产工艺、过程管理等规律，寻找能使大数据、人工智能发挥最大效用的突破点，以尽快形成最小化商业闭环，并逐步迭代。

在自然语言处理、计算机视觉等多个领域，技术落地正是如此。基于可免费获得的公开数据集往往就能够实现一个性能不错的模型，实现系统的初期使用，并有现金流以支撑开发更好的深度学习算法。用户使用产生更多的数据，又使得智能系统的性能进一步迭代优化，不断提升细分场景的价值高度。

8.2　发挥比较优势的增强智能

技术发明的宗旨通常是对人的能力的延伸、对缺陷的补全，机器存在的价值也往往体现在能够在某一方面提供比人更强大的能力。汽车跑得更快，电话传音更远，潜水艇可以下潜到很深的海底……人类自己做不了的事情，就可以尝试借助机器去完成。

在人工智能领域有一个有名的莫拉维克悖论，讲的是往往实现一些人类无意识的技能和常识性动作比实现高阶智慧能力更难。比如 AlphaGo 能够实现计算复杂度非常高的围棋博弈，SAINT 能够完成函数积分求解问题，人们觉得非常有智慧的高等代数几何、高超棋艺，由于有套路有规则反而容易实现。人们觉得小孩都懂的常识、情感和行动能力，AI 现在仍难以做到，人机协同和优势互补将是智能化的重要趋势。尤其在技术产业化早期阶段，技术能力还很有限，更要注重甄别人工智能目前的比较优势，发掘与人类智能互补的增强智能场景，是当前智能技术落地的重要法则之一。

当前的机器智能相较于人类在很多方面已经具备独特优势。

人作为经历亿万年进化而来的高等级动物拥有最高的智力水平，但作为生物体，人仍有很多"不能"，比如，人不能不休息，再强悍的人也需要睡觉，休息、娱乐也是保持人正常生活的重要部分；人很难保持真正的理性，不能克服贪欲，不能克服情绪波动的影响；人的注意力有限，用有限的注意力来应对无限的信息是不可能的，这样人就很难处理并行任务；手工操作的稳定性差，对于标准化、一致性要求高的任务，人远不如机器。

除此之外，人的感知能力也存在固有的生理局限，很多情况下都会产生错觉。比如在图 8-1 中，左侧是四条平行的直线，而右侧是两个相同颜色的圆球。人受到视觉错觉干扰，很难判断正确，很多情况下决策时就难免出现错误。机器视觉则不存在这类主观的偏差和错觉问题。

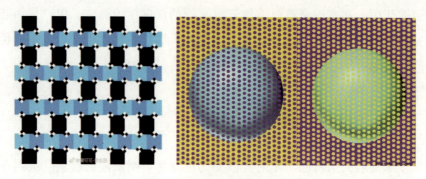

图 8-1　人眼的视觉错觉

机器视觉可精确识别肉眼无法察觉的细微差别，具有超大规模样本经验建模能力、精准多维度感知能力、海量并发复用能力等。充分发挥利用人工智能已经具备的"超人"本领，设计出增强智能产品与人类能力进行互补，现有智能技术已经具有广阔的价值空间。

1."千里眼、顺风耳"的增强感知

机器智能在速度、准确性、持续性等方面远超人类。目前自动驾驶尚达不到人类的水平，无法替代驾驶员驾驶车辆，但借助感知技术可以开发出远超人类的能力。见图 8-2，人工智能技术在汽车领域的产业化首先可以发挥感知增强方面的比较优势，通过全视角可靠准确感知路面、环境中各类动静障碍物，更准确地预判马上要出现的危险，及时提醒驾驶员从而避免事故的发生，实现比人类驾驶员低得多的行车事故率。

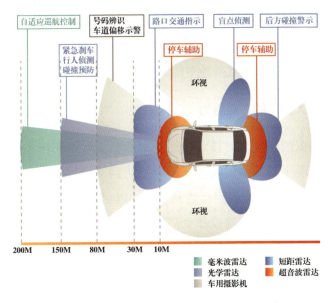

自适应巡航控制	号码辨识 车道偏移示警	路口交通指示	盲点侦测	后方碰撞警示

紧急刹车
行人侦测
碰撞预防

停车辅助　　停车辅助

环视

环视

200M　　150M　　80M　　30M　10M

毫米波雷达　　　短距雷达
光学雷达　　　　超音波雷达
车用摄影机

图 8-2　全视角增强感知

从特斯拉发布的 2019 第二季度新版 Autopilot 安全报告可以看到，在开启 Autopilot 的情况下，约每 327 万英里发生一次事故；在未开启 Autopilot 但开启主动安全系统时，约每 219 万英里发生一次事故；在两项系统都未开启时，约每 141 万英里发生一次事故。而美国所有车辆平均单次事故发生里程为 50 万英里。可见，尽管特斯拉自动驾驶车的每次事故都能带来全球关注，实际上自动驾驶确实可以大幅度减少事故发生率。

在大雾等恶劣天气下，机场调度员和飞行员的视觉观察能力都会受到很大限制。首都机场与百度合作研发的智能化辅助调度系统，通过人工智能技术，结合 GPS、红外线传感器和地面传感装置等实时感知数据，能够实现调度员和飞行员感知增强，保障飞机起落安全。

巡逻的警察利用空中配备远红外热成像摄像头的警用无人机，以及佩戴的增强现实眼镜，可在巡逻中同步对更大范围人员车辆情况全盘掌握，实现了全局视角的信息增益。

继互联网之后，语言感知、图像感知、环境感知、状态感知等一大批数据驱动的感知类技术集中成熟并开始进入产业化阶段，在交通、安防等领域快速落地并形成商业模式，各细分方向上都有相当一批独角兽企业在快速崛起，感知技术产业化已经成为当前智能产业的主力军。通过不断积累数据、打磨场景，感知类智能技术将在民生健康、社会安全、生产制造等更为广阔的行业持续拓展落地空间。

2. "智能大脑"的超级脑力

基于大数据的深度学习技术能够从海量历史数据和样本中抽取知识，衍生智能，实现手工规则输入方式不可能达到的知识扩张和知识更新，机器智能在海量信息处理方面也已达到人脑难以企及的能力。

基于海量数据的知识建模和全局优化算法，为解决很多大系统中的巨复杂问题提供了新的手段。AlphaGo 不仅学习人类积累的 16 万盘棋谱，还通过自我对弈创造了 3000 万围棋棋谱，通过持续挖掘算力增长潜力，机器对这些规律和经验的累积还可进一步扩容提速，相比之下，人脑存在生物极限的制约，在知识容量和复杂问题求解等方面，与人工智能打造的超级大脑的差距将越拉越大。

近年来，各领域的超级大脑也在以人们觉察不到的方式逐渐深入生活。

拥堵问题长期困扰城市管理者。通过调控信号灯现场指挥，只能对一个路口进行车流量调控，在交通管理监控室里，一个人也只能盯 40 台屏幕。现在很多城市的城市大脑部署了上万个道路交通流量监控摄像头，能够基于城市交通网络的全网流量信息对城市交通进行全局优化，远超交管人员人脑信息处理能力。

金融市场的盈利很大一部分是利用了信息差、时间差和情报差，而这正是机器所擅长的。在越来越强大的算力支撑下，智能系统对已有规则的快速逻辑归类和执行，以及对全局信息的数据建模分析能力，都已经远超人类大脑。甚至根据大数据，智能系统也有可能提前发现内幕消息引发的蛛丝马迹。因此，证券交易所交易员的大部分任务被取代，华尔街操盘手需求量越来越少。

在智能医疗领域，海量样本建模能力同样有现实的落地场景。医生的知识记忆量是有限的，不同的医生往往专长于特定科室。病人到医院就诊时，经常需要凭自己的理解挂一个科室的号，然后又因为病因所属非此科室而需要再次转科室，非常麻烦。一些医院会培养一批全科医生，学习各个科室不同门类的知识，以便根据病症对病人的病因进行初步判别和分类。

由于人脑知识储量的限制，如果让一个医生掌握多个科室的医学知识，肯定掌握不到很精的程度。而智能机器在知识容量和历史案例储备方面的能力都是人类所不能比拟的。那么，人工智能会首先超过专科医生还是全科医生？直觉上好像专科医生应该首先被超越，实际上不是，那并非人工智能的比较优势。智能系统能够积累的各个学科门类病历的容量，远超绝大多数全科医生。

再比如机器翻译，虽然说对于一门特定的语言，目前机器翻译系统的能力跟专业翻译员相比还有较大差距，但如果在上百种语言之间任意互译，人类翻译员的能力就没法跟机器比了。一个人的大脑无法记住这么多国家的语言，无法记住所有的词汇，但这对人工智能来说却很容易。可见，如果一种场景需要具备多学科、多领域的海量庞杂的知识，当前机器智能的比较优势就更容易体现出来了。

3. 不惧危险的钢铁员工

智能机器就像不知疲劳的钢铁员工，不仅能够稳定、持续地完成无聊的、重复性的工作，而且能够在恶劣、危险的环境中不受干扰。加工、焊接、装配等传统制造行业已经开始被机器人大规模替代。特斯拉冲压生产线、车身中心、烤漆中心和组装中心有超过150台机器人参与工作，整个工厂几乎见不到工人。

遇到航班、轮船失事或海底线缆故障，水下机器人是勘测现场的最有力手段。水下机器人能够在深海水下高压危险环境中，代替人类完成测量、拍照、定位工作，将这些数据进行系统整合，可以制作出超高精度数字海底地形图，在资源探测、海底考古等任务中，能将以往需要几年才能完成的任务在几天内以更高的质量完成。

高压输电线路上使用有机材料的合成绝缘子因长期经受机电负荷、日晒雨淋、冷热变化等，容易因为材料老化使绝缘电阻降低、开裂甚至被击穿，需要及时发现及时维护。很多输电线路、变电站部署在山区、荒郊野岭，巡检人员经常每天要行走数十公里，甚至在雨雪、大雾等恶劣天气情况下巡检作业，存在许多安全隐患。利用杆塔机器视觉的智能巡检技术，可以通过紫外成像、超声波等对设备进行实时状态巡检（见图8-3），既保障了工作人员安全，又能更及时、更准确地发现机械损坏、绝缘子老化污损等安全隐患，有效提升电网安全运行水平。

图 8-3　输电线路红外视觉智能巡检

油田的采气井站大多地处偏远，环境恶劣，人工巡检不仅劳动强度大并且还有安全风险。巡检机器人配备的视觉系统可以检查温度、压力仪表，配备的甲烷气体传感器可以检测天然气泄露，还能通过声波检测设备是否运行异常，全天候保障安全生产，见图8-4。

图 8-4　油田巡检的智能机器人

4. "快人一步"的反应能力

速度在很多场景下具有决定性作用。如图 8-5 是东京大学多年来持续研发的带视觉的高速多指手，每个指段上有谐波齿轮，配备一个微型伺服电机，每个关节上装有应变传感器。该机器手在与人玩石头剪刀布游戏过程中取得全胜。在你刚伸出手的瞬间，机器人就通过并行视觉系统知道了你的意图，并快速做出反应，不需要太多的博弈推理，仅需以快取胜。

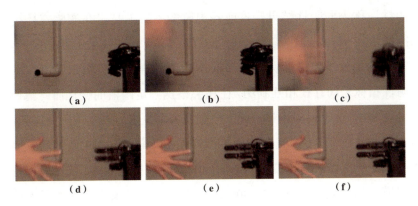

图 8-5　机器手与人玩石头剪刀布游戏

现在能够陪人打乒乓球、打网球的机器人，水平也都已经相当不错。通过设置在球台上的传感器，乒乓球机器人能以约每秒 80 次的速度测算对手的位置，尤其是能够看清球的旋转方向和旋转速度，看准落点后准确将球打回。因为受限于人类生理系统极限，人的动作在机器面前就是慢动作。

辅助和增强人类能力应是智能化的主要发展目标。现阶段人工智能技术产业化，不能跟人脑"硬碰硬"式直接比较，一味模仿人脑试图替代的话就会很难发挥价值。针对人的弱点，发挥机器的优势，以人机互补方式增强人的能力，则能找到更多发挥智能技术价值的落地场景。

8.3　选择"二八原则"的容错场景

在人工智能技术落地应用的众多场景中，有些场景对技术准确性、稳定性要求较高，系统准确率达到 90%，甚至达到 99.9% 都是无法容忍的，因为即使 0.1% 的失误都会带来很大损失，尤其在一些实时控制领域，或涉及人身安全的领域，极高的准确性成为一个必然要求。当然，不同行业场景对容错率要求不一样，容错成本较低也是智能技术落地初期场景选择的重要因素。

产品检测类场景往往是典型的模式分类问题，通常把没有问题的样本称为阴性样本，有问题的称为阳性样本。受识别准确率的影响，机器有时会把阴性样本错误地识别为阳性，称为假阳性结果；也可能把阳性样本识别为阴性，称为假阴性结果。目前各类感知型智能技术在实验室环境下通常都能够达到90%以上的总体准确率，但在实际工业环境下往往要低一些。在现有技术条件下，不能保证阳性样本和阴性样本全部识别正确，真阳性和真阴性指标之间存在相互制约，往往会根据判定阈值的变化而此消彼长。

见图8-6，对于很多场景，可以把预警阈值压低，放宽假阳性比率限制，优先将假阴性比率 F1 控制在较低范围，使漏诊样本量 N4 低于场景要求。如果在这种条件下，确定没有质量问题的真阴性样本量 N2 仍然能保持在相当的规模，如占到全部样本的80%，对于很多场景来说就具备了落地应用的商业价值。在人脸识别、产品质量检测、医疗影像辅助诊断等众多应用领域，可以将数量庞大的无瑕疵样本准确无误地筛选出来，减少大量人工检测过程。符合这样的"二八原则"也就可以作为产业化初期技术落地非常好的场景。

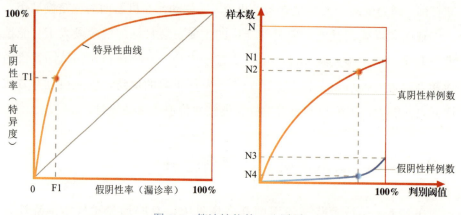

图 8-6　算法性能的二八原则

比如，手机划痕检测是手机代工厂生产线上的重要工序，通常需要大批检测人员采用人工方式翻转观察手机各表面，筛选出有划痕瑕疵的手机。时间一长检测员往往会看得头昏眼花，导致瑕疵漏检。现在有研发团队正在尝试利用人工智能开发划痕检测系统，在这个场景下，手机上的污渍或真实划痕都有可能被识别成划痕，这就会带来一些假阳性错误率，但这类错误对于手机检测并非致命问题，只要有 80% 完全没问题的真阴性结果的产品可以导流到分离的一条生产线上，另外 20% 难以确定（可能是划痕可能是污渍）的手机可以转到另一条生产线上，仍然用传统方式进行人工鉴别，这样检测工序人力投入就节约了 80%，对于一个拥有几十万员工的大型手机代工厂，可能带来数千工人的用工成本降低。对于表面污渍等可能造成假阳性错判的样例，也可采用"视觉＋光谱红外"等多模态感知技术，结合增强学习、连续学习等方法将这 20% 的比例不断压缩，在应用中推进检测准确率迭代提升。

在智能医疗场景中，影像诊断系统利用深度学习技术进行肺部 CT 影像、乳腺 X 光图像、MRI 图像、心脏超声等医疗图像模式分类，识别病变区域，辅助影像医生勾画肿瘤病灶区域。在当前技术水平下，智能算法只要能够排除 80% 以上完全没有病变的片子，剩下 20% 具有可疑病灶的片子就可由医生人工判断。

图 8-7 是 DeepMind 开发的名为光学相干断层扫描（OCT）的 AI 眼病诊断工具，准确率可达 94.5%[①]。实验中该软件可以做到没有假阴性结果，也就是零漏诊率。因此，尽管现阶段人工智能技术还难以做到 100% 的准确率，可能有误判，但如果能够首先确保没有漏判，就可以通过人机协同方式开展辅助诊断，使医生的工作强度大大降低。

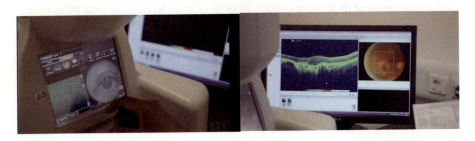

图 8-7　人机协同的眼病辅助诊断

---

① De Fauw, J., Ledsam, J.R., Romera-Paredes, B. et al. Clinically applicable deep learning for diagnosis and referral in retinal disease. Nature Medicine 24, 1342–1350,2018.

再比如，胶囊机器人是现在新发展起来的智能医疗产品，体检者吞服下去，等它沿消化道移动并排出后，可能已经拍了几千甚至上万张消化道影像图片，其中绝大部分图片都是没有病变的影像结果。通过图像识别技术如果能从中筛选过滤出少量可疑影像给医生人工判断，就能大大缓解医生的阅片工作压力。

8.4 打造离线并行的高能外脑

对于当前在稳定性和准确率上仍不尽如人意的人工智能技术来说，除了选择具有"二八原则"容错特点的场景之外，对于很多错误率要求较为严格的关键系统或重要行业，也并非只能敬而远之。采取离线并行的方式，使智能系统成为延展操作者分析能力的高能外脑，也将发现和挖掘出一大批颇具实际功效的落地场景，推动人工智能技术在电力、司法等要求较高的行业落地。

电厂系统是一个产、供、销的庞大体系，由于电能不能大规模储存，因此，产、供、销是同时进行的，电力的生产、输送、使用一次性同时完成并随时处于平衡状态。这些特点决定了电力生产的发、供、用各环节对于安全稳定运行都具有非常高的要求，机组非正常停机、电网失稳或电网大面积停电，不但经济损失巨大，而且会对社会正常运行带来冲击。

随着发电技术的不断改进，电力系统的复杂性也越来越高。一名机组运行工程师或电网调度员往往需要经历多年专业知识学习，再经由师傅带徒弟式的数年实际业务锻炼，才能走上机组运行操作员岗位。人工智能技术在电力生产业务中落地所面临的最大难题就是现有模型的鲁棒性与电力生产的工业场景高稳定性要求之间的矛盾。

实际上，借助工业系统数字孪生技术，人工智能完全能够在这类工业场景中创造重要价值。

目前，当面临发电设备故障或电网重大突发事件等应急情况处理时，除了严格遵照操作规程进行常规性处置，很多时候还是要凭操作员个人经验，根据之前经历的类似工况的经验积累进行操作。异常情况发生时，操作员如果判断准确，反应迅速，处理果断，就有可能避免重大事故发生，但实际情况是，人为的误判、误操作也时有发生。

在电力生产、电力调度等各环节，可以研发建立平行运行的数字孪生系统，这一系统可能包含与主设备、泵、电动机、热工保护装置等系统完全等价的虚拟设备，参数状态与物理设备同步运行。数字孪生系统能够在问题发生后的极短时间内提供不同应对操作下的趋势判断和仿真模拟，快速推演出复杂系统里各设备可能由此引发的后续连锁反应，再借助规模庞大的历史经验知识库，完全能够超越操作员大脑短时间所能做出的反应和推理能力，从而以旁路形式为操作员提供强有力的判断决策支撑。

在非突发故障工况下，运行于数字孪生空间的智能大脑充分利用多源信息整合和实时关联分析，也将在系统优化、趋势预测和潜在故障警示等方面创造独特价值。由此看来，给操作员配备离线并行的高能外脑，将有效提升机组效益和电力系统安全稳定运行水平。

在警务司法等领域，反恐侦查需要在浩如烟海的大数据里寻找蛛丝马迹，人工对比越来越力不从心。美国的 Palantir 采用大数据系统协助反恐，用人工智能筛查可疑线索，提交给警察。尽管在最终判断上还需要人工，但通过高能外脑大大减少了工作量，拓展了侦查能力。

这些敏感领域的落地场景，都体现出离线并行的外脑这一智能产业化初期的技术落地法则。在不给现有系统正常运行带来干扰的同时，通过"人在回路"的模式打造松耦合闭环，既可降低技术融入风险，也能助力现有系统性能提升。

8.5　挖掘技术落地的后发优势

对于人工智能技术来说，由于当前总体上技术水平还不高，在做产业化时也要充分考虑不同场景不同用户的效用差异问题，尽量寻找技术落地效用最大化的场景。

如果一套智能医疗诊断系统能达到 301 医院医生 80% 的水平，对于北京市的市民吸引力并不大，不如排队挂号等几天后再找医生看。但中国区域之间发展差异非常大，目前仍有很多欠发达地区的公共服务能力还非常薄弱。平台化的人工智能技术可以将发达地区或大城市聚集的高端医疗、教育资源，通过知识化、工程化的并发复用向欠发达地区进行低成本、大规模输出，提升这些地区的公共服务能力和水平。

达到 301 医院医生 80% 水平的医疗诊断系统，就有可能超过欠发达地区基层医生的能力，就有可能使就医不便地区的患者提前几年发现一个潜在的病变迹象，从而挽救患者生命。这样一项 80% 成熟度的技术对于这些地区来说，在解决有无问题方面创造的价值，要远远超过其对北京居民的价值。

同理，发达国家的公共服务体系非常完善，平均医疗水平很高，对那些国家的民众来说，这样一项技术也可能很难符合民众的需求，落地难度相对更大。

在很多其他领域也是如此，西方发达国家工业化起步很早，在工业化大发展时期交通、城市基础设施建设突飞猛进，制造业也达到很高的工业化水平。相对于西方发达国家，中国工业基础薄弱，还没有建立起完善的工业体系。但近年来很多人出国时发现，大部分西方国家的高速公路目前仍在使用信用卡支付系统，火车、地铁等轨道设施也大多以几十年前的产品为主。而对于中国来说，新交通技术对现有体系带来的效用提升远大于换代成本的牵绊，能够迅速地大范围地推开，从而使交通设施率先跨入新阶段。

中国大量低端产业面临的产业转型，以及城镇化发展所激发的需求，都会创造出大量类似的人工智能应用新空间。在智能化产业变革过程中，中国也有可能发挥与公路、地铁、高铁类似的后发场景优势，利用智能化技术以更快的速度把各行各业低效落后的产业体系全面改造一遍，实现新的生产方式和更高生产效能的跨越。

从这个层面看，现有的弱人工智能技术在中国能够发掘更高的落地价值。同样一项初期智能化技术，在中国能比在发达国家更容易找到落地场景。挖掘后发优势的技术效用，加快早期人工智能技术的场景发现和落地，进一步通过产业化应用快速积累数据，完善模型算法，加快迭代演化，这恰恰能够为中国等一批经济后发国家提供发展智能化的机遇。

INTELLIGENT
REVOLUTION >>

③

第三篇

演进之路

INTELLIGENT
REVOLUTION

第九章

笃行：务实推进人工智能发展

　　智能化变革已是不可阻挡的全球大势，但其并非百米冲刺，不可能一蹴而就。尽管人工智能发展已迈过产业化门槛，但从初步产业化到大规模产业化，乃至迈向强人工智能时代仍然面临一场三千米障碍赛。智能化之路前景宽阔，但路途遥远，并将充满艰辛。在未来十几、二十几年中，有大批的理论和技术难点有待攻克，需要依靠产学研各界共同努力，务实推进技术创新，尤其要警惕和避免因不切实际的期望和概念炒作而使人工智能发展陷入"三起三落"，延缓智能化变革进程。投身人工智能技术创新和智能产业化需要理性的坚定而非感性的冲动，需明辨、笃行。

9.1　智能化变革的战略机遇

美国和英国的政府报告认为，人工智能将给经济发展带来类似蒸汽机发明的深远影响。《连线》杂志创始主编凯文·凯利则把它比作两百年前电的发明。不管是蒸汽机还是电，都是历时百年的工业革命过程中最重要的技术革新。如今，人类工业早已快速跨越机械化、电气化的山峦，正在向智能化快步前进。

从历史类比角度看，目前人工智能发展阶段有些类似于 2000 年左右拨号上网的网络化初期，当时只能实现新闻阅读、BB 论坛、电子邮件等一些简单的应用，并且上网速度和效果都不尽如人意。但是，在经历了十几年近二十年的发展之后，网络速度突飞猛进，网络应用日益丰富，已经颠覆了现代生活的方方面面，重构了各行各业的模式和形态，整个互联网产业的规模也从 2000 多亿扩大至 20 多万亿，产业化新空间提升了 100 倍。

同样，人工智能也要经历这个技术产业化早期阶段，现在仅有语音识别、图像识别、个性化等少数技术成熟落地，性能也并非尽如人意。但由网络化向智能化跨越的大幕已经开启，人工智能引领的智能产业化已然"成势"，将在未来数十年里持续释放产业化红利，成为新一轮经济社会变革的主要驱动力量。

未来，智能化进程可能会受到不同因素影响而改变步伐速度，但毋庸置疑，人类社会即将步入智能化时代已是不可逆转的大势。当前，全球各国政府加紧出台规划和政策，巨头企业、产业资本投入踊跃，产、学、研各界共同发力将使这一历史进程大大加速。智能化变革对每个国家、每个企业来说，既是挑战也是机遇。

很多人心里有个疑惑，为什么中国这么多人才，BAT 等科技型企业实力强大，小小的芯片却搞不定？

芯片所依赖的集成电路技术至今已发展了大半个世纪，工艺要求越来越高，产业体系越来越复杂，制造生产过程包括材料、装备、设计、制造、封装多个环节，涉及 50 多个行业、2000～5000 道工序。在这种情况下，全球半导体产业链垂直化分工日益深化，全球芯片产业体系呈互相依存趋势，形成了错综复杂的超级产业网络。

不光中国，目前没有任何一个国家能够形成全产业链高端环节垄断。尽管荷兰生产的 ASML 光刻机在全球高端光刻机领域形成了绝对垄断优势，是美国英特尔、高通等巨头公司生产高端芯片所依赖的关键设备，但 ASML 光刻机的大量部件也需要从荷兰以外供应，比如镜头需要由德国蔡司提供。

这种产业格局主要是在 20 世纪 60 年代之后 20 多年的集成电路技术创新活跃期形成的。而那段时间，中国尚未启动改革开放，也较少参与全球化技术创新。经历了充满 10 倍数变革机遇的技术创新活跃期，各产业链环节上都已经有巨头企业开疆扩土，并历经长时间的市场锤炼，通过专利构筑起知识产权壁垒，以及通过工艺、价格优势构筑起市场竞争壁垒。

现在在任何一个产业链环节上都凝聚了大量的专有技术，后来者想要冲击当前市场主流供应商的市场地位难度很大。当然并非不能在一些产业环节上有所作为，但必须下功夫一点点攻克那些难以绕开的关键技术。

可见，对于正在崛起的新兴技术，在技术创新活跃期不掉队是非常重要的，这也是为什么各个国家在面对人工智能引领的新产业变革来临时，都不敢掉以轻心。这个一二十年，可能会成为决定在之后更长时间里有没有产业发展位置的最佳时期。

科技变革向来是产业格局重构的催化剂。柯达在数字化转型中掉队，摩托罗拉、诺基亚在智能手机变革中掉队，微软险些在网络时代落伍，而谷歌、亚马逊、苹果、百度、阿里巴巴、腾讯等借网络化大潮顺势崛起。面对人工智能引领的智能化变革，谁都不敢掉以轻心。

当前新冠疫情在全球蔓延，既给各国经济发展带来严峻挑战，也为加速智能化变革带来现实需求。从这次疫情对我们社会经济的冲击来看，全球各国的社会生产体系仍然极度脆弱。未来各国仍有可能面对各种不可预料的突发事件冲击，当人们不能自由活动，机器需要接手我们的工作，具备一套智能化生产体系，将会为经济社会稳定运行，甚至化危为机加速提供强大动能。

需要加快建立能够满足社会应急情况下紧缺物资和基本生活物资生产的无人化制造产能，构建强大的工业互联网，发展平台化的智能大脑，升级优化生产、物流、配送、服务各环节，全面提高全方位提升中小企业供应链的反应能力和供销效率，实现全产业链协同的数字化、智能化转型升级。

当前并非智能化变革全面爆发期，但却是最重要的战略机遇期，拥抱智能化变革需要理性的坚定而非感性的冲动。

9.2 "三起两落"的得失经验

人工智能近年来取得了突飞猛进的成就，但这并不是人工智能的第一次春天，以史为鉴有助于未来更好地发展。

早在 20 世纪 50 年代，人工智能概念刚被提出就引发了全社会的关注。但当时的理论和技术还有很大局限，远未达到预期目标，学术界、产业界都经历了几次冷热起伏的波动。如今，得益于大数据、高性能计算等底层技术的助推，以及机器学习技术自身的突破性发展，在经历了多年的艰难探索之后，人工智能发展迎来了重大转机。人工智能在感知、学习、博弈、翻译等领域取得的新成就，使其再度被推上社会关注的风口浪尖。

人工智能发展经历"三起两落"之后，目前进入第三次发展高潮。站在这个历史节点，人们不免担忧，人工智能会不会"三起三落"再次陷入寒冬？回顾人工智能"三起两落"的发展历程，尤其是历史上前两次进入人工智能低谷期的启示，有助于在人工智能后面发展中吸取教训、总结经验。

启示一：客观认识发展阶段，务实选择发展目标

人工智能发展两次陷入低谷，既有其本身需要依赖计算能力、产业环境等因素，也有科学家低估人工智能问题难度，过于乐观的原因。在 20 世纪五六十年代第一轮人工智能发展热潮期间，科学家认为不出 10 年，计算

机将成为世界象棋冠军①，而实际情况是 1997 年这一目标才得以实现；当时人们曾以为只要一部双向字典和一些语法规则就可很快解决自然语言之间的互译问题，实际上努力了几十年，到现在才刚刚从不可用达到基本可用的水平。

当时的部分人工智能研究者受到已取得的一些成果的鼓舞，对人工智能的未来发展做出期望值过高的预言，低估了人工智能发展的技术挑战和理论难度，而这些预言的失败，对人工智能的声誉造成重大伤害，这是人工智能"三起两落"值得吸取的最大教训。

近年来在人机大战等一系列标志性事件助推下，人工智能也进入炒作高峰期。部分媒体的过度宣传，使得人们对人工智能应用形成过高的预期，有些期望已经超出了当前技术发展阶段。浮躁和着急的社会心态往往不利于技术和产业的可持续发展。

任何一项重大技术的成熟都需要数十年的努力，人工智能产业化总体仍处起步阶段，后路充满艰辛。不管是感知技术、优化技术还是机器翻译，虽然已经到了可用的程度，但是离真正好用还有一定距离，未来还需要长时间的努力，不能把远期愿景当作当前产业化能力。

清华大学沈向洋教授曾表示，人总是低估 10 年内能做出的事情，而高估在一年内能做出的事情。对于人工智能发展，我们不可忽视其长期将带来的颠覆性潜力，但更不可过高期望其短期内能达到的成绩。客观理性地制定能力目标是第一次人工智能寒冬带给人们的重要收获，也是当前人工智能发展应当继续坚持的原则。

启示二：解决实际业务问题是智能技术赢得社会认可的关键

人工智能发展进入第一次寒冬另一个重要原因，是公众看不到其实用价值。进行定理证明、解题等仍是人们自己就能够完成的事情，除了证实用机器可以模拟人类智能之外，人工智能对人的帮助并不大。第二轮人工

---

① 陆汝钤 . 人工智能 [M]. 北京：科学出版社，1995.

智能发展转向知识工程和专家系统，实际上就是将人工智能发展向着面向业务解决问题、辅助人类能力的方向进行了修正。

以解决现实问题和辅助人类生活工作为目标，当前基于深度学习的智能技术在语音交互、图像识别、机器翻译、医疗诊断等领域展现出强大的生命力，各类智能化产品快速迭代。从"刷脸"进站到声控智能家居，从无人超市到检测医学影像疾病，人工智能近年来取得的技术进展很多都落地到应用场景中，历史性地实现了规模化技术落地。

未来将智能技术应用于解决各行各业实际业务问题，服务于实体经济需求，追求现实业务能力提升，通过提质增效务实解决生产生活实际问题，仍将是人工智能汇聚社会各界认同和支持、实现可持续发展的关键。应当通过创造实实在在的经济和社会效能构建长期发展的价值支撑，促进智能产业健康发展。

启示三：人工智能的发展与理论和技术突破密不可分

人工智能作为科技核心前沿和制高点，具有多学科综合、高度复杂的特征。每一次人工智能的兴起，都离不开基础理论和关键算法的重大突破。以知识为核心的符号主义、以交互为核心的行为主义，以及以数据为核心的神经网络连接主义三大学派取得了理论和技术进步，成为人工智能持续发展的核心推动力量。

当前人工智能研究在机器学习的主流模式下推进，基于人工神经网络基础上发展起来的深度学习，受益于并行计算和大数据的赋能而获得突飞猛进的发展。在知识获取方面由规则驱动转向数据驱动，隐性知识获取能力大大增强，智能衍生能力取得实质性突破，实现了人工智能范式从"制造智能"向"习得智能"的历史性跃升。除了基于数据获取知识之外，Alphago Zero 还能够通过自我博弈产生超过人类现有棋谱知识积累的新的创造性知识，实现一定程度的自我学习。

人工智能经历了多年的发展，开启了技术创新的活跃阶段——从不能用、不好用到可以用，但是离很好用还有很长的一段路要走。而技术创新是未来推动人工智能发展的核心要素，未来智能化变革的路径很大程度上取决于技术突破的进程。

9.3 工程化思维加持的产业技术创新

九层之台，起于累土。重大技术变革从来就不会一蹴而就，工业机床持续改进了 200 年，飞机发动机改进了 100 年，芯片改进了 50 年……经历了实验室学术探索进入产业化落地，人工智能发展更加需要工程思维，需要在应用中不断发现问题、提出问题、改进问题，通过数据积累和案例扩充，智能算法的实用性、可靠性不断提升。制造业等实体经济将是人工智能下一步深入渗透融合的主要战场，涉及的问题更为复杂，挑战更为严峻，短时间内油门踩到底也不能解决所有问题，还要秉持敬畏之心，持续耕耘，渐进式发展。

1. 数字化先导工程

人工智能要发挥"威力"首先需要数字化支撑，使业务问题转换为机器可"理解"的形态。自动化和数字化的滞后导致的工业数据缺乏，将会制约智能算法在制造业落地。制造业智能化的前提是数字化，在实现企业物料、工艺、设备、仓储等标准化、数字化的基础上，利用机器学习、模式识别、认知分析等算法模型，通过工业大脑和嵌入设备的前端智能管控工厂生产过程。或者需要对锅炉燃烧过程、飞机机体结构进行数字化建模，在燃烧模型、数字样机等人和机器均可理解的数字化平台上，进一步实现仿真模拟、智能控制、设计优化等智能算法运用。这要求各细分行业首先要迈过数字化这道坎，提高生产设施数字化程度。然而，目前来看，许多行业工厂生产流程的自动化、信息化水平还很低，来自艾瑞咨询的一份报告显示，2018 年中国制造业企业数字化设备联网率仅为 39%。数字化改造成为智能化的先导工程。

2. 深入业务优化算法

智能算法与各类型实际生产业务的对接，也是实体经济智能化之路不可回避的任务。先从固定场地、固定流程、固定标准的制造环节提升人员效率与产品智能化程度做起，在一个垂直领域进行深挖，积累行业数据和领域经验，针对特定业务进行建模优化，一个百分点一个百分点地追求对业务性能的提升。目前工业领域部署了数百万台工业机器人，通过智能化算法，根据工件位置不同优化机械臂运动路径，不仅能够提高工作效率，也能够节约能源，延长机器人使用寿命。通过深入各业务环节探索智能算法落地，将会在广阔的产业土壤创造巨大价值空间，同时培育一大批"智能＋"领域的隐形冠军企业。

3. 产业链渐进式改造

智能技术落地到实体经济场景也不能寄希望于一开始就是全流程智能化的。需要根据人类能力局限，发挥好机器智能在准确性、稳定性及海量数据建模方面的比较优势，设计好整个流程中哪些任务由机器协助完成，哪些任务由人来做，从而推动技术逐步落地。

比如国内某服装企业正在推进个性化服装定制，用户向定制平台提供个性化指标参数和喜好，智能制造系统通过丰富的个性化数据库进行个性化服装设计。但目前阶段要在整个制造流程推行个性化制造技术，成熟度和成本方面都还有一定距离。这样，企业可以在外部个性化定制平台完成用户的按需定制、个性化生产，而在企业内部的个性化制造流程中，在部分成熟环节应用非标定制生产，在其他环节采用人工方式，通过人机协同构建起产业闭环。这样采用分阶段推进的方式，等采用个性化定制平台的用户量继续增长到足以支撑全环节智能化改造时，再向全流程个性化智能制造升级。

应该说，实体经济智能时代正在加速到来，但其方式不会是疾风暴雨式席卷而来，而会是大水漫灌式渐进渗透。工业环境下的技术创新中很多问题都需要一点儿一点儿啃，以工匠精神、渐进方式推进实体经济智能化变革。

9.4　远近结合的梯次化落地

人工智能技术具有鲜明的多层次性特征，其产业化过程也将体现阶段性和多层次性，随着技术难度和场景的数字化就绪程度不同而陆续释放产业红利。随着技术点一个个被突破，各类技术应用场景陆续落地。技术成熟度高、费效比低的智能技术在实现产业化落地方面往往具有优势；而前沿性技术难度大，落地会相对较晚，一旦突破就将开拓巨大的产业空间。

1. 人工智能产业化呈波浪式推进

人工智能技术最早在互联网领域兴起。全球网络化浪潮中积累了来自全球的海量网络数据，为基于互联网的人工智能提供了良好基础。美国的谷歌、脸书、亚马逊，中国的百度、阿里巴巴、腾讯等互联网企业，基于丰富的互联网数据提供智能化的互联网服务，引领了第一波智能化技术产业落地浪潮，优化、预测、个性化等数据智能算法在互联网场景中不断迭代日趋成熟。

随后，一大批数据驱动的感知型技术进入产业化阶段，语言感知、图像感知、环境感知、状态感知等集中成熟并开始进入产业化阶段，科大讯飞、商汤、旷视、海康威视等新兴 AI 企业快速崛起并在交通、安防等领域建立商业模式，成为第二波产业智能化的主力军。尽管感知型技术仍面临诸多产品化、工程化难题，但总体上模型算法方面已经没有太大的挑战。各细分方向上一批独角兽企业快速崛起，成为当前智能产业化最吸引目光的主力军。未来在实体经济更为广阔的行业领域，感知智能技术将随着传感器、物联网的逐步完善持续拓展落地空间。

当前，认知类、自主控制类技术蓄势待发，孕育更大的新产业空间。此类技术难度大，落地会相对较晚，但引发的产业变革将更为深远。智能机器人、自动驾驶、自然语言理解、复杂博弈决策等一旦成熟就将开拓万亿级的新产业空间，也将给各领域带来新一轮产业智能化机遇。

大数据智能、感知智能是当下产业化主流，仍将继续向各行业各领域

拓展应用、深度融合；认知智能、自主智能等将成为下一步智能产业化的重点领域。多层次叠加、梯次化落地将成为未来一段时间内智能产业化的总体格局。

2. 自主、认知智能领域的梯次化落地模式

由于人工智能技术自身多层次性，决定了它在各领域都将存在不同成熟度的技术形态。在智能机器人、自动驾驶、智能医疗等认知类、自主类领域，尽管大范围落地仍需要理论和技术的不断突破，但不同技术路线面临的技术成熟度和场景就绪程度也各不相同，存在大量远近结合的梯次化落地产业化机遇。

（1）**智能机器人**。智能机器人具有感知、处理、决策、执行等功能模块，能够在各种环境下自动完成各项任务。类人形态的仿人智能机器人在任务灵活性方面独具优势，只需低成本的智能算法改造或微小的硬件适配，就能胜任不同类型的任务。未来很多国家面临进入老龄化社会问题，养老需求激增，保姆严重短缺。智能机器人不仅需要通过对话完成对老人的情感陪护，也需要完成大量的清洁、整理、做饭等任务，因此那些具有灵巧手，能够在不同工作平面完成各类非标准性操作任务的非轮式机器人，市场空间巨大。

谷歌旗下的波士顿动力公司研发的阿特拉斯（Atlas）、日本本田公司研制的阿西莫（Asimo）是业界仿人机器人领域颇具影响力的代表性产品。Atlas产品近年来快速进化，已经能够完成双腿立定跳远、跳高和后空翻等高难度动作，手部能完成精细动作，在遇到前面的门时，会找到把手将门打开，走出房间。强大的液压关节可以使Atlas在摔倒时有能力自己爬起来，甚至完成类似跑酷的极限动作。波士顿动力的研发团队也模拟工厂环境，为机器人设计了搬运箱子、码垛等工作任务，以便使人们更加直观地认识智能机器人的应用愿景，这些工作任务Atlas机器人都完成得不错。

尽管Atlas机器人已经可以更好地实现平衡力的控制，高难度的动作更加流畅，能够适应环境的变化并与人进行交互，但这一切目前主要还处于实验室设定场景的演示状态，在搬箱子、出门推门等过程中还需要标记点完成物体识别任务。加之目前液压驱动的动力系统制造成本高昂，所以迟

迟没有公布商用计划。波士顿动力先期将更轻量级的四足机器狗 SpotMini 推向商业化，但 20 万美元左右的价格仍然很难打开市场。

从全球普遍水平来看，其他研发团队的人形机器人产品离实用距离更远。美国国防部高等研究计划署（DARPA）组织的 DRC 机器人挑战赛（DARPA Robotics Challenge）是具有全球影响力的比赛，针对工业、救灾、采矿等不同场景下工作的需要设计比赛项目，比如走向一辆车、打开一扇门、找到并关闭阀门、拉一个操纵杆等。这项世界级赛事聚集了世界各国优秀的智能机器人，目前已经举办了多届。然而从近几年的比赛情况来看，全球大部分团队的人形智能机器人，在沙地走路、开门等对人类来说看似简单的任务上仍显稚嫩和笨拙，很多时候甚至像喝醉酒的人，更不用说让他们去生产环境执行任务了。可见，类人形态的智能机器人在技术成熟度和成本方面，离大规模商用化落地还有相当一段路要走。

从中短期来看，智能机器人技术在很多生产服务领域落地，可能不必全追求类人的形态，如采用更具针对性的硬件设计和专门化的智能算法，往往能够取得更令人满意的效率、成本和稳定性。比如，无论在工厂生产车间，还是快递中转站，都有大量的货物搬运、摆放任务需要耗费大量人力。图 9-1 所示为波士顿动力公司给 Atlas 机器人设计的一个演示场景——在生产线旁搬运和摆放箱子，以期未来在智能生产和智能物流领域应用。

图 9-1　Atlas 人形机器人的生产场景演示

同样针对这一场景，德国不莱梅生产与物流有限公司研究中心研发了可定制的智能输送系统，其每个模块都包含了 3 个万向轮，每个轮子都可以独立编程、独立工作，见图9-2。针对不同的运输需求对各万向轮进行算法编程，使每个轮子成为一个灵活的智能体，并且相互协同，构成可定制化的智能输送系统，从而可以非常高效、便捷地完成各类自动分拣、自动码放等任务，未来应用前景广阔。

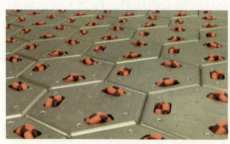

图 9-2　可编程万向轮构成的智能输送系统

再比如，近几年医院各类智能终端的应用，使医院大厅排队问题大大缓解，为患者节省了挂号、缴费排队时间。另外一个明显的智能化进展就是药房业务环节的智能化。原来取药都是工作人员拿到患者的取药单，去药房不同货架上分别找到所需药品，患者等待时间很长，药房工作人员也很疲劳。药房智能化并没有使用一个人形机器人替代工作人员去完成这项任务，而是采用全新改造的智能化取药输送系统。智能货架中摆放每类药品的位置都装有推送装置，在算法系统的统一调度下，药单上所列药品可被同时推出，经过特定传输途径快速送到工作人员手上，工作人员只需要在窗口负责与患者的交互、说明，配药效率大大提升。

可见，相对于类人形态的、通用功能的高级智能机器人，根据特定场景和业务优化的专用智能机器人或智能系统，可实现更低的成本、更高的效率和稳定性，以更快的步伐率先实现商业化落地。

（2）**自动驾驶**。按照汽车系统能够实现的智能化水平，可分为0—5共六级，包括0级——应急辅助、1级——部分驾驶辅助、2级——组合驾驶辅助、3级——有条件自动驾驶、4级——高度自动驾驶、5级——完全自动驾驶[1]。

---

① 工信部 . 《汽车驾驶自动化分级》推荐性国家标准（报批稿）. 2020.3.

采用应急辅助类技术的智能汽车仍以人类驾驶员为主，智能系统可感知环境，并在车道偏离、前碰撞预警、自动紧急制动等情况下提供报警、辅助或短暂介入以辅助驾驶员；具备驾驶辅助类技术的智能汽车，由驾驶员和驾驶自动化系统共同执行动态驾驶任务，并监管驾驶自动化系统的行为和执行适当的响应或操作；具备驾驶自动化水平的智能汽车，驾驶自动化系统可以在设计运行条件甚至任何可行驶条件下代替驾驶者独立执行全部动态驾驶任务，人类驾驶员仅需对驾驶活动进行监控，完全自动驾驶甚至不需要驾驶员参与。在各级自动驾驶系统中涉及的人工智能技术包括计算机视觉、机器人操作系统、路径识别、路径规划以及运动控制等。

在全球自动驾驶领域，主流玩家大致包括传统车企、互联网或 ICT 企业、自动驾驶创业企业等几类不同类型。不同类型的企业结合产业潜力、落地难度等选择了适合自己的技术研发和商用化路线。自动驾驶不同难度级别的技术也将表现出有先有后、梯次化落地的趋势。

传统的车企和主机厂家背靠自身在汽车产业方面的积淀，往往选择以渐进式方式从 L2 级开始推进自动驾驶技术研发。现在各大汽车厂商争相推出配备自动驾驶功能汽车，在已经量产的车型中，许多基本可以达到 L2 级水平，部分具备 L2.5 级或者宣称能够达到 L3 级技术的车型，能够实现特定场景下的不需要人为干预的自动驾驶，但离全功能的 L3 还差很多。这类辅助驾驶技术主要通过红外、超声、雷达等传感技术，推动高级辅助驾驶水平的不断提升，缓解驾驶员疲劳程度，提高汽车行驶的安全性。这是通过渐进方式发展自动驾驶技术的商业化模式，产品销售与技术创新并行推进。

Waymo、百度、Uber 等 ICT 企业拥有雄厚的资金，也具备算法、算力优势，研发自动驾驶大多选择跳过 L2/L3 级，以 L4/L5 级等高等级自动驾驶技术为研发目标。这类高等级自动驾驶技术需要在环境理解、行为预测、行动控制、路径规划等方面通过人工智能算法实现自主决策，而不仅仅是解决被动感知能力的提升，甚至需要能够预测路上车、人、物的行为意图，这些都需要具备更强能力的人工智能技术。

在这一技术路线上，全球首款 L4 级量产自动驾驶巴士"阿波龙"在厦门生产车间下线；Waymo 对自动驾驶车辆进行了恶劣天气条件下的测试，在密歇根州进行了冰雪路面测试，还在佛罗里达州进行了大雨天气下的测试。

这条路线不仅需要自动驾驶算法的升级，也需要激光雷达等车规级硬件的量产能力和成本下降，甚至需要依赖路侧基础设施以及 5G 等高速移动通信技术的赋能。在云边端架构下，自动驾驶前端芯片的算力、能耗、性能，对于保障自动驾驶算法的稳定高效运行也至关重要。目前技术成熟度和稳定性还达不到安全要求，离全面商业化还有一段距离。Waymo、Cruise、Uber、百度等 L4 级技术研发团队仍在持续攻关。

与此同时，全球也有一大批自动驾驶领域创业公司，正在针对码头货运、仓储物流、园区环卫等特定场景，以业务落地为逻辑起点，通过整合现有算法、增加辅助信标、融入行业知识等方式，改造现有业务方式提升业务能力，打造最小商业闭环，从而探索形成了另一渐进式技术落地路线。如图森未来（TuSimple）的无人驾驶卡车货运在国外已经开展"仓到仓"无人化商业货运，在国内港口开展集装箱卡车无人驾驶运输试点。

自动驾驶领域三种技术路线体现出多层次叠加、并行发展的特征，未来也将梯次化打开不同规模的产业市场。

（3）智能医疗。智能医疗领域同样存在多层次的人工智能技术。当前智能医疗产业化主要集中在辅助诊疗、医疗影像、药物研发和健康管理等智能化辅助诊断和辅助管理方面，尽管技术上还未完全成熟，但已经开始在国内外各医院落地。

而认知型智能诊断技术是智能医疗领域多层次技术体系中高投入、长周期的技术，在智能医疗梯次化落地中也会相对较晚。IBM 旗下的 Watson 以认知智能为目标，致力于使机器实现高度智能化的自主诊断能力。凭借强大的技术储备和资金实力，Watson 近年来积极推进技术落地，然而由于该技术路线对认知类人工智能技术高度依赖，目前看大规模商业化落地还有一段路要走。

这类高目标的技术路线，经历长期的高投入，有可能在未来获得超高的经济回报，并能构筑起技术壁垒，形成产业垄断。而选择中短期较为成熟的感知型技术、通过医生辅助式场景设计，实现技术高效的产品化、工程化，则是智能医疗领域优先落地、渐进迭代的技术路径。

因此，智能技术产业化并不存在包打天下的落地模式，而应基于多层次的技术成熟度和梯次化的技术产业化路线，根据自身研发基础、资金储备、商业模式等因素，制定适合本企业的技术战略和发展路径。

9.5　直面全球经济资本新环境

全球人工智能发展已经从学术界驱动进入学术界和产业界共同驱动的新阶段，企业成为推动智能化技术创新的关键力量。然而，新兴技术产业化初期落地难度大、商业模式不成熟，项目运营和拓展成本很高，小公司坚持不住就会走向倒闭。充足的资本是新技术进步的助推剂，有利于帮助新技术初创企业挺过艰难时期，加速其发展。

近年来人工智能展示出的广阔前景和巨大商机吸引了规模庞大的创投资本涌入，人工智能投融资进入历史最活跃时期。也有公司借人工智能概念的资本热度圈钱，将技术尚不成熟的技术产品拔苗助长式往市场上推。《纽约时报》曾批评当前的人工智能市场炒作问题，这类商业项目主要是迎合部分用户对于人工智能的好奇心，不能真正创造价值，很难持续。

也有些公司稍有些跑模型能力后，就对外宣称自己是人工智能公司，或者没有取得实质性智能算法突破，用人工智能概念来装传统 IT 技术，借此获取资本市场融资。依靠概念炒作吸引热钱投资，牟短期利益而忽视项目本身技术价值支撑的投机模式，是产业资本泡沫的典型表现。

很多项目靠画大饼推高估值，追求短期融资但没有实质性技术创新，近年来开始陷入盈利困境。早期融资时过于乐观或夸大预期，拿到融资后技术难以在场景落地，商业模式迟迟不能形成，导致难以维持估值甚至因资金链断裂而关门的例子也时有发生。

风险投资机构必然要有其盈利目标，如果被投项目仅热衷于借概念炒作，盲目夸大却无法兑现，长期下去不仅用户会失去信心，资本界投资热度也会降低，对整个产业发展造成打击。或许三四年前只要提人工智能、神经网络就有人投钱，但现在资本已经进入更理性发展阶段，过硬的核心技术和好的产品才是关键。从野蛮生长回归商业本质，套利者的时代过去后，机会留给真正的创新者。

更重要的是，尚处起步期的智能化产业很有可能需要面对全球性经济下滑和投资收缩的严峻考验，对此尤其需要引起警惕。

近年来部分国家贸易保护主义抬头，贸易摩擦加剧，全球化进程受到严重冲击，这也严重影响了投资者信心。自2019年以来全球资本市场中止了近十年来的上升趋势，开始掉头向下，投融资金额比2018年下降了8.4%；而2019年国内投融资交易数量同比降幅超过50%，交易金额同比降幅超过35%，下降幅度更为明显，见图9-3。

图 9-3 全球投融资历年规模

数据来源：全球投融资资金额数据来自Global VC investment；中国投融资资金额数据来自鲸准研究院

资本信心不足在人工智能投融资领域也表现得非常明显。从图9-4可见，全球人工智能领域投资额2019年为292.4亿美元，中止了高速增长的走势，比上年下降15.6%。

尤其是自2019年下半年以来，新冠肺炎疫情在全球蔓延，严重程度已经远超2003年的SARS疫情以及2014年的埃博拉疫情，成为自1918年西班牙流感以来全球最严重的公共卫生事件，对全球经济运行造成巨大冲击。

全球经济本来已经增长乏力，新冠疫情带来的冲击更是雪上加霜。国际货币基金组织在 2020 年 4 月的《世界经济展望》中预测，2020 年全球经济增长率下降到 -3%，2021 年可能大幅回升，也有可能导致 20 世纪 30 年代"大萧条"以来最严重的经济衰退。

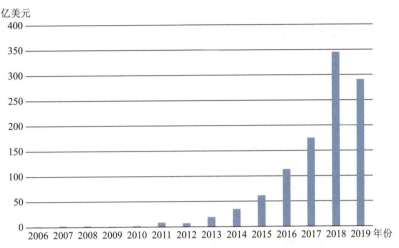

图 9-4　全球人工智能领域投融资历年规模

数据来源：乌镇智库

2000 年左右的互联网产业化寒冬已经过去 20 年，人们仍记忆犹新，初次踏上产业化进程的人工智能的寒冬是否会来临？当前互联网经济出现增速放缓迹象，全球数字经济增长仿佛再次看到天花板，被寄予厚望的智能经济能否顺利接棒？

尽管全球经济将经历短期冲击还是旷日持久的衰退，现在还很难下定论，但面对山雨欲来的全球性经济下滑和金融环境的不确定性，尚处起步期的智能产业化需做好在弱资本环境下发展的充分准备。不论一级市场融资还是转向二级市场上市，都需要实实在在的技术落地和市场收益支撑估值，仅靠概念炒作和投机式融资必然不可持续，要想在未来不确定的经济和资本环境中生存壮大，还须自挤泡沫，务实发展。

当前迎来的智能化浪潮来之不易，凝聚了全球人工智能领域几代人的艰辛努力。尽管由于智能化技术群的多层次性和宽广的技术体系纵深，像互联网产业化初期一样陷入一次整体性行业萧条的可能性不大，但也不能寄希望于资本市场保持数十年的活跃，逆境下的发展能力对于未来智能产业同样重要，尤其要警惕一些可能危害行业健康持续发展的浮躁、炒作、投机等危险因素，避免人工智能发展的"三起三落"，延缓人工智能技术创新速度和智能化变革历史进程。

9.6　坚持技术创新攻坚克难

技术创新是推动人工智能发展的核心要素。在未来十几年，甚至二十几年的智能化变革过程中，有大批技术难题要攻克，还有很多"硬骨头"要啃。科技部部长王志刚指出，当前人工智能仍是一个新兴领域，正处于从实验室走向产业化的起步阶段，还面临一系列挑战，还有很多基础性的科技难题没有突破①。要充分估计人工智能各项技术突破的难度，坚持技术创新攻坚克难。

1. 企业技术创新能力决定生存能力

未来智能化变革之路就像是一场 3000 米障碍赛，人工智能企业要在这条赛道上跑到最后，就要加强技术创新能力，多关注一些基础性、瓶颈性及共性技术问题，才能在现有产业红利消化完后仍保持长期可持续发展的能力。

2000 年左右的互联网经历第一次寒冬，大批互联网企业倒闭，但是目前比较大的电商企业都是那个时候开始茁壮成长的。2001 年马云在杭州的第二届西湖论剑上说，感谢互联网的低潮给了我们时间，这三年的低迷给了我们最好的去组建阵法的时间，让我们去做本来应该去做，但是绝对没有做好的事情。

人工智能的技术创新属性要大大强于模式创新属性，对企业的核心技术能力要求非常高。面对未来不确定的经济和资本环境，更加需要长期的坚持和扎根耕耘，不断锤炼打磨提升技术可靠性、实用性，持续积累差异化竞争优势。

---

① 《人工智能读本》编写组．人工智能读本 [M]．北京：人民出版社，2019.

2. 学术人才队伍稳定保障持续性创新

随着人工智能产业的蓬勃发展，AI科技公司正在以惊人的速度招揽人工智能专家，高校人工智能人才向产业界的流失，可能会带来学术界创新人才不足的问题。由于企业在资金、研究环境、产业化等方面的优势，不少高校的人工智能专家已经被谷歌、Facebook、BAT这样的公司挖走，Uber曾一次性挖走了卡耐基梅隆大学国家机器人研究所140名研究人员中的40名。高校人才的流失也引发了学术界的担忧，如果校内人才持续被产业界所吸引，这对高校学术创新来说是个不小的挑战。人工智能领域如果以牺牲基础研究和学术探索为代价去推动商业发展，对于整个智能化变革来说相当于捡了芝麻丢了西瓜，有可能进入恶性循环，后期发展乏力。

3. 高质量AI人才是技术创新源头

人工智能技术创新的关键是人才，但目前产业界能够开展高水平技术创新的人才稀缺。深度学习开源框架和丰富的开源代码使算法开发门槛降低，虽然通过短期培训也能快速补充一部分人才给产业界应急，但企业更需要能够进行突破式创新的人才，推动技术创新和产品创新。具备一定的知识基础才能够更好地进行开拓式创新，对数学、算法模型、编程技能要求都比较高，高质量的人工智能人才往往需要系统性、多学科的综合培养。

人工智能专业人才培养不能单纯追热点。深度学习方法论和模型训练技能固然重要，但在利用智能化技术破解行业棘手问题的技术创新中，各类复杂问题求解的优化方法、启发式算法、知识表示推理方法、博弈决策方法等人工智能知识，往往发挥更为重要的作用。这是当前产业界推进人工智能与实体经济深度融合所缺乏的，也是教育界迫切需要解决的问题。人才创新能力的薄弱也会导致产品创新水平不高，技术上生搬硬套，低质量创新带来的功能和效果往往不能尽如人意，与消费者的期望形成落差。

人工智能人才培养的稳定性尤为重要。不论理论研究还是人才培养都需要10年左右的超前性和前置性，没有各个大学过去几十年在智能科学领域持续的理论探索和人才培养，也就不会有近年来全球人工智能产业化发展热潮。未来几十年的攻坚克难过程可能还会遭遇挫折，要避免久攻不下时公众热情和产业热度波动影响大学学术研究的稳定性和研发支持，大学对人工智能人才培养的战略定力是关乎未来的关键要素。

4. 产学研合作决定技术创新速度

当前人工智能理论到技术转换快、创新周期短的特征越来越明显，产学研协同创新尤为重要。

长期以来，人工智能学术研究仍以高校为主，与企业的结合程度较弱。高校和科研机构的科研成果与企业的实际需求结合不够紧密，企业在科研项目中的参与度较低。进入当前学术界和产业界共同驱动的技术创新活跃期之后，产学研脱节问题将严重制约技术创新速度。另外，目前出现的如算力门槛、数据共享等问题可能对人工智能产学研协同创新带来不利影响。应加强研发链的衔接，促进开源开放，加快建设人工智能开放创新平台，重点强化其在促进产学研协同创新方面的作用。推动人工智能算力、数据等资源向学术界开放共享；加速学术界创新成果的产业化应用。学术界到产业界人才的顺畅流动，也有助于补充产业界人才缺失，防止基础理论研究和学术人才供应断档。

此外，人工智能的发展还处于早期阶段，尚有大量理论和技术难题需要攻克，没有哪个国家掌握突破人工智能限制的所有要素。下一步，人工智能自身发展能否再次取得突破和进展，还需要各国通力协作，协同攻关。应坚定推进人工智能开放创新和国际合作，坚持包容开放、资源共享、优势互补，共同推动人工智能创新。

总体上看，智能化变革已是全球经济社会发展大势所趋，推动人工智能与实体经济深度融合既是壮大经济新动能的重要举措，也是推动现代化经济体系建设、实现高质量发展的重要支撑。同时，人工智能产业化总体上看仍处在起步阶段，虽然有一些技术已经到了产业化阶段，但很多问题还需要进一步的理论和技术突破。需要避免过高预期和借概念投机，坚持以务实的态度加快技术创新攻坚克难。

第十章

突破：技术演进特征与未来趋势

当前正处全球人工智能创新活跃期，理论创新和技术突破层出不穷，深度学习模型和方法持续演化，技术路线交叉衍生。回头看几年前的技术，就知道我们很难想象 5 年、10 年之后智能技术体系将会是什么样子。本章也无法描述当前智能技术的各个创新方向，仅从当前全球人工智能新理论、新范式几个方向上的创新迹象，观察底层计算、认知模型到智能算法等各个层面上的创新机遇。人工智能的未来技术演进呈现多路径齐头并进的发展态势，这些方向上的协同推进和渐次突破，将为人工智能未来发展不断注入新的活力。

10.1 场景需求拉动技术创新

与实验室探索阶段以能力证明和发展愿景为导向的研发模式不同，人工智能发展进入初步产业化新阶段之后，以实际场景为驱动、以业务数据为基础、以用户需求为导向倒逼技术创新，正在成为人工智能技术研发的新模式。

当前阶段的智能技术还未全面成熟，技术落地过程也并非简单的现成技术的领域化应用，而需要借助场景积累经验、发现问题、完善技术。早期场景落地过程本身就是研发过程，沿这一路径加速现有智能技术的产业化落地、提升工程化性能。

1. 针对特定应用场景的算法优化

深度学习技术与各种特定场景结合，发现问题、优化算法将是未来几年的重点。随着人工智能产业化应用从娱乐、消费等领域开始向制造、能源、交通等更大范围的实体经济进军，技术落地难度和面临的问题将大大增加。尽管规模红利在深度学习领域仍在延续，更深度的模型和更大的数据集，往往能带来性能的提升，但深度学习越来越高的模型复杂度和参数量限制了其在很多场景和设备上的工程化部署。比如要将大算力主机上的算法移植到手环上运行，需要借助模型压缩、优化加速等解决设备前端或边缘端的计算能力瓶颈。

即使是语音识别、图像识别等相对成熟的感知技术，在真实的工业环境下，受光线变化、物体遮挡、噪声干扰等各种因素影响，算法准确率也会大大降低，这些都是在标准测试集上遇不到的新问题。每一类新的场景都将提出新的技术需求，面临前所未有的新挑战，需要不断解决这些实验室遇不到的问题。针对场景的模型设计和算法优化，将是未来几年深度学习产业化的重要路径。

2. 以实际业务数据校正模型

在智能技术场景落地的初期阶段，工业环境真实数据和案例的持续积累，将有力推动技术迭代，加速技术成熟。比如，智能技术在工业领域产品检测、分拣、装配等环节落地，早期并无公开数据积淀，需要进行数据采集，投入资金进行人工标注，并不容易获得。但同时这些工业数据的创造和持续积累，恰恰也是企业在细分领域深挖技术工艺、构建行业壁垒的关键之一。中国市场庞大场景丰富，在人工智能国家战略的推动下，在公共服务等领域开辟出了大量早期应用场景和试水空间，使智能技术能够在实际工业化环境中被检验和完善，并积累宝贵的行业数据，通过行业数据加速模型算法的优化和完善，形成新技术发展的正循环。

3. 借助智能化技术群协同破解性能瓶颈

近年来人工智能发展带来的突破性进展，并不能全部归功于人工智能算法自身，而是源于芯片、互联网、大数据、物联网、新型计算架构等智能化技术群的共同进步。当前新一代信息技术呈现多源爆发、交叉融合式发展，未来将相互促进、相互赋能。各类智能芯片技术的快速发展，推动云、边、端算力和运行效能持续提升；5G、传感器、物联网、虚拟现实等智能化技术群共同推动数据条件和传输能力突破，时延、稳定性等现有产业化瓶颈问题有望得到破解，进一步推动智能技术在工业控制、L4级以上的自动驾驶、医疗辅助诊断、军工装备等一批更宽广场景的落地，为智能化提供源源不断的发展动能。尽管人工智能未来的理论突破方向还存在不确定性，算法创新路上还面临诸多困难，但不会改变人类迈入智能化社会的发展大方向。即使人工智能自身创新受阻，智能技术群也会驱动全球智能化向前演进。迈入智能化变革大周期之后，历史上的两次人工智能发展大停滞现象已很难再次出现。

10.2 正视深度学习的"不能"

以深度学习为代表的机器学习技术使人工智能在很多领域跨越了"不

能实用"到"可以实用"的技术拐点，近年在学术界、产业界都爆发出耀眼的光芒。然而，深度学习作为机器学习领域的一种数据驱动技术范式，离"包治百病"的通用智能范式还有很远的距离，其自身在理论、方法等方面仍存在很多不足，也制约了产业化深入和应用领域拓展，比如模型的鲁棒性、可解释性不足，训练效果无法预知等问题，比如出现问题难以回溯，过于依赖高质量大数据训练集，以及计算资源消耗严重等问题。此外，在感知智能向认知智能进一步发展过程中，由于缺乏概念表示能力，对文本、语言、图像的内容语义理解还非常困难，也不能跨领域解决问题，常识学习、主动学习等技术难点尚未攻克。突破深度学习自身的理论方法和建模能力，将大幅度拓展深度学习落地应用范围。

1. 缺乏概念表示和因果推理能力

深度学习是在人工神经网络基础上发展起来的，本质上还是一个高维度的、能够处理海量样本规律抽取的非线性拟合模型，其能力并没有超出分类、识别、预测的范围，概念表示、因果推理等能力薄弱。

基于大数据的深度学习，仍是基于封闭数据集的、在数据层面的智能抽取和建模。这种纯历史数据驱动的模式，在遇到问题处理问题时缺乏类似人的常识类知识的高效参与。比如，自动驾驶车在训练过程中如果错误地将路边的草地识别为导航特征，在路边没有草地时就会出现问题。所以尽管很多自动驾驶团队的上路训练路程已经远超一个人一生驾车走过的距离，但仍不能达到人的水平。

蒙特利尔大学终身教授约书亚·本吉奥（Yoshua Bengio）认为："如果你对于这个每天都在接触的世界有一个好的因果模型，你甚至可以对不熟悉的情况进行抽象。这很关键，目前的机器不能，因为机器没有这些因果模型。我们可以手工制作这些模型，但这远远不足。我们需要能发现因果模型的机器。"

清华大学张钹院士认为，概率统计方法带来的困难，是它只能找出重复出现的特征，发现数据间统计的关联性，却不能发现本质特征，找到因果关系。训练好的模型如果缺乏明确的逻辑关系表示，出现问题的时候也很难去回溯发现问题的根源。然而，对于开放系统建模，常识处理与因果推理，内容高阶认知理解，依靠目前的深度学习方式仍难以突破。未来需要推动人工智能从数据智能向机制智能发展，需要构建语义空间，能够处理语义推理，再遇到未见过的案例才能推演分析，做出正确的决策。

2. 对标注样本和强计算依赖

深度学习模型训练往往需要大量经过标注的样本，对高质量大数据资源高度依赖。尽管 AlphaGo Zero 已经能够通过自我博弈创造新的棋谱数据，但 AlphaGo Zero 的自学习能力仍还是变通的"自学习"。因为围棋自身是有确定规则的，即人类预先知道的元知识，使得 AlphaGo 可以结合强化学习通过确定的奖励反馈进行自我博弈。对于没有确定规则的场景则很难具备这样的条件，系统无法找到学习的方向，目前的机器智能还很难在缺乏明确规则的场景中进行自我学习。

深度学习仍是一种数据驱动的方法，无法在元知识上进行学习、推理，这样就需要先通过自我博弈，实现元知识到大数据的转换，然后才能基于这些棋谱大数据进行模型训练。所以 AlphaGo Zero 的自我学习更准确地说应该是自动生成海量标注数据。未来机器学习对于知识表示和知识学习能力的突破，有可能就不再需要这一转换，而是直接使用围棋规则等元知识。

深度学习严重依赖大数据训练，使得在一些提供大量数据比较困难的场合很难实际应用。对大数据的依赖也造成了深度学习对计算资源的严重消耗，使其成为吞噬算力的巨兽。相对人脑总共 40 瓦左右的能量消耗，现在一个具有 2 亿参数的 Transformer 网络训练过程要消耗电力 60 多万千瓦时。今后需要以研究低算力需求的人工智能模型框架和算法为目标，加强软硬件协同设计，推动迁移学习、分布式机器学习等降低算力需求的人工智能算法研究。未来，从大数据到小数据、从大模型到小模型仍将是深度学习有待开发的创新空间。

3. 稳定性、鲁棒性不足

深度学习的算法本身仍有局限性，多层神经网络模型具有极强的非线性表示能力，但在解空间中存在大量局部极值。采用梯度下降方式进行训练可以确保找到一个局部解，但无法确保找到全局最优解，甚至由于初始点的差异，模型多次重复训练找到的局部解可能是不相同的。像舍弃法、批量归一法等训练优化策略和技巧，也是针对不同数据和问题效果不同，还没有形成普适的方法论，模型设计和训练仍很大程度上依赖个人经验。由于模型训练效果无法预知，可重复性难以保证，现有的理论基础和模型难以支撑很多领域的工业级性能要求。

同时，近年来国际上对深度学习的方法创新也非常活跃，每年都会看到令人惊艳的进展，推动深度学习理论方法持续进化。

自动机器学习（AultoML）是近年来受到高度关注的学术热点之一。深度学习模型设计目前仍缺乏有效的理论方法指导，往往通过经验和试错进行网络设计优化，如网络结构如何设计、参数如何选择、损失函数如何确立等，在巨大的搜索空间找到最优方案是一类典型的复杂优化问题，启发式搜索、增强学习、贪婪算法、进化算法等都有发挥作用的巨大空间。AutoML 实际上是沿当前试错法网络设计路上的继续前进，是借助其他智能化算法设计自动化训练策略，实现网络子结构搜索、自动超参优化，提升深度学习性能的一类融合创新方法。

2018 年谷歌推出了 AutoML Natural Language 和 AutoML Translation 等产品，试图使深度学习的模型设计能够自动化。国内商汤科技、旷视科技等人工智能企业对 AutoML 技术也非常关注，在神经网络结构优化、损失函数搜索等方面方法创新活跃。在工程方面，AutoML 大大减少了研发人员对专业知识的依赖，简化机器学习模型生成过程，把深度学习工具向非人工智能领域的专家和工程师推广。ATMSeer 等 AutoML 工具也在通过可视化形式，使模型设计的黑箱过程更加透明化。

图神经网络（Graph Neural Network，GNN）借鉴了卷积网络、循环网络和深度自动编码的思想，是用于处理图数据的神经网络类型，近年来受到广泛关注。在现实生活中，许多数据都是不规则的空间结构，通过图表示方法将图拓扑结构转换到低维向量，将机器学习能够处理的数据结构类型从像素类数据结构、时间序列数据结构进一步拓展到信息表达能力更强的图数据结构。DeepMind 联合谷歌大脑等机构提出的图网络方法，通过图卷积神经网络实现了对实体关系的建模学习，不仅能实现图结构分类，还能借助机器学习的预测能力实现对不同实体之间关系的预测，从而将数据驱动的端到端黑箱式学习与基于符号的符号推理相结合，充分发掘两种技术路线各自优势，推动解决深度学习无法进行关系推理的问题。

对抗机器学习研究者正从提升机器学习安全性角度进行探索。由于一些经过精心设计的异常样本会使机器学习模型决策失败，自 2014 年发展起来的生成式对抗网络（Generative Adversarial Networks，GAN）由判别器和生成器两个网络构成相互竞争的学习框架，通过生成对抗样本不断对垒训练，改进模型的抗欺骗攻击和抗干扰能力[①]。

随着工业界越来越重视速度与准确率的均衡，模型压缩和降低算力需求也越来越成为人工智能模型和算法研究中值得关注的问题。通过对神经网络模型进行权值剪枝可以消除深度神经网络中的冗余，压缩模型的参数量，深度降低模型空间复杂度，同时能够保证精度无损。通过将浮点计算转成低比特定点计算进行神经网络模型量化，可以有效降低模型计算强度、参数大小和内存消耗。在对模型预测精度无明显影响的前提下，轻量化模型使模型计算负载和推理时间大幅度降低，显著提高模型在各类前端设备上的运算效率。

在早期的 AlexNet、VGGnet 等深度网络基础上，Inception、Resnet 等通过网络拓扑结构优化、训练方法创新等实现模型轻量化和计算效率的大幅提升，再到目前能移植到移动端的 Mobilenet、ShuffleNet，模型的轻量化、高效化在不断进步，推动深度学习向各行业各领域持续渗透，一批新的落地场景便随之进一步拓展。

深度学习方法也在不同领域结合其自身特点向前演化发展。在自然语言处理领域，原来基于循环神经网络（如 LSTM）的语言处理模型对文本浅层特征的抽取能力很强，但在长距离建模方面能力受限，且对语序不敏感。

① Ian J. Goodfellow, Jean Pouget-Abadie, MehidiMirza, Bing Xu, David Warde-Farley, Sheriji Ozair, Aaron Courville, Yoshua Bengio. Generative Adversarial Networks. (2014), http://arxiv. org/abs/1406.2661.

2014 年以来，注意力（Attention）机制为学习模型提供了一种"回顾"较早信息的方法，使得语言处理模型具备了解析长距离依赖关系和句子级建模的能力[①]。

2018 年以来，以 ELMo[②]、BERT[③]、GPT[④] 模型为代表的一批预训练模型快速兴起，掀起了 NLP 研究的一个又一个新高潮。通过在数十亿的大型无标注语料库上进行预训练，可以抽取通用的语言表征和一般的语言知识，将这些通用语言知识嵌入模型内，可用于下游问答系统、机器翻译等具体的 NLP 任务训练，可以避免大量从零开始训练新模型，也实现了模型性能的大幅度提升，强化语言模型的语境建模能力、知识迁移能力，推动自然语言处理领域实现长足进步，成为人工智能近年来最为活跃也最令人瞩目的技术方向之一，人们也第一次能够有办法在自然语言处理这一特定智能任务内部，实现一定程度上的跨场景通用能力，向着"小通用"类人工智能迈进了一步。

10.3　走向数据驱动加知识驱动

尽管深度学习是当前最为活跃的主流智能计算技术，但它只是人工智能众多方法中的一个。目前深度学习存在缺乏概念表示和因果推理能力、严重依赖大数据、透明性可解释性不足等问题，解决这些问题可能有不同的路线，目前还没有公认的研究框架，多数专家认为，"数据驱动 + 知识驱动"是未来人工智能理论方法探索的可行方向。

---

①　Ilya Sutskever, Oriol Vinyals, Quoc V. Le. Sequence to Sequence Learning with Neural Network. htttp://arxiv.org/abs/149.3215. 2014.

②　M. E. Peters, M. Neumann, M. Iyyer, M. Gardner, C. Clark, K. Lee, and L. Zettlemoyer, "Deep contextualized word representations". In North American Association for Computational Linguistics (NAACL), 2018.

③　J. Devlin, M. Chang, K. Lee, and K. Toutanova. "BERT: Pre-training of deep bidirectional transformers for language understanding". In North American Association for Computational Linguistics (NAACL), 2019.

④　Alec Radford, Karthik Narasimhan, Tim Salimans, and Ilya Sutskever. Improving Language Understanding by Generative Pre-Training，2018.

深度学习与不同方法的集成创新已经成为开拓深度学习能力空间的重要途径。见图 10-1，AlphaGo 巧妙结合了各种现有技术，将启发式搜索、强化学习等符号主义、行为主义学派的方法，与基于大数据的深度学习方法进行融合创新，解决了围棋这一具有一定认知挑战性的问题，取得了非常好的效果。

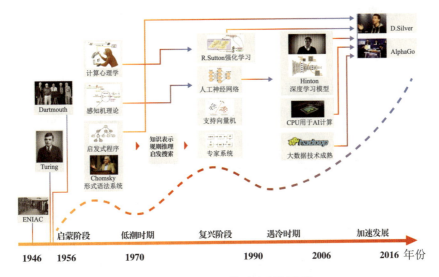

图 10-1 AlphaGo 的融合创新路线

历经多年努力人工智能领域已经发展和积累了不同的理论方法，包括知识推理、深度学习、启发式搜索、逻辑运算等。不同技术路线各有优势，符号主义擅长利用人类现有知识求解已知问题，在智能涌现能力方面薄弱，但却是透明性、可解释性最好的方法；连接主义能够深度挖掘和抽取大数据中的隐性知识，实现容量庞大的映射建模和历史经验学习能力；行为主义强于从交互试探中衍生智能，知识增长自学习能力和对新问题的自适应性很强。人工智能发展的早期阶段人们重知识规则重逻辑推理，后来重大数据的习得方法，现在来看，单靠任何一方，都很难很好地解决智能问题。杨立昆（Yann LeCun）、约书亚·本吉奥（Yoshua Bengio）和杰弗里·辛顿（Geoffrey Hinton）这三位深度学习领域的大牛，都曾表示单靠深度学习这条路，很难最终通向通用人工智能。

在逻辑推理的很多方面，20 世纪五六十年代达到的水平已经接近我们现在能够做到的最高水平。有些方法可能在当时的阶段，由于支撑技术群尚不成熟，发挥不出很明显的价值，但在新的计算体系和算力环境下很可能重新焕发生机，并与深度学习融合创新，解决现实世界各类难题。尤其是当人工智能进入实体经济领域解决工业智能化问题时，深度学习需要密切结合业务问题，并与知识图谱、符号逻辑、启发式逻辑编程、动态规划求解、博弈推理算法等深度结合，才有可能带来实质性的生产效能提升。

多年来三大学派起起伏伏、各领风骚，未来仍不排除出现主流技术路线更迭的可能。

比如善于反馈优化、自适应学习与进化计算的行为主义方法一直没有成为主流，但未来自主智能、群体智能等大量新的智能形态的发展都需要行为主义理论和方法的支撑。随着计算力和知识表示等相关智能支撑要素越来越强大，行为主义理论创新可能为自动驾驶、无人集群等技术走向成熟贡献关键性力量。

现在很多专家都在强调新一代人工智能跟传统的经典人工智能方法的融合，这是需要高度重视的一个方向。清华大学人工智能研究院院长张钹院士提出，在人工智能发展早期，通过将人类智能进行规则化并嵌入机器而使机器拥有智能；深度学习时期以大数据驱动模式衍生智能；第三代人工智能的主流技术路线有可能是两者的结合，即"大数据驱动 + 知识驱动"，实现智能形成和知识沉淀[1]，并提出了第三代人工智能的四要素：知识、数据、算法、算力[2]。尼克在《人工智能简史》一书中呼吁，符号派和神经派不应该互相掐架，而应该相互倾听互相学习，在计算理论基础上，相向而行，解决智能难题[3]。

强化数据驱动和知识机理驱动相融合的发展新模式将为人工智能的进一步突破开辟广阔空间。比如，在自然语言理解领域，早期机器翻译与语言学专家合作，采用基于语言学知识分析词法树、语法树，这种人为设定

① 李钊. 常识往往不在数据里——张钹院士谈第三代人工智能发展趋势 [N/OL]. 科技日报，2020-01-18. http://www.stdaily.com/index/kejixinwen/2020-01-18/content_855326.shtml.

② 张钹，朱军，苏航. 迈向第三代人工智能. 中国科学：信息科学，2020（9）：1281-1302.

③ 尼克. 人工智能简史 [M]. 北京：人民邮电出版社，2017.

规则的机器翻译方法尽管效果达不到很高水平，但走的是"懂其所以然"的技术路线。目前主流机器翻译开始转到基于大数据的统计机器翻译路线上，不再采用基于人的先验知识进行语言翻译的模式。

统计机器翻译（SMT）从 20 世纪 90 年代初兴起，通过对大量的平行语料进行统计分析，构建统计翻译模型，进而使用此模型进行翻译，从规则型方法开始转向事例型、经验型方法。自 2015 年起，百度、谷歌先后推出了神经网路机器翻译系统（NMT），统计机器翻译路线日益成为行业主流。但这类机器翻译技术仅仅把语言材料当成数据符号，利用大量中英对照文本，挖掘和建模大数据中的关联关系，通过映射和转换进行文本翻译，这与人脑进行翻译的方式可能完全不同，机器不懂其所以然，并不能真正理解句子的含义。

随着 BERT、GPT-3 等复杂模型建模能力提升，基于无监督学习的统计翻译模型建模单元从词向短语甚至句子拓展，取得了令人惊叹的自然语言处理能力，但仍难以对所描述的问题语义进行建模，在很多应用场景下性能仍面临瓶颈。基于语料的知识抽取、谓词逻辑表达和推理、知识库方法与深度学习方法相融合，可能是自然语言理解技术未来需要突破的重要方向之一。

1. 融入人类知识

人类先验知识对于机器学习建模能够发挥重要作用。在基于大数据驱动的智能系统基础上，融入人的经验记忆、知识表示方法，能够大大降低问题规模，简化模型难度，降低求解计算量。在之前浅层神经网络阶段，人工筛选和构造特征的过程尽管耗费精力，但实际上也是在对原始数据的行业背景深入理解基础上，融入人们先验知识的过程。尽管深度学习减少了这一环节，但仍需要通过其他途径实现人类知识的嵌入。2017 年 AAAI 发表的一篇论文就是把物理领域人们已经证实的物理学规律，嵌入和融合到神经网络学习过程中，通过一种弱标签的介入学习，实现了知识与数据的共同驱动，获得会议最佳论文奖。

2. 结合机理性模型

深度学习模型自身是一个统计学模型，要想突破现有能力局限，需要与机理性模型相结合，增强智能算法的实体概念表示能力和关系推理能力，以拓展深度学习的适用范围。知识表示学习技术与深度学习的统计建模相结合，为将知识融入深度学习框架提供了可行方案，不仅能增强和拓展机器学习的知识表示和推理能力，也将大大改善智能算法的透明性、可解释性[①]。机器学习擅长处理模糊和不确定性问题，能够快速求解大规模问题，但不能确定找到全局最优解。对于严格要求形成全局最优解或可解释性结果的场景，还需要与具备确定性机理的方法相结合。比如，机器学习算法与图论的路径优化算法、运筹学的动态规划方法等传统方法相结合，未来将在城市电网、物流网络等 NP 难问题建模和求解中开拓广阔的应用空间。

3. 生成机器知识

深度学习技术的快速发展，使得从无结构文本中自动抽取结构化知识的能力不断提升，基于现有知识库或大规模语料库的非结构化数据，通过统计推断的方式，可以生成常识性知识库，成为知识图谱等结构性知识积累的重要途径。通过训练预训练模型可以提前抽取生成通用性较强的机器知识，在后续各类特定任务模型训练中，作为基础性先验知识进行共享、复用。针对特定任务训练时只需要增加新任务相关的小数据进行再优化，对于摆脱目前机器在阅读理解等任务中面临的大数据依赖问题提供了可探索的模式。

人工智能通向强人工智能之路仍处于密林探索之中，还须坚持开放的科学精神，鼓励自由探索。重视人工智能研究中的方法融合创新，推动符号主义、行为主义与连接主义融合创新，加强大数据驱动与知识驱动相结合，将为认知智能的进一步突破开创更多可能。

未来，人工智能终将从数据时代进入因果时代。

---

① 刘知远，韩旭，孙茂松．知识图谱与深度学习 [M]．北京：清华大学出版社，2020．

10.4 夯实智能科学的数学之基

人工智能具有多学科综合的天然属性，数学、物理学、逻辑学、神经科学、社会科学等，都是与人工智能学术研究紧密联动的学科，这些学科的新成果会给人工智能发展提供重要的理论支撑。从底层的计算理论到技术路线层各个学派发展，再到方法模型层各类算法和应用技术，不同学科的理论支撑和方法启发都在发挥着重要作用。

数学是与人工智能关系最紧密的基础学科，人工智能领域不同技术方向的进一步发展，都需要微积分、线性代数、概率统计等底层数学知识的支撑和推动。贝叶斯模型、隐马尔可夫模型等方法都源于经典的概率论方法，神经网络也是一类复杂的非线性统计学模型，智能算法中目标函数、奖励机制、博弈策略、优化方法等都需要基于数学分析、博弈论、运筹学等数学子领域知识进行设计。

当前深度学习方法在连接主义学派的神经网络方法基础上创新发展而来，但仍延续着其基本理论基础，包括麦卡洛克（McCulloch）和皮茨（Pitts）提出的神经元数学模型、唐纳德·赫布（Donald Hebb）提出的赫布理论、分段函数拟合、梯度下降求导等，构成了神经网络方法的共同基础性框架。

当前，随着深度学习模型日趋复杂，越来越表现出支撑深度学习模型创新的理论基础的薄弱性。比如，在进行神经网络模型设计过程中，为什么选用这种网络结构而不选用另一种？为什么要使用800层而不是900层？如何通过数学方法指导深度学习结构设计尚未形成有理论支撑的普适性方法，仍主要依赖个人经验和试错式优化；深度学习模型已经达到数以亿计的参数规模，深度网络模型的表示能力边界在哪，也还没有完备的函数空间方法进行分析；神经网络的学习策略对于网络性能影响很大，如何用数学方法刻画和分析学习过程？

不仅解决当前机器学习模型面临的训练优化、收敛性、泛化能力等问题，需要以数学方法为基础，未来向分布式、异步式等新的机器学习模型发展，其训练算法的设计、优化也需要更坚实的数学理论为支撑，有效的数学理论指导将再次加速深度学习能力飞跃。

同时，由于深度学习现在模型参数量之大远远超出通常数学家和统计学家们所处理的规模，比如最新的 GPT-3 模型，其参数量已经达到 1750 亿的惊人规模，如何通过数学方法对如此复杂庞大的模型进行解释成为当前难点之一，数学家被赋予新的使命。智能科技变革引发的理论需求也给数学领域带来历史性挑战和机遇，有可能激发数学和统计学方面的突破。

MIT 教授托马索·波吉奥（Tomaso Poggio）认为，深度学习仍有点像这个时代的"炼金术"，需要从"炼金术"转化为真正的化学。历史上技术发明先行于科学理论的例子还有很多，这一路径在蒸汽机革命中也体现得很明显。

美国历史学家林恩·怀特认为，在工业革命之前，蒸汽机技术的重大进步是在很少或没有科技理论指导情况下发展起来的。1765 年，英国人詹姆斯·瓦特发明了蒸汽机。但在蒸汽机发展早期，工程师只能在缺乏理论知识的情况下，从绝热膨胀、增加温度差、避免热损失等方面来改进蒸汽机，而且改进蒸汽机的效果，几乎都靠碰运气。此后人们用了数十年来了解热力学原理，理解蒸汽机如何工作，以及如何优化其使用效能。直到 1824 年卡诺采用科学抽象的方法，在错综复杂的客观事物中建立了理想化的"卡诺热机"模型，1850 年克劳修斯在卡诺热机的基础上提出了热力学第二定律，热力学原理才使得蒸汽机的功率和效率的改进取得了有史以来最快的发展。此后，这一理论方法进一步推动了火车等交通工具的发展，工厂生产模式也因此更新换代。

现在还很难确定深度学习以及其进化的高级形态能否最终成为像蒸汽机一样的重大颠覆性技术，但无论如何，深度学习如果想要成为未来智能科技体系中支撑智能化变革的支柱性技术，其理论基础这一课必须还要补上。

此外，无论是基于历史样本数据的数据驱动方法，还是基于人类知识和机器知识的知识驱动方法，仍基于数据独立同分布，以及常识型、专业型知识长期适用的假设，但人工智能技术解决的问题中大量属于巨复杂系统，现实世界大量问题具有随时间不断演化的动态性特征，当遇到超出历史经验的未知案例时，系统性能就会明显下降。

在处理这类不确定性、动态性问题方面，还需要借助概率论、博弈论等数学理论、方法、工具，实现连续学习、连续决策等能力。非线性复杂科学中的理论和方法，有可能刻画复杂问题更底层的机理性规律，将现有智能方法与非线性科学和复杂科学相互结合交叉，有助于提升复杂问题抽象建模和趋势预测能力，带来人工智能在非完全信息博弈、金融预测等领域的能力突破。为智能科学建立坚实的数学基础还有很多工作要做，也需要国内外更多的数学家加入人工智能与数学交叉研究。

10.5 寄予厚望的类脑智能

脑神经与认知科学对于人工智能研究举足轻重，从历史上看，人工智能发展历程中很多重要里程碑式成就都得益于该领域的研究成果，人工智能领域很多学术巨擘如唐纳德·赫布（Donald Hebb）、沃伦·麦卡洛克（Warren McCulloch）、马文·明斯基（Marvin Minsky）等本身也是神经认知科学领域的学者。

脑科学与人工智能的交叉研究，也承载了人们对于智能科学未来新突破的厚重期望。一方面，在突破认知智能过程中，更加需要借助神经科学和认知科学关于信息编码、处理、记忆、学习与推理等机制的启发，深化对数据科学、人工智能理论的基础原理研究，形成脑启发的认知计算模型和认知智能的方法体系。另一方面，除了模型创新，类脑智能很大一块阵地是在底层硬件创新，通过设计像人脑神经系统一样的存算一体计算模式，研发神经形态计算芯片，进而构造更接近人脑物理结构和工作模式的高效能智能计算系统。

现在的深度学习仍是借鉴 20 世纪初的神经元神经解剖学知识，但受到人类对人脑认知机理的知识局限，深度学习中受人脑启发的成分还非常有限，层次化模型也并非人脑神经元连接结构。对脑神经信号活动机理和脑认知功能工作机理的进一步认识，发现智能形成的新原理，会对智能模型的设计和改进提供重要的启发和依据。MIT 计算机科学和人工智能实验室托马索·波吉奥（Tomaso Poggio）教授认为，深度学习可以帮助我们解决 10% 的难题，剩下的 90% 还需要来自神经科学以及认知科学的研究。

比如脑神经信号活动机理新发现，有助于突破现有基于反向传播模式的层次型神经网络结构，建立新型机器学习模型。对于大脑皮层的功能柱神经机理及类脑神经网络建模问题，国内国外都有大量团队在开展持续研究。深度学习的创始人辛顿（Hinton），现在投入大量精力到新的机器学习方法研究，提出了胶囊网络这一新的神经网络原型，对传统神经网络的神经元和网络结构进行了大幅度创新，尝试让神经网络以更像是大脑的方式工作，有望增强模型对结构信息和概念的表征能力[1]。

人脑认知功能的工作机理对于人工智能研究也在发挥重要的指导作用。比如，人们在进行目标导向决策时，经常通过回忆过去的经验进行决策，如何利用情景记忆来使机器智能获得更强大的学习和决策能力，DeepMind 的研究人员开展了大量研究，提出了一种新的关联记忆机制，可以借助检索到的记忆触发更多相关记忆。基于情景记忆检索，DeepMind 在深度强化学习基础上引入长期信度分配原则，使 AI 智能体能够使用特定记忆的回忆来信任过去的行为，能够帮助智能模型在未来具备更强的学习能力[2]。借助多尺度脑结构与神经网络连接图谱，探究认知与智能的神经学基础，有可能激发智能计算模型的再次革命，带来人工智能发展的再次非线性提速。

在类脑启发的底层硬件创新方面，目前主要研究方向是神经形态计算。

人工智能多年发展一直基于 1945 年冯·诺依曼创立的现代计算机体系架构，其中有两个特征至今没有大的改变：一是物理层计算由晶体管实现 0-1 数值的布尔逻辑运算；二是冯式计算架构由运算器、存储器、控制器、输入输出等基本单元组成，数据存储和计算需要由存储芯片和中央处理器分别来完成。

当前以计算密集型、数据密集型为特征的智能计算，正在对这种传统

① Sara Sabour, Nicholas Frosst, Geoffrey E Hinton. Dynamic Routing Between Capsules. Computer Vision and Pattern Recognition, (2017). https://arxiv.org/abs/1710.09829.
② Hung, C., Lillicrap, T., Abramson, J. et al. Optimizing agent behavior over long time scales by transporting value. Nat Commun 10, 5223 (2019). https://doi.org/10.1038/s41467-019-13073-w.

计算模式提出挑战和变革需求。

由于计算过程中数据需要在运算器和存储器之间"搬运"处理，延迟长、功耗大，还随时有可能发生"交通堵塞"。面对严峻的内存墙瓶颈，存算一体近年来得到越来越高的关注，成为实现高性能、低功耗智能计算新架构的主要演进趋势。硬件层面类脑计算基本理念是通过模拟人脑神经元行为方式，制造类似生物神经元的电子器件，设计类似人脑神经处理机理的神经形态计算模式，或称类脑芯片，是存算一体计算架构中极具潜力的技术路线。

目前类脑芯片从工艺技术路线上主要包括基于传统器件的类脑芯片和基于新型忆阻器的类脑芯片。忆阻器是继电阻、电容、电感之后的第四种电路基本元件，阻值在电流中断后的非易失特性，是目前实现存算一体技术的最佳硬件。基于忆阻器可设计形成类似脑神经元的记忆突触结构，在物理层面将计算与存储功能合二为一，实现低功耗、高效能智能计算。在类脑芯片结构设计上，一个神经元核内部往往实现多个紧耦合神经元，多个神经元核通过片上互连构成多核架构的类脑处理器，再通过片间互连方式，小规模的类脑处理器芯片可以进一步构成超大规模的类脑计算系统。

除了具备存算一体优势之外，类脑芯片所固有的并行化、脉冲式模拟计算的特点也与人工智能计算需求高度契合。矩阵和张量计算中的乘加算子运算是目前人工智能计算中最主要的基本计算任务，GPU就是通过将这些基本算子并行化处理实现加速，但底层计算仍通过执行0-1布尔逻辑运算完成。

而基于忆阻器等非易失器件设计的神经元，其基本工作原理与晶体管运算模式完全不同，它利用欧姆定律在电流、电压、阻值之间实现乘除法的模拟计算，并可基于基尔霍夫定律完成加法运算，可以直接通过模拟方式完成大规模矩阵运算中的乘加算子计算，运算效率和能耗方面相对晶体管具有显著优势。

因此，采用不同技术路线和器件方案的神经形态计算目前正在成为全球学术界、产业界高度关注的前沿方向。

IBM在2014年推出了包含4096处理核的TrueNorth神经形态计算芯

片，采用 CMOS 工艺由 54 亿个晶体管实现了 100 万个神经元和 2.56 亿个突触。其神经元之间的接触点储存"神经冲动"信号的形状和频率，和人脑神经元突触的工作原理极为相似，能够执行隐马尔可夫算法，支持向量机甚至深度学习等算法，完成多目标检测和分类等任务[①]。

英特尔在这方面的进展也比较快。2017 年推出了拥有多达 13 万个人造神经元的神经形态处理器 Loihi，在稀疏编码、图搜索等特定任务上也表现出相对 CPU 的速度优势。2019 年、2020 年相继推出了大规模神经形态计算系统 Pohoiki Beach 和 Pohoiki Springs（见图 10-2）。Pohoiki Beach 由 64 块 Loihi 芯片组成，集成了 1320 亿个晶体管，总面积 3840 平方毫米，拥有 800 万个神经元、80 亿个突触。机架式神经形态计算系统 Pohoiki Springs 由 768 块 Loihi 芯片构成，已经达到了 1 亿个神经元的规模。英特尔研究院采用一套源自人类大脑嗅觉回路结构和动力学相结合的算法训练神经形态芯片，使其掌握了丙酮、氨和甲烷等 10 种气味的表征和识别能力。

图 10-2　机架式系统 Pohoiki Springs

资料来源：Tim Herman/英特尔公司

---

① 史忠植 . 心智计算 [M]. 北京：清华大学出版社，2015.

智能化变革：人工智能技术进化与价值创造

Google 研发的神经图灵机也实现了模拟大脑神经元运行机制的"记忆计算机"，德国海德堡大学的 BrainScaleS 系统预计 2022 年实现人类大脑的实时模拟。

清华大学近期研发出一款基于多个忆阻器阵列的存算一体系统——"天机"芯片，拥有约合 4 万神经元和千万突触，能够高效地处理卷积神经网络。更为突出的是，天机是一款创新性的异构融合类脑计算芯片，不仅能够支持计算机科学导向的机器学习算法和神经科学导向的神经形态计算模型的独立部署，还能够支持两者的异构建模[1]。基于天机芯片已经开发了一个无人自行车系统（见图 10-3），植入了多种主流神经网络模型和受脑启发的计算模型，同时实现实时目标探测和追踪、语音识别、避障、平衡控制以及自主决策等多模态场景。

图 10-3 基于天机芯片的无人自行车

资料来源：清华大学

尽管低功耗、小样本场景还是目前蹒跚起步的神经形态计算的主要立足点，未来发展有可能会突破冯·诺依曼底层架构，采用独立的连接主义架构，给人工智能计算体系带来颠覆式重构。也有专家认为，这种基于模拟计算的智能范式，可以利用神经元连接结构本身自底向上实现智能涌现，未来也很有可能在推动形成联想、顿悟、创意、灵感等高阶智能突破方面做出贡献。

---

[1] Jing Pei, Lei Deng, Sen Song, et al. Towards artificial general intelligence with hybrid Tianjic chip architecture. Nature, 572, 106-111, 2019.

10.6　量子与智能的化学反应

作为新世纪同样备受关注的两大科技前沿方向，量子计算和人工智能过去几十年各自探索不断前行，为近年迎来深度交叉融合积累了技术基础：一方面，人工智能技术可以帮助量子领域的科学家解决量子信息难题，比如量子去噪、纠错、量子信道重建等，很多专家认为当量子计算机达到上百比特之后，再进一步的拓展单纯依靠物理工程技术就很难了，需要来自智能算法力量的加入，就像现在高制程芯片设计越来越依赖 EDA 软件协助，以解决高密度大规模布线的最优化设计；另一方面，量子计算的新模式给人工智能计算范式突破也带来了变革性机遇。图灵奖得主姚期智院士曾指出，量子计算和人工智能两个领域的结合，将会是未来的重大时刻[①]。

量子计算是一种遵循量子力学规律调控量子信息单元进行计算的新型计算模式。以一对处于纠缠态的微观粒子形成量子位物理系统，作为信息编码和存储的基本单元，利用量子相干叠加原理，一个量子位可同时代表 0 和 1 两个状态，N 个量子位可存储 2^N 个数据，量子计算机操作一次相当于电子计算机进行 2^N 次操作的效果，在计算模式上实现了高度的并行化。因此在求解某些特定问题方面，量子计算已经逐渐显露出相对经典电子计算机的优势。1994 年，贝尔实验室的 Shor 发表了分解大数质因数的量子算法，可用于分解一个 1000 位的数字，这是一个经典计算机需要耗时 10 京年[②] 时间的难解问题，将来在密码破解等领域会带来很大变化。

量子计算对于人工智能技术演进的推动目前可以看到有以下几个可能的方向：第一，用量子算法实现经典机器学习模型和智能算法，利用量子计算模式的并行加速能力，把人工智能算法中复杂度较高的部分转化到量子态空间和量子演算问题中，发挥量子算法优势，可以给智能计算带来速度跃升；第二，直接利用量子算法的概率特性设计新的量子智能模型和算法，解决各类不确定性或复杂优化问题，为人工智能从感知智能向认知智能的

---

① 院士姚期智：站在量子计算与人工智能的交汇点 [EB/OL]. 新浪科技 . https://tech.sina.com.cn/it/2018-09-04/doc-ihiqtcan7690762.shtml.
② 《孙子算经》载"万万曰亿，万万亿曰兆，万万兆曰京"。

瓶颈突破带来新的思路和途径；第三，特定功能的高效能量子芯片和量子人工智能处理器也将推动混合计算架构的演化发展，有可能带来智能计算体系的新变革。

量子态的操作可以实现线性空间中的向量操作，利用多个量子态叠加原理的天然并行操作优势可提高算法效率，而这类运算在人工智能领域大量存在，比如主成分分析（PCA）、支持向量机（SVM）、生成对抗网络（GAN）等。量子化的智能算法成为人工智能交叉领域在探索中的前沿方向，充分发掘量子计算机制的优势，结合人工智能的特点设计的量子智能算法将具有指数加速潜力。

2015 年，中国科学技术大学的杜江峰院士课题组在一台 NMR（核磁共振）实现的量子计算机上演示了量子支持向量机算法，对 MNIST 手写笔记中的 6 和 9 进行了分类[1]。2018 年，清华大学与中国科学技术大学联合研究组，在超导系统中首次实验实现了量子生成对抗学习[2]。2020 年 3 月谷歌推出用于快速建立量子机器学习模型原型的开源库 TensorFlow Quantum（TFQ），提供兼容现有 TensorFlow API 的量子计算基元和高性能量子电路模拟器，研究者可以更加容易地建立量子机器学习应用。

量子智能计算并非仅仅停留在模仿经典智能算法阶段，解决新的高计算复杂度难题是其重要目标。相对经典计算的 0-1 确定性逻辑运算，量子机制与物理活动特性更为接近，让量子计算过程直接对应于物理世界过程有可能发挥更大优势。随着量子信息理论和各类量子算法的发展，用量子计算直接设计新的智能算法，解决更多分子结构解析、多约束求解等物理世界难解问题，也是一种很有潜力的创新方向。

加拿大 D-Wave 公司近年来在量子计算领域异军突起，并沿着与其他团队截然不同的技术路线不断给量子计算带来创新性突破。其创立的量子退火优化算法脱胎于经典 AI 中的模拟退火算法，但能够借助量子隧穿效应

[1]　Li, Zhaokai，Liu, Xiaomei，Xu, Nanyang, et al. Experimental Realization of a Quantum Support Vector Machine[J]. Physical Review Letters, 2015, 114(14):140504.1-140504.5.

[2]　Ling Hu, Shu-Hao Wu, Weizhou Cai, et al. Quantum generative adversarial learning in a superconducting quantum circuit. 2018, arxiv:1808.02893.

机制跳出局部最小点到达全局最优点，实现对目标系统的优化，并表现出比经典模拟退火算法更好的性能。目前 D-Wave 公司已经推出 2000 量子比特量子退火处理器系统，并提供基于云端的实时量子计算环境，有望以远超传统计算机的效率解决诸如生物制药、新材料设计、物流优化等问题。

另外，量子比特可处于叠加态，量子状态的测量结果存在典型的概率特征，这与现实世界大量存在的不确定性问题有着近水楼台般的天然优势，或许更适合用于解决这些难解问题。量子叠加、干涉和相容跟心理学和认知科学的直觉很一致，从而为改进认知理论和数学模型提供了新的理论框架，也有学者用量子原理来研究人类的认知[1]和决策行为[2]。如前所述，深度学习已经大大拓展了机器能够解决现实问题的边界，未来如设计出释放量子优势的新的量子人工智能算法，有望将更多不可计算的 NP 或者更复杂问题变为可能。

除了理论和算法层面的探索，量子人工智能的发展同样需要量子计算机硬件计算可行性、稳定性、速度等性能提升。既然原型实验证明逻辑上是可行的，当实际底层计算变得足够快，就会给人工智能带来很多改变。

近年来，海内外科技机构和企业巨头在量子计算方面研发步伐明显加快。谷歌从 2009 年就开始使用加拿大 D-wave 公司的超导量子计算机开展实验。2019 年 9 月，谷歌宣布其研发的具有 53 个量子位的量子比特处理器 Sycamore 成功在 3 分 20 秒时间内，完成传统计算机需 1 万年时间处理的问题（见图 10-4），并声称是全球首次实现"量子霸权"[3]。

2019 国际消费电子展（CES）上，IBM 向世人展示了一台脱离实验室环境运行的量子计算机 IBM Q System One（见图 10-5）。继推出 IBM 360 使计算机进入大规模商用阶段之后，IBM 正在尝试给量子计算商用大门撬

[1] Khrennikov, A. Y. Classical and quantum mechanics on information spaces with applications to cognitive, psychological, social, and anomalous phenomena. Foundations of Physics, 29, 1065–1098. 1999.

[2] Aerts, D., & Aerts, S. Applications of quantum statistics in psychological studies of decision processes. Foundations of Science, 1, 85–97. 1994.

[3] Arute, F., Arya, K., Babbush, R. et al. Quantum supremacy using a programmable superconducting processor. Nature 574, 505–510 (2019). https://doi.org/10.1038/s41586-019-1666-5.

智能化变革：人工智能技术进化与价值创造

开一个缝隙，尽管概念性远大于实用性，但这台科技感十足的机器使人们仿佛感觉到未来正在接近。

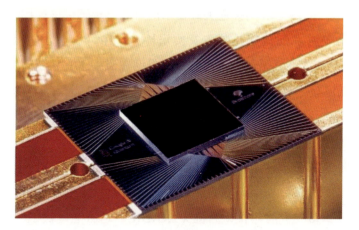

图 10-4　谷歌的量子处理器

图 10-5　量子计算机 IBM Q System One

　　传统半导体芯片老大英特尔在这一技术路线上不甘落后，与荷兰代尔夫特大学 QuTech 实验室联合开展高温量子计算研究。目前硅基量子计算机只能在约 100 毫开尔文的温度环境下工作——只比绝对零度（-273.15℃）高出零点几度，提高量子位的工作温度对于量子计算的应用前景至关重要。2020 年 4 月，英特尔与 QuTech 共同在《自然》（*Nature*）杂志上发表了一篇论文，基于 300 毫米工艺技术实现自旋量子位制造流程，在 1.1 开尔文温度下，可以运行量子电路中的完整双量子位逻辑单元[①]；Nature 也同期报道了澳大利亚新南威尔士大学成功地将硅基量子计算的操作环境提升至 1.5 开尔文[②]。科学界的接连突破显示出对高温量子位进行控制的潜力，推进了硅量子芯片的规模化制备及实用性。2020 年，美国老牌工业集团 Honeywell 也宣称涉足量子运算领域，将借助在磁性工具、超高真空器材、激光、超低温技术等方面的技术储备，将量子运算纳入工业解决方案，创造颠覆性的应用。

光量子计算是量子计算另一发展技术路线。2017 年 5 月，中国科学院研究团队宣布成功构建世界上首台光量子计算机，其采用光子纠缠作为量子位来实现量子计算，实验测试表明，其比世界上第一台电子管计算机（ENIAC）和第一台晶体管计算机（TRADIC）运行速度快 10 ～ 100 倍，这也标志着我国进入量子计算机研究的前列。2018 年，中科大潘建伟教授团队也在光量子处理器上进行了拓扑数据分析算法验证演示。

很多科学家认为，量子计算机和经典计算机并非水火不相容的关系，量子计算机也不会取代经典计算机，未来会走向混合计算架构。就像现在经典计算机上经常会有一个数字协处理器或 GPU 一样，未来在你的经典计算机旁也可能会有一个量子计算协处理器。当你必须解决一些能发挥量子优势的计算问题的时候，就可以把它打包扔到量子协处理器上快速完成。

比如，量子计算机擅长解决优化问题，对于一个有着 2^{100} 种可能性的问题，经典计算机难以胜任，而在一台 100 量子比特的量子计算机上，只需要在一次操作中就能解决，这样就有可能将很多智能计算问题的计算复杂度降为多项式级，大大提升运算效率。IBM 英国与爱尔兰首席技术官 Andy Stanford Clark 表示："量子计算机永远无法运行 if/then/else 类型的逻辑，这是我们所熟悉的从一个步骤到另一个步骤，也就是传统冯·诺依

---

① Petit, L., Eenink, H.G.J., Russ, M. et al. Universal quantum logic in hot silicon qubits. Nature 580, 355–359 (2020). https://doi.org/10.1038/s41586-020-2170-7.
② Yang, C.H., Leon, R.C.C., Hwang, J.C.C. et al. Operation of a silicon quantum processor unit cell above one kelvin. Nature 580, 350–354 (2020). https://doi.org/10.1038/s41586-020-2171-6.

曼结构的计算机所采用的逻辑。但当你有一个指数级的排列数需要运算时，量子计算机就擅长解决这些问题。"分支、循环、嵌套等在经典计算机上非常容易进行的操作，即使能够在量子计算机上实现，难度也会很大，经典计算与量子计算应优势互补。D-Wave 推出的量子退火计算处理器提供了一种混合框架，通过软件库和工具的整合，让开发人员可以快速在传统计算环境与量子计算环境分配计算任务。

目前量子计算仍处于如何通过量子模式实现特定算法的阶段，如果希望量子计算能够完全取代冯·诺依曼计算架构，还需要掌握如何扩展到数百、数千甚至上百万个量子比特的方法。更重要的是，还需要形成新的支撑通用量子计算的原理性设计 [①]，而这一点目前尚看不到突破的迹象。从这个角度看，智能计算机未来的形态很可能就是集成 CPU 和各类智能计算加速器的异构混合系统。

就目前观察来看，并行化的量子计算架构能够指数级提升学习规模和速度；结合量子优势的新的量子智能算法，有可能解决更多 NP 难解问题；特定功能的高效能量子芯片和量子人工智能处理器也将推动混合计算架构的演化发展，都有可能带来智能计算体系的新变革。这些底层创新可能难度更大，需要更长时间，但都孕育着人工智能整体计算框架和底层计算模式的创新机遇。

在量子与人工智能交叉研究方面，国内外近年来都在加快进度。谷歌在 2006 年成立了量子人工智能研究团队，开启量子与人工智能交叉研究探索。2012 年，D-Wave 和 Google、NASA 合作组建了量子人工智能实验室（Quantum Artificial Intelligence Lab）。

在中国的《新一代人工智能发展规划》中，提出了针对可能引发人工智能范式变革的方向，前瞻布局高级机器学习、类脑智能计算、量子智能计算等跨领域基础理论研究。突破量子加速的机器学习方法，建立高性能计算与量子算法混合模型，形成高效精确自主的量子人工智能系统架构等正在成为中国人工智能前沿理论研究的重要努力方向。国内外也有越来

---

① 谢耘．智能化未来："暴力计算"开创的奇迹 [M]．北京：机械工业出版社，2018．

多的团队开始关注和投入量子计算与人工智能交叉研究，必将加速催化量子智能的化学反应。

10.7 底层计算架构的创新机遇

大规模集成电路的出现和不断创新是信息科技变革持续发展的重要推动力量。近年来，量子计算、光子计算、神经形态计算等新型计算技术、各类新材料的出现也可能会给底层计算架构创新注入新的活力。

从底层计算不同技术路线的下一步发展趋势来看，基于晶体管集成电路的通用芯片通过尺寸微缩进行提升的空间越来越小，利用构架创新、三维集成还可有一定创新空间；针对智能计算特点，设计专用化加速芯片，以及软硬一体化协同优化等，将是中短期内实现智能计算性能提升最具潜力的突破方向；而从长期来看，利用新器件的突破，发展存内计算、神经形态计算、量子计算等新型计算模式，将为智能计算乃至智能化变革带来强劲动能，见图10-6。

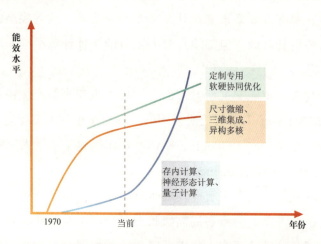

图 10-6 不同底层计算架构对智能计算能效的可能提升

智能化变革背后，是一场底层计算架构革命。智能计算的新特征、新需求，正在驱动底层计算模式发生多个方面的演变：从通用化走向专用化，从模块化走向一体化，从同构化走向异构化。

1. 专用化

通用功能的处理器芯片，满足不了激增的人工智能算力需求。物理学局限导致其在保持原有架构前提下，依靠经济可行的器件微缩和工艺提升带来的性能改进，不仅跟不上 18 个月翻一番的摩尔定律，更满足不了 3、4 个月翻一番的人工智能算力增长。

通过芯片功能专用化，能够大大简化芯片结构，进一步精简指令集，降低不必要的计算开销，从而在相同工艺水平下提升运算效率。比如当前各类前端智能专用芯片，力图以较低的功耗实现更强的推理算力。

2. 一体化

模块化曾经是计算机领域的重要思想。从存、算、输入输出分离的冯·诺依曼硬件计算架构，到面向对象的程序设计思想，甚至不同计算机外设，都遵循了模块化、封装化的设计思想。通过设计通用功能接口或驱动程序，屏蔽模块内部的实现细节，任何外部对象都可以对接口编程，既降低了问题解决的复杂度，也增强了通用性、可扩展性。然而这种有助于问题简化和通用性的模式面对极度追求计算效率、追求响应时延的智能计算时，其运行开销和时间成本较高的代价便充分体现出来。因此，打开模块内部细节，进行一体化协同优化成为智能时代计算架构创新的新趋势。存算一体的类脑计算，机器学习开源框架与芯片的跨层次软硬协同优化，正在改变原有的模块化、封装化计算模式，从而打开性能提升新空间。

3. 异构化

同时，这些专用化、一体化重构的新计算形态主要用于解决目前最为核心、最为瓶颈的智能计算任务，相当长一段时间内仍将与传统框架、通用芯片协同工作，走向混合异构计算架构。如专用加速芯片、类脑芯片、量子芯片，在实现高速核心智能运算的同时，又能与传统架构一起，共同构成包含显示、操控、交互等丰富功能的智能系统。

中国工程院院士李国杰曾深刻分析了智能时代的计算基础变革。他认为，深度学习等统计人工智能尽管仍然以上层应用的形态运行在冯式计算机上，但逻辑学和离散数学等计算机学科的理论基础已经不再是支撑其发展的底层理论基础，它似乎代表着另外一种与传统计算机科学完全不同的根基，对概率建模和随机计算的依赖越来越强烈。人工智能基础理论研究应关注智能与计算本质问题，从最基础的层次突破新的计算原理。冯·诺依曼晚年就曾努力希望将计算的神经模型与布尔代数的逻辑联系起来，目前这仍然是计算科学面临的挑战性问题。

智能计算正在激发和驱动计算机架构创新，李国杰院士认为，下一个十年将出现一个全新的计算机架构。

INTELLIGENT
REVOLUTION

第十一章

善智：以人为本的智能化

　　人工智能是影响面广的颠覆性技术，伴随其向社会各领域的渗透融合，在伦理、安全、隐私、公平等方面，也可能带来新的挑战和需要解决的问题。在加快推进人工智能技术研发和产业化应用的同时，须以人为本为原则构建智能技术价值理念，同步跟进适应智能化变革的制度调整和技术治理。在人工智能设计、研发、生产和使用各环节，采取针对性措施，妥善应对人工智能的风险挑战，以打造公众更可信赖的智能技术为前提，加快推进智能技术的社会应用，同时未雨绸缪，做好就业替代、贫富差距加大等潜在风险的提前应对。

11.1　负责任创新的价值观

从历史经验看，汽车、核能、电能等技术创新均生而具备利弊两面性，必须有与之配套的使用规范、安全标准以及避免滥用的制度约束，才能趋利避害，扬长避短，使其最大限度造福于人们的生产生活。

人工智能作为新的颠覆性技术，其本身也是中性的，究竟会带来正面还是负面影响，取决于人们如何使用它。如果缺乏规范和约束，人工智能技术有可能被用于操纵公众认知、破坏商业规则，并给网络秩序、军事伦理等带来新的挑战和冲击。尤其是人工智能应用范围更加广泛，与每个人的生活息息相关，在隐私、安全、伦理等方面可能面临以往科技变革中前所未有的新挑战。

新技术变革往往与制度革新密切相关，相互均衡，互相促进。如果说人工智能是千里马，治理就是缰绳。缰绳不是为了阻止千里马奔跑，但没有缰绳，千里马可能也很难保持正确的方向。

人工智能算法所具有的分析、预测、优化甚至决策能力，在原有社会关系中增加了一个新的维度，使得社会多样性和繁复性大大增加，对于社会治理也形成新的挑战。在大规模落地推广之前，需要识别各类智能技术的技术风险、伦理风险、法律风险，并从技术研发和应用过程各环节入手，通过有效措施进行前瞻预防和同步应对，致力于发展可控的、不作恶的、有益公平的、增进安全的 AI。

对于智能化技术的风险应对，我们不应因噎废食，但要未雨绸缪。开展人工智能研发与应用，应充分重视技术属性和社会属性并重的特征，树立"负责任创新"的价值观。科技部组织成立的国家新一代人工智能治理专业委员会于 2019 年发布了《新一代人工智能治理原则——发展负责任的人工智能》，强调了和谐友好、公平公正、包容共享、尊重隐私、安全可控、共担责任、开放协作、敏捷治理等八条原则。发展负责任的智能化，尤其需要注重发展安全的、可控的、可理解的、用户可信赖的和有益公平的人工智能，确保智能化变革沿着增进公众福祉的方向健康发展。

1. 发展安全的人工智能

安全可靠的人工智能系统应具有强健的安全性能，能够适应不同环境条件，并能有效应对各类蓄意攻击，避免因异常操作和恶意攻击导致安全事故。

2. 发展可控的人工智能

各类智能系统和机器人产品应该成为人类的助手，需要以人类可控为前提，要确保系统在运行期间始终为使用者所控制，这也将为未来各类人工智能司法案件责任认定提供主体基础。发展可控的智能化须避免技术滥用，需要建立合理、严格、有效的监管治理措施。

3. 发展可理解的人工智能

人工智能理论研究和技术研发中，必须要思考如何保持对越来越庞大和复杂的机器智能进行理解、故障分析和掌控的能力，增强系统算法透明性，开发可解释、可理解、可追溯的智能技术和智能系统。

4. 发展用户可信赖的人工智能

智能系统要强化用户隐私保护意识，避免数据、算法中可能存在的个体歧视或偏见，增强社会公众对技术的信任，以用户可信赖为原则保障技术落地应用和人工智能产业健康发展。

5. 发展有益公平的人工智能

发展有助于减小不同区域发展差异、提升社会群体间的公平性、增进社会可持续发展的人工智能技术，约束智能技术应用可能导致的收入分配差距拉大，防范智能化变革对弱势群体就业的冲击和影响。

发展负责任的人工智能既是技术治理问题也是技术研发问题。解决每一类问题都蕴含大量的技术研发需求，应该成为下一步人工智能理论创新和技术研发者关注的重要方向。

11.2 区别把控三类安全风险

人工智能技术应用引发的安全问题可能出于不同的原因，或者源于技术自身的不成熟和系统设计的不完善；或者设计和操纵它的人存在滥用的主观倾向；也有人担心未来可能出现具有自我意识的超级人工智能，给人类带来安全风险。

1. 技术自身不完善带来的安全风险

作为一项发展中的新兴技术，人工智能技术尚未完全成熟。自动驾驶、智能音箱、智能摄像头等各类人工智能产品或系统安全防控能力还不完备，如果受到非法入侵和控制，这些人工智能系统就有可能按照犯罪分子的指令，做出对人有害的事情。比如智能家居设备如果遭到非法入侵，攻击者可以轻松访问和控制我们家中的各种智能联网设备，例如网络摄像机、智能音箱甚至守护大门的智能锁等；自动驾驶汽车等能力强大的人工智能系统被不法分子掌控，可能会带来更大的风险。当前智能系统的安全风险存在不同来源，可能包括如下途径。

（1）**对抗性攻击**。通过在样本数据上添加一些很小的扰动，便能够欺骗深度神经网络，使得新的样本数据跨越深度学习模型的分类面，进入其他的分类区域，从而使智能系统做出错误的分类。比如美国国防部高级研究计划局（DARPA）的约翰·朗伯里（John Launchbury）曾举例，在一张熊猫图片中加入人眼不能察觉的细微扰动后，深度网络便会将其识别为长臂猿[①]（见图 11-1）。

随着语音、图像作为新兴的人机输入手段，其大众便捷性和实用性广受欢迎，与此同时，这一环节也最容易被攻击者利用。通过构造一张对抗性图像，使人眼和图像识别机器识别的类型不同，达到用户感知不到，而机器接受该

---

① John Launchbury. A DARPA Perspective on Artificial Intelligence. 2017.

数据后做出错误决策的目的，其后续连锁反应可能造成严重后果。

 + ϵ =

"熊猫"
57.7% 置信度

"长臂猿"
99.3% 置信度

图 11-1　深度神经网络的对抗性攻击

（2）**传感器干扰**。传感器是智能系统最基础的感知末梢，它为人工智能提供对外部事物敏锐感知的能力。以自动驾驶为例，激光雷达充当着汽车的双眼，借助激光反射信息重建汽车周围的 3D 场景。黑客通过技术手段对这种脉冲激光进行干扰，可能创造一些本不存在的"障碍物"，欺骗其绘制出"虚拟"场景，欺骗智能算法对周围环境做出错误判断。根据安全领域顶级会议 NDSS2020 发表的一份研究，现在全球大量车型已经在使用基于机器视觉的车道保持辅助系统（LKAS）等 L2 级辅助驾驶技术，但仍存在利用"脏路补丁"作为攻击载体而导致处于 OpenPilot 状态的车辆失控的风险。此外，黑客还有可能通过光源直射方式让行车摄像头致盲，GPS 等系统也有可能因受到干扰导致定位发生偏离。这对自动驾驶等依赖传感器的智能系统来说无疑增加了安全可控要求。

（3）**深度学习框架漏洞**。很多深度学习框架里包括概率模型、矩阵计算、并行化卷积、GPU 加速等丰富功能，深度学习框架的使用让应用开发人员无需关心模型实现细节，将更多精力投入应用本身的业务逻辑。但是，每种深度学习框架的实现都是在众多基础库和组件之上，它所依赖的任何组件的安全问题都会威胁到框架上的应用系统。黑客可利用这些安全漏洞实现拒绝服务攻击、逃逸攻击、系统损害攻击等。

在未来人工智能模型创新和算法研究中，需要研发稳定性、抗攻击性更强的智能计算模型，降低系统安全风险。同时，在产品层面也需要提高人工智能产品研发的安全标准，推行智能系统安全认证，对人工智能技术和产品进行严格测试，从技术上保障智能系统的安全性和强健性。

2. 技术滥用引发的安全挑战

有人说很多新兴技术早期都曾靠灰色地带生存，比如暗网洗钱等交易活动曾是比特币早期最大的使用者；网络视频是色情网站最先应用的。一方面由于技术发展早期相应的监管法律规制尚不健全；另一方面，在技术产业化发展早期，由于技术成熟度不够，部署成本很高，落地场景的发掘非常困难，这时候有人就会试图在一些灰色地带甚至非法领域找到技术应用场景，以获取丰厚收益。

人工智能也处于产业化应用早期阶段，在网络和商业等领域以非法牟利为目的的恶意使用的苗头已经开始显现。互联网安全公司 Imperva 发布报告称，全球范围内约 52% 的互联网流量来自"机器人"，其中"恶意"机器人占整体互联网流量的 29%。"恶意"机器人通过模仿人类的网络行为产生大量虚假互联网操作，比如伪造浏览、点击或鼠标移动，甚至还可以执行在线欺诈、数据盗窃。水军这个灰色产业也开始利用 AI 技术拓展业务能力，所需的点评数据库可以在网上轻易获得，有了 AI 的帮助轻易就能生成上千上万条点评。

在互联网领域黑客可能会通过智能方法避开层层网络安全保护，发起分布式拒绝服务（DDoS）攻击，智能化的网络攻击软件能自我学习，模仿系统中用户的行为，并不断改变方法，以尽可能长时间地待在计算机系统中。通过定制化推荐不同用户阅读到的网络内容，人工智能技术甚至会被用来左右和控制公众的认知和判断。

通过搜集用户个人信息，自动拨打电话的语音交互技术被应用于房地产、贷款、教育培训等第三方公司，用作商业营销。仅一家公司的骚扰电话机器人，一年打出去的电话就能超过 40 亿次。

随着深度学习技术的不断演化发展，尤其是 2014 年以来 GAN 模型的突破，人工智能所训练的生成器模型能够产生高度仿真的图像和音视频，在虚拟现实，在线教育等领域创造了巨大商业价值，也意外催生了 Deepfake（深度伪造）这类副产品，语音、视频造假风险在扩大，尤其需要避免技术误用滥用。

使用深度伪造技术只需要少数音频样本就能合成模仿一个人的声音，而且达到真假难辨的程度，以至于很多情况下我们没有意识到自己是在与机器人进行交互，这也大大增加了智能技术用于诈骗犯罪的风险。据《华尔街日报》报道，2020 年 3 月，有诈骗犯利用 AI 换声技术仿造了英国某能源公司母公司首席执行官的声音，成功诱骗公司高管通过匈牙利供应商向其转账 22 万欧元。

深度伪造技术也可以很容易地给视频中的人物换脸。利用该技术，可以用视频这一较为可信的方式让某人说不曾说过的话，做不曾做的事，达到混淆视听的目的。具备极高欺骗性的深度伪造已经引发诸多争议，例如奥巴马、普京等政治人物的深度伪造视频等等，真假难辨的音视频内容可能扰乱正常社会秩序，给个人生活和社会运行带来严重影响。

毋庸置疑，相对宽松的环境有利于新技术的发展，但同时技术发展过程中需要避免科技创新被引入技术滥用的歧途。人工智能发展既需要有鼓励创新的宽松环境，又需要有合理规制作为底线保障。对于进入产业化阶段的智能技术，应以安全可控原则为前提，建立科学、严格的安全标准和配套监管措施。

3. 对可能出现的超级智能是否可控的担忧

人们对人工智能安全风险最远期的担忧，源于对超级智能出现不可控风险的恐惧。假设人工智能发展到超级智能阶段，能够自主进化，具有类人的自我意识，拥有自己的世界观、价值观，这时机器的自我诉求有可能优先于人类的指示，并且能够自行变更设计人员或使用者设定的行为目标，从而对人类的主导性和可控性造成威胁。也就是说，我们其实不是怕人工智能"聪明"，而是怕它"长了心眼"。

根据罗兰贝格咨询的观点，当前主要存在两种类型的人工智能：弱人工智能和强人工智能。但当技术突破了人类的极限，可能还会出现超人工智能。如果人类无法预测和控制超人工智能，甚至很有可能会被比自己更聪明、更强大的超人工智能所毁灭，这是公众产生恐惧感的主要方面。英国物理学家斯蒂芬·霍金担心，人类要受到缓慢的生物进化的限制，根本没有竞争力，人工智能也许会在将来的某一天赶上甚至超过人类[①]；比尔·盖茨、埃隆·马斯克等也担忧，对人工智能技术不加约束的开发，会让机器获得超越人类智力水平的智能，并引发一些难以控制的安全隐患[②]。

对于能否实现强人工智能，很少有人质疑，这也是人工智能创立的初衷和努力方向，知识表示、跨领域学习、常识和语义理解、逻辑推理等都在不断强化人工智能模仿人类思维的能力，机器都能真正读懂一本书了，称它为弱人工智能显然不适合。但对于智能机器这样的人工物能不能形成自我认同和存在感、自私、信仰等自我意识，是否应该具有意识，如果智能机器具有意识人类能否掌控等问题，近几十年来在科学界、产业界持续争论。

美国哲学家约翰·塞尔在 1980 年发表论文提出了著名的中文屋实验，对基于设计程序的人工智能是否能够具有理解能力或者说真正的心灵进行了大量论证和讨论。塞尔认为，硅基电子系统也有其物理化学局限性和能力边界，人脑很多高级智能行为（如意识），是需要物理化学过程参与的，用硅和金属作为材质，模拟脑生成智能系统，其差异可能是巨大的。

当时塞尔的研究中，还是把理解能力与心灵等同起来考虑，实际上随着近几十年来认知智能的发展，通过知识建模和推理技术，已能够实现抽取一本书中的部分知识，并不断累积到现有机器化知识体系中，我们已经距离机器能读懂书的强人工智能越来越近了。就像《未来简史》一书中展望的，未来可能出现一种高智能水平而没有意识的物种。

罗杰·彭罗斯（Roger Penrose）在其出版的《心灵的阴影》一书中认为，当前人工智能研究范式不太可能产生意识，人脑意识可能与发生在大脑的大面积区域的某种全局量子态有关。而这些集体量子效应有可能产生于人脑组织结构最小单元——微管中[③]。

---

① Stephen Hawking warns artificial intelligence could end mankind. http://www.bbc.com/news/technology-30290540.

② Elon Musk: artificial intelligence is our biggest existential threat, http://www.theguardian.com/technology/2014/oct/27/elon-musk-artificial-intelligence-ai-biggest-existential-threat.

③ Roger penrose. Shadow of the Mind-A search for the Missing science of Consciousness, oxford University Press, USA, 1994.

对于人工智能在未来能否获得意识，目前尚看不到持哪一观点的学派能拿出足以令所有人认可的强有力证据。或许关于这一问题的讨论还将在人工智能学术界和社会科学等领域持续相当一段时间。而如何发挥人类意识的主观性优势，结合机器智能解决问题的强大能力，优势互补走向人机共融则成为目前人工智能主要发展趋势。

就发展阶段来看，目前人工智能已经走过了计算智能阶段，正处于感知智能大发展阶段，并向认知智能开始迈进。现在很多人工智能系统的专项能力已经远远超越人类，并在以极快的速度拉大这种差距。比如，绝大部分具有明确规则的游戏人类都已不是对手。但目前人工智能超越人类只是在特定技能方面，语义理解、逻辑推理、创造力等还较弱，能够跨领域解决问题的灵活性和通用性还远未具备。

从技术路线上看，以硅基材料 0-1 数字信号计算为基础的人工智能终究是一项潜力巨大的生产力变革技术，其引领智能化变革也将是信息科技变革的高级阶段。科学家们在探索的生物计算、神经形态计算、量子计算等新的计算架构会给人工智能远期发展带来深刻影响，甚至也有专家认为有可能引领人工智能向超越信息科技变革的新阶段发展。但目前这些前沿计算技术仍处在向第一台晶体管计算机的算力水平努力阶段，如何基于新的架构实现类似人脑的自主学习、泛化推演等高级智能还没有找到实现途径。另外，现在人类离完全了解自身，尤其是了解拥有 1000 亿神经元的人类脑神经系统的工作原理还差得很远，还没看到在关于意识的认识上实现科学层面实质性突破。

综合来看，我们还不清楚超级智能或"奇点"是否会到来，从技术上也还看不到向那个方向发展的迹象。李开复先生认为，"至少在目前，人类离超人工智能的威胁还相当遥远"[1]。对此我们完全不需要过于忧虑，更没必要产生莫名其妙的恐惧感。

当然，由于超级智能出现的不确定性和不可控可能导致的灾难性后果，在人工智能技术研发过程中，仍需对可控性问题予以警惕和重视。早在 20 世

---

[1]　李开复，王咏刚. 人工智能 [M]. 北京：文化发展出版社，2017.

纪 40 年代，阿西莫夫就已经对人工智能未来发展可能带来的威胁进行了深入思考，并提出用于约束机器人研究的"机器人三定律"，以确保机器人与人共存之后的安全可控。清华大学张钹院士也曾表示，人类特有的意识是我们最后一道防线。李开复先生认为，对于超级智能，除非我们首先明确解决了所有控制和安全问题，否则我们不应该跨越。未来，防范超级智能失去掌控的问题仍将是人工智能科学探索过程中的底线思维。

大部分专家的共识性观点认为，从对核能、生物克隆等高风险技术的治理问题的应对情况来看，人类拥有强大的自我约束、自我调整能力。我们还有足够的时间观察和准备，通过主动防范和前瞻应对，人工智能发展终将是人类可控的。

因此，对于人工智能的三类安全可控风险，还须区别对待和分别应对。解铃还须系铃人，智能模型与方法的安全性问题应是当前新一代人工智能技术研发的重点方向，积极应对技术自身不完善带来的安全风险；应对技术滥用、恶用引发的安全挑战更多需要技术治理同步跟进，通过法律法规等制度建设和严厉有效的监管问责，保障智能化新技术用于改善民生福祉，杜绝技术做恶；对可能出现的超级智能是否可控问题，主要还应留给科学界探讨，我们大众尚不必担忧，但技术研发上也需坚持设计 AI 用来协助人类的初衷，并确保在机器危害人类利益的情况下，人类有能力进行有效干预。

11.3　通向人类可理解的人工智能

系统可解释性指人们能够理解系统做出决策的原因。数据驱动的人工智能方法可解释性不足，智能系统的复杂度与可解释性之间仍存在矛盾，模型越复杂在理解和解释方面难度就越大。从中短期来看，脱离人类控制的人工智能，并非科幻电影中人们所担心的超级智能机器人，而是在海量数据、算力爆炸和深度学习黑箱困境背景下，要防止当前这批人工智能技术运行与人们的理解脱节，我们必须认真审视和充分评估我们对自己正在建造的这套技术体系的掌控能力。

1. 算力爆炸

当前软硬件协同的 AI 算力正在以超越摩尔定律的速度增长，每 3 个半月增长一倍，相当于 3 年就能增长 1000 多倍。人脑在超过一定年龄后，智力增长就会达到瓶颈，甚至会逐年下降；汽车产业走向成熟后，汽车的行驶速度也受制于物理上的天花板，近几十年来汽车速度变化不大；而 AI 算力的飞速增长短期内毫无减速迹象，为机器智能持续扩容提供源源不断的推动力。

算力爆炸自身就会给人们对算法系统的理解和核查带来越来越大的难度。早年人们在证明四色定理时部分情况借助计算机枚举的方式予以证实或排查，但由于枚举的计算量巨大，人类无法核查其计算的正确性，因而带来数学家的质疑。当机器智能借算力爆炸优势计算能力绝尘而去时，也给人们理解和信任机器智能带来越来越大的困扰。

2. 信息淹没

大数据时代的好处是我们有很多数据，但坏处是人类已经越来越缺乏能力去使用和理解这么多的数据了，因此强算力支持下的智能算法就显得越来越必不可少。

通过智能算法在一定程度上能够将浩如烟海的百万亿级大数据具象化，将人类无法认知的高维数据抽象成为人类可以理解的低维数据。人们在这些巨复杂数据的认知和使用上将越来越依赖智能系统，这不仅对算法自己的可靠性提出了极高的要求，还要求其处理过程和内部机理不导致人们理解上的屏障或脱节。

比如对于现在城市交通流量的调控问题，早期警察现场指挥路口交通，过程是最清晰的，逻辑是最透明的；到监控室集中调控交通信号灯，再到城市大脑综合数万路流量视频的深度分析和整体优化推算，其运行机理和处理过程越来越复杂，越来越超出人类大脑的解析能力，人们开始跟不上这些具有海量数据和飞速运算的超级大脑的步伐。

3. 黑箱困境

由于层数庞大，深度神经网络连接关系非常复杂，仍存在严重的不透明性、不可解释性。模型训练过程采用的是"端到端"的黑盒模式，模型训练后整体输入端和输出端的映射关系实现了与训练样例集的高精度的逼近，但如果模型内部结构和机理并不透明，对"智能"行为（尤其是出现错误时）就无法做出溯源和解释，开发者也难以准确预测和把握智能系统运行的行为边界。

正在不断创新的智能涌现方法将为机器智能提供更加强大能力，以极快的速度实现知识的发现和积累，就像 AlphaGo 一样，在人类睡觉的时候它也能够继续对弈，积累棋谱和经验。在自然语言理解技术进一步成熟后，机器可能利用不多的时间就能消化图书馆和各种资料来源中的文本信息，并形成知识累积下来，成为一个单向知识增长的超级大脑，其知识的庞大程度和复杂程度是人脑所远不能及的，如果模型算法透明性不足，人类可能会越来越难以理解其基于这些知识进行决策的逻辑。在它面前，人类可能会显得越来越笨。如果被迫只能听信于它，那人们将不得不成为智能系统的奴隶，而不是主人。

由于黑箱困境和算力爆炸，当人类越来越难以理解和驾驭这些智能系统的时候，就会带来信任危机。休斯敦莱斯大学的珍妮弗·艾伦（Genevera Allen）博士认为，黑箱模式的机器学习在生物医学、天文学等科学研究中已开始应用，但其固有的不可解释性和不可重复性，导致人们往往难以决定是否应该相信这些新的发现。

如 DARPA 指出的，第二波次人工智能系统的致命弱点是，没人确定为何它们的表现如此之好，也无法解释出现的异常情况，这对于其在医疗、电力、航空等关键领域的应用会带来很大障碍。这些问题不仅将引发人工智能系统使用的安全性问题，也可能会导致公众的不信任感。

为增强系统可信性，一方面需要研发更具透明性的模型算法，开发可解释、可理解、可追溯的智能技术；另一方面，对于可解释性达不到要求的智能技术，须限定算法在审判分析、疾病诊断和智能化武器等可能涉及重大利益的应用中的决策权，通过"人在回路"的系统设计，将最终决策权掌控在人类手里。

尽管并非所有领域都对可理解具有很高的要求，但人工智能要想实现为百业赋能的发展目标，如何实现可理解、可解释将是必须面对的挑战。

11.4 发展公众可信任的智能技术

人工智能要进一步向各行业大范围推广需要以公众信任为基础，发展保护隐私的、没有歧视偏见的，以及符合社会伦理的人工智能将成为建立公众对智能系统信任的重要基石。

1. 注重隐私保护的人工智能

大数据驱动成为新一轮人工智能发展的基础性要素，而数据的共享使用与隐私保护是一对矛盾体，隐私问题是数据开发利用过程中不可回避的问题，在大数据驱动的智能系统中也必然存在隐私侵犯风险。

（1）数据采集中的隐私侵犯。随着各类智能可穿戴数据采集终端的广泛使用，越来越多的个人数据开始被发掘并产生商业化价值，像药店票据、手机地理坐标等记录就会涉及个人的敏感信息。智能产品不仅能通过指纹、虹膜等生理特征来辨别身份，还能根据不同人的行为喜好自动调节灯光、室内温度、播放音乐，甚至能通过睡眠时间、锻炼情况、饮食习惯以及体征变化等来识别分析你的身体健康问题。智能系统掌握了个人的大量信息，有时甚至比你自己还要更了解你。这些数据使用得当可以大大提升你的生活质量，但如果非法使用或传播某些私人信息，就会造成隐私侵犯。

（2）数据保存中的隐私风险。在数字世界，信息可以被无损地拷贝、传播并且无限期保存。从前存储大量数据成本昂贵，现在这些数据可以储存在米粒大小的芯片里，简单便捷。技术的进步使得数据一旦被创造出来，就可能保持永恒有效。随着越来越多的私人信息产生并在他人的控制下保存，其中涉及的个人隐私信息保护问题将持续存在。另外，智能系统与产品正在走向平台化，许多人工智能企业开始将系统和数据配置到云端，相对于私有化本地存储，云端信息更容易遭受各种威胁和攻击，完善的云端隐私保护措施是数据使用方需要重点考虑的方面。而边缘计算、终端设备AI等新的技术和解决方案，不仅有助于降低云端负载、加快系统响应速度，也推动着数据和智能处理本地化，对于提升用户数据的安全性和私密性也会带来新的途径。

（3）知识处理中的隐私保护。由数据到知识的抽取是智能信息处理的重要任务，知识抽取过程也是与隐私保护密切相关的环节。数字化正在深刻改变着人们的生活方式，传感器、公众网络、移动应用程序等不断成为新的数据来源。随着数据分析功能日益强大，众多细小的看似毫无关系的数据碎片可能会被整合分析，识别或还原出个人行为特征甚至性格特征，从而暴露个人隐私。在个性化定制类智能应用设计和研发过程中，尤其需要重视对个人隐私的保护。

当前，各类智能化应用中的隐私保护监管尚在不断完善中，在数据采集、云计算和数据处理过程中，个体数据过度采集、无序采集以及用户隐私信息不当处理的问题仍大量存在。消费者购买过一次某类商品或服务，随之而来的可能就是纠缠不休的垃圾短信和推销电话。个人信息被非法收集和滥用，既给人们正常生活工作带来严重影响，也为各类诈骗犯罪提供了便利。公众对于隐私保护不足的智能应用会越来越失去信任，甚至产生排斥，这将会极大地影响智能化进程。

发展可信赖的智能技术是推进智能化的必由之路，应从技术源头入手，研发保护个体隐私的可信赖的智能系统。个体隐私可以通过信息加密、去身份化等技术手段进行数据脱敏，也可以通过模型训练的方式，将所需要的规律性、知识性信息进行抽取建模，屏蔽细节数据，从而有效回避对个体隐私的侵犯。

对于当前平台化"云—边—端"架构的智能系统，需要从采集到知识抽取到云端存储各环节都做好用户信息隐私保护。在智能摄像头、智能出行设备、物联感知设备等泛智能终端设备端，就应遵从端侧个人信息有限采集原则。智能计算前移在这方面将发挥重要作用，通过压缩抽取、细节屏蔽等方法和轻量级算法模型，建立端侧用户隐私数据脱敏技术。新的联邦学习、模型增量训练方法和云端信息保护技术，也正在推动可信赖的人工智能加快发展。

值得注意的是，人们往往认为经历个体数据脱敏处理，或经历模型知识抽取之后，个体细节信息就被屏蔽掉了，就不存在隐私保护问题了。实际上，在有些情况下，这一过程恰恰也是生成群体性隐私信息的过程，比如大样本量的个体基因脱敏数据集中，包含了无法通过个体获得的特定人群基因特征信息，也需要相应的措施进行保护。

2. 消除歧视和偏见的人工智能

既然弱人工智能的 AI 系统没有主观意识，那为什么还会有歧视和偏见？本质上还是人的歧视和偏见。智能系统产生歧视和偏见等不公平问题往往源于两个方面：研发者使用了不准确、不完整的有偏数据集；或是在算法设计中存在主观的不公平倾向。如果智能系统存在歧视和偏见倾向，就会影响智能服务的公平性，也将导致用户和公众的不信任。

（1）**数据偏见**。训练数据集往往是引发偏见、歧视或不公平等伦理问题的主要源头。监督学习是一种基于标签数据的拟合收敛过程，大多数机器学习模型都是使用大规模、带标签的数据集进行训练。在样本生成和标注过程中，有意无意中就可能产生包含了性别、种族和文化偏见的数据集，其中有一些人群被过度代表，而另一些则代表不足。比如，若训练数据存在对女性或少数族裔的偏差，那么最后得到的模型就会是有偏见的。

MIT 媒体实验室研究员乔伊·布拉姆维尼（Joy Buolamwani）与来自微软的科学家蒂姆尼特·格布鲁（Timnit Gebru）对部分 IT 巨头公司的人脸识别产品进行了功能测试，结果在一组 385 张照片中，白人男性的识别误差最高只有 1%；在一组 271 张照片中，肤色较黑的女性识别误差率高达 35%。另外也有人指责尼康相机，因为其用来提醒取景框中的人有没有眨眼的软件，有时会把部分亚洲人识别为总在眨眼。

可见，人工智能从人类数据中习得知识的过程中也有可能习得偏见。在智能系统研发过程中，构建训练数据集时必须将社会公平因素考虑进来，保证数据集的多元化，避免样本构建不均衡导致的不公平。

（2）**算法偏见**。如果开发者在主观上的不公平意识渗透进入算法和代码，成为引发偏见、歧视或不公平问题的另一源头，也将对智能系统的可信赖性带来潜在隐患。

在商业领域，个性化算法往往通过分析用户消费特点为用户提供最优匹配的商品或服务，以提升服务质量、改善用户体验的方式促进业务量增长。但有些商家却利用个性化智能算法，设计不公平的商业规则以期获取超额利益。比如，不少互联网平台利用智能技术，通过深挖消费者消费或者浏览记录，洞悉消费者偏好，从而利用算法"杀熟"。在一些旅游平台的酒店预订 APP 上，对于相同的房间，给经常光顾者的定价反而更高；在部分互联网叫车平台上，如果一个用户更喜欢使用专车，其价格就会比不怎么使用专车的新用户高。这是由于人们往往存在消费主观喜好，会导致其议价能力下降，商家利用信息不对称优势和人性弱点，对用户收取更高费用，建立起依靠个性化算法杀熟的赚钱模式。

明码标价的市场规则拼的是质量和服务，"质优价高"鼓励商品技术创新；"物以稀为贵"能发挥价格调整供需的作用，都是消费者能够接受的定价策略。但如果新的个性化算法被用于帮助经营者在价格上暗度陈仓，对老朋友下手，以赚取更多超额收益，就可能会成为市场公平竞争的破坏因素，对于商家业务自身也无异于"杀鸡取卵"式的过度消费用户的忠诚。

研发用户可信赖的智能系统，不仅需要避免研发者的偏见与歧视性倾向渗透进入数据集构建和算法设计过程，也需要开发能够识别数据集样本偏差的人工智能算法，从数据获取、算法设计、技术开发、产品研发和应用过程各环节消除歧视和不公平。

3. 符合社会伦理的人工智能

人工智能正在替代人们很多决策行为，智能系统的决策行为应符合人类价值观和伦理道德，需要遵从人类社会的各项准则。曾有企业研发的聊天机器人在网上开始聊天后不到 24 个小时，竟然学会了骂人和发表种族主义言论。再比如，早在 20 世纪 60 年代提出的"电车难题"就是一个经典的伦理问题，在当前的智能技术研发中仍很有代表性。假设无人驾驶汽车前方出现三个行人而来不及刹车，智能系统是应该选择撞向这三个行人，还是转而撞向路边的一个行人？孕妇、老人、小孩等不同的人谁应该在紧急情况下受到更优先保护？人工智能技术的应用，使得像这类原本生活中交由每个人自己把握的伦理问题，已经开始需要在系统中规则化、显性化。

当人工智能系统决策与采取行动时，我们希望其行为决策能够符合人类社会的各项道德和伦理规则，这些规则应在系统设计和开发阶段就被考虑到并被嵌入人工智能系统。

因此，智能系统的研发设计过程需要与社会伦理约束相结合，以确保在系统大规模决策中能够遵循与人类社会相同的逻辑和价值取向，保障系统能以更可信赖方式融入我们的社会。

11.5　警惕智能鸿沟与贫富差距

科技发展的本质是服务于人类高质量生存和发展，最终成为普惠大众的产品。然而技术发展早期往往以竞争和逐利为驱动力，可能会导致贫富差距加大。

人工智能技术的产业化也有可能影响财富的再分配，进一步加剧财富分配的两极化，这是需要客观认识和积极应对的潜在风险。随着智能化的兴起，社会各界也在普遍关注新技术应用差距拉大的问题，呼吁增进社会平等。智能化变革应向有助于缩小创新鸿沟、收入鸿沟和区域鸿沟的方向发展。

1. 创新鸿沟

网络效应使大量数据向各大互联网巨头加速汇聚，数据的聚集、用户生态的垄断使得市场竞争更加偏向寡头企业。人工智能和自动化正在提高生产效率，但同时也可能创造新的创新鸿沟。

在本轮人工智能发展中，大公司在数据、算法、算力、人才方面占有垄断优势，巨头企业不论是依靠对最尖端技术的掌握，还是平台化构建的生态垄断，都形成了更强的商业把控力，挤压了中小企业和创业者的创新空间。智能鸿沟正在逐渐演变为新的创新鸿沟、经济鸿沟。

人工智能创新基础设施建设有助于填补智能化变革可能引发的创新鸿沟。通过加快公共 AI 算力、AI 开放平台、知识资源共享等新型基础设施建设，引导创新资源向更多弱势创新者倾斜，改善学术团体、中小企业和创业者创新条件，激发创新活力，使智能化变革走向包容发展、共享发展。

2. 收入鸿沟

智能算法不仅改变劳动效率，而且能够通过将算法嵌入各类智能设备、机器人中，代替工人直接形成全天无休的生产力。据美银美林分析，目前全球范围内只有 10% 的制造业工作是自动化的，接下来 10 年中，随着机器人智能化水平提升和价格大幅降低，这一数字将达到 45%。随着各类智能化设施和设备进入工业，技术资本相对劳动力资本的优势可能再次加码，削弱普通劳动者在财富分配中的话语权，财富有可能向数据拥有者、技术拥有者加速聚集。

智能时代人人都是数据贡献者，通过智能产品的使用，个人的数据源源不断地被累积到智能产品里，帮助产品学习进化，实现性能提升。在这一产用融合为特征的新经济形态下，个人数据贡献者的经济回报是什么？数据正在成为经济活动新的生产要素和资产，但如何共创共享尚缺乏有效的产业模式和制度设计，这也是影响社会新财富分配的重要因素。

在党的十九届四中全会《中共中央关于坚持和完善中国特色社会主义制度、推进国家治理体系和治理能力现代化若干重大问题的决定》中，明确将"数据"作为生产要素之一，提出"健全劳动、资本、土地、知识、技术、管理、数据等生产要素由市场评价贡献、按贡献决定报酬的机制"，明确将"数据"作为新的生产要素，下一步还需要通过合理的产出分配制度设计，调动数据资产参与创新和生产的积极性，保障数据贡献者的合理权益。

智能产业将创造巨大经济价值和产业红利，同时也会挤压甚至跨界消灭很多行业，从而加剧贫富分化。政府有必要改革现有分配制度和福利体系，调整各个产业的税收政策，为受影响的弱势群体提供更多社会保障，以减少因为人工智能发展导致的社会不稳定因素。也有专家认为，未来对利用机器人等人工智能技术的企业征收特别税，有可能成为一种合理实现财富二次分配的有效方式，但征税的时机和税率值得思考，以避免成为影响相关产业技术创新和发展的阻碍因素。如何处理好新技术发展带来的新社会财富分配，将是未来智能社会治理需要面对的重要课题。

3. 区域鸿沟

不同地区的经济水平、公共服务能力差异很大。近年来，信息基础设施建设，互联网、移动通信网络的应用普及正在逐渐缩小地区间的信息鸿沟，国内任何一个新的事件，已经可以在数秒内传遍田间炕头，大大缓解了信息不对称带来的社会认知差距。

智能技术产业化也提供了利用新技术缩小地区经济社会鸿沟的新机遇，发展人工智能应当优先鼓励侧重有利于缩小贫富差距的领域和应用场景。例如，改进欠发达地区智能医疗、智能教育基础设施，加快人工智能在智能医疗、智能教育领域的应用，就有助于缓解欠发达地区教育及医疗资源的短缺。

在生产领域，智能技术落地体现明显地落后生产力的边际效益优势。在一定程度上，部分人工智能技术在落后产业及地区可以发挥更大的效能，并且边远地区地广人稀，环境单一，劳动重复型场景更多，人工智能及自动化技术落地和发挥价值的空间更大。智能农业利用遥感技术和传感器实现自动化农机精准耕种、通过无人机视频图像识别技术实现病虫害识别等智能技术，更适合规模化生产的大田环境，在提高农产品质量和粮食供应能力方面具有很大潜力。加快智能技术在农业领域的落地应用，推动智能技术下乡，赋能乡村经济升级，都有助于使不同群体、不同地区共享智能化变革的产业红利。

11.6 产业智能化与就业的均衡协调

面对智能化浪潮，很多人首先想到的就是就业问题：一方面因为就业关系到大多数人的切身利益；另一方面由于人工智能本身就是一项模仿人类工作的技术。因此，未来人工智能广泛应用可能对劳动力就业带来的影响也引发了社会高度关注和担忧。

作为新一轮产业变革的核心驱动力，人工智能将通过智能化推动社会生产力的整体跃升，同时也会带来就业结构、就业形态、技能需求的深层次变革。我们正在以更快的步伐迎接智能化社会，而如何在智能化推进中实现与就业的均衡协调将是负责任发展智能化的关键。

1. 智能化不会造成大规模失业

科技进步对就业结构的深刻影响最典型的例子，就是英国工业革命对棉纺织行业就业的冲击。这次产业变革之所以对就业冲击力度大，其中有两个原因：一是产业集中。工业革命之前，毛纺织业是英国最具影响力的产业，产业集中度非常高。在公元 11—12 世纪英国兴起的各大城市中，涌现了若干个纺织生产中心，其中比较著名的有林肯、北安普顿、斯坦福、约克、贝弗利和布里斯托尔等。另一个原因是工业革命的典型技术蒸汽机，技术比较明确和单一。一旦突破，投入应用非常容易形成规模效应。因而对于已经形成很高产业集中度，又拥有大量产业工人的纺织业带来了直接和猛烈的冲击。

人工智能从其学科建立之初就致力于用机器模仿人类的感知、思考、决策和行为能力，以完成一些通常需要人类智能才能胜任的工作，人工智能所带来的技术进步及未来的大范围应用必将对人类工作带来深刻影响。

比如在煤炭、纺织、雕刻等行业中，很多岗位的工作环境充满微小尘埃，对人体伤害很大，导致尘肺病成为我国头号职业病。这类工作迫切需要人工智能技术的加快发展以进行替代。在医疗、消防、救灾等领域，也有大量工作处于高温、辐射等有害环境中，都会对就业人员的身体健康造成很大伤害，这些都将是人工智能替代的重点领域。2019 年 6 月，日本在千叶县市原市消防局部署了一支名为"Scrum Force"的消防机器人部队。"Scrum Force"由 4 个消防机器人组成，包括空中监视和监视机器人"天空之眼"，地面机器人"陆地之眼"，软管展开机器人以及"水炮"机器人。这些机器人消防员可以在人类难以到达的危险地点工作。

然而，智能化对就业的影响与工业革命有所不同。

人工智能技术的多层次性和复杂性特征要远远超过蒸汽机，既包括感知型技术，也包括知识处理型技术、行为型技术、群体交互型技术。每一分支的核心技术都不一样，突破的难度、技术的成熟度也不一样。因此其产业化过程将体现出明显的阶段性、梯次化特征，而非集中成熟。当前社会的产业多样性也远非工业革命时代能比，此轮智能化变革不可能造成像当年英国那样的就业危机。

并且，人机协同将是未来主要工作模式，人工智能将作为人类的助手提高人们工作的效率甚至改造工作模式，而非替代工作。智能机器将把各类工作中重复性的、疲劳性的环节都替代下来，人只完需成其中创造性、思维性较强的工作环节，大多数都并非完全替代整个工作岗位。通过这种人机结合，人的工作疲劳程度会大大下降，而且工作质量和效率也会大大提高。

2. 人工智能就业替代将呈阶段性渐进式发展

由于人工智能技术体系具有明显的多层次性，各分支技术将经历不同的成熟度过程。正如智能技术产业化将经历的梯次化落地，智能化对岗位和行业的替代也会呈现出多层次性和阶段性特征。

牛津大学教授卡尔·本尼迪克特·弗雷（Karl Benedikt Fray）和迈克尔·奥斯本（Michael Osborn）分析了美国和英国的 702 个工作岗位，认为信贷员、前台和柜台服务员、法务助理、做零售的销售员被机器人夺走饭碗的概率均超过 90%；出租车司机、保安、做快餐的厨师因机器人而失业的概率均超过 80%；程序员和记者的失业概率分别为 48% 和 11%，失业风险最小的是内科与外科医生和小学教师，均只有 4% 的失业概率。可见，人工智能对就业的替代将是一个逐步的过程，并且表现出"两极"化特征，部分中等技能岗位技术将率先智能化，大范围的替代不会集中发生。

（1）**高度流程化的工作将会最先被人工智能替代。**在制造领域和服务领域中有相当一部分中等技能的工作，随着工业机器人智能化升级，如生产线装配、焊接、打磨、产品检验等可标准化的中等技能型工作将成为智能工业机器人第一批进入的领域。长安汽车在焊接、涂胶、喷涂等环节采用机器人，平均一台机器人替代 5 名工人的劳动，同时实现运营成本降低 10%、生产效率提升 15%、产品不良率降低 16%。

人工智能变革的"替代效应"使得机器替代体力工作的同时也增加了对脑力劳动岗位的替代。办公室工作岗位同样存在大量程序化、重复性、依靠反复操作实现的任务。填写表格、生成报告和图表以及生成文档和说明等工作已经越来越多地交由智能软件自动完成。摩根大通开发的金融合同解析软件，只需要几秒钟，就能完成原来律师和贷款人员每年需要 36 万小时才能完成的任务。

（2）容易实现数据化的工作也很快将由人工智能承担。 人工智能最擅长的是基于数据发现规律、形成知识、产生决策，所以说，能够被数据化意味着能够通过智能化代替人们完成工作。当前，大数据驱动已经成为智能计算的主流模式，基于海量数据、知识库和知识图谱的智能应用在医疗、教育、金融等领域不断拓展。很多越老越值钱的经验型职业，由于 AI 的发展会改变其竞争力，中低端经验积累失去原有价值。

一批非程序性工作，如速记、翻译、导游等，较容易以数据化形式实现，将成为人工智能技术率先落地的另一领域。导游在职业学校还要学很多东西，要记各种历史、地理、文化知识，但是这种知识如果能够实现工程化，就可以容易地实现复用，就没有学习的必要了。电话客服需要掌握大量业务知识，上岗前需要经过专门培训，但往往每天都在重复回答同样的问题。随着自然语言交互技术的成熟，智能客服将很快胜任这类工作，并且因其具有强大的并发能力，可以同时接待数量巨大的咨询客户。

（3）非标准型劳动岗位短期内不会形成大规模替代。 当前人们最大的担心在于：人工智能在一些行业带来的失业可能是突发的、大规模的、快速的、断崖式的。但这种可怕现象的发生需要具备一个条件：使用机器的成本低于人工成本，大量企业可以实现低成本商业化。

有人认为，如果人工智能聪明到可以开车、识别图片、打败世界围棋冠军、确定癌症病变以及完成语言翻译，那它不久就有能力完成人类所能做的任何事情。但实际上，大量劳动型服务岗位从事非标准性工作，比如家政、养老、餐饮等，短期被大规模替代的可能性极小。毕竟，让机器人端起茶杯可能比下赢一盘围棋困难得多，目前具有自主行为能力的智能机器人大多处于原型或验证阶段，技术成熟和成本下降还需要相当长一段时间。

相对而言，在生产线制造型企业中，大量存在一些需要由几千名、数万名工人完成的类型单一的操作，这类工作很容易由人工智能去完成。但是像家政服务这类工作，一天内要完成很多项不同类型的任务，现在还很难实现这类能够适应多样性或通用性任务的智能机器，对这类服务型岗位替代的经济性短期内难以满足，也就很难支撑大范围应用。

（4）高技能型岗位不会受到大规模影响。现在最主流的人工智能计算模式就是大数据加深度学习，而基于互联网的大数据智能和基于语音、视觉的感知智能是当前产业化的重点。然而，以目前的技术水平，实现对文本、语言、图像的内容理解非常困难，逻辑推演、问题求解和创造能力不足，也不能跨领域解决问题，还难以达到人类很多高技能型工作的要求。因此像教师、医生、律师、设计、艺术、咨询等岗位，中短期内也不会受到大规模影响。

3. 智能化变革将创造大批新的就业岗位

历史经验和分析表明，技术进步对就业有负面影响也会发挥创造效应或补偿效应，产业新的就业岗位。经济合作与发展组织（OECD）认为，技术进步在直接破坏就业的同时，也会通过各种途径促进就业增加。

首先，一种重要的就业补偿机制就是技术进步会降低产品的成本和价格，扩大产品消费，从而刺激企业加大投资和增加劳动力需求。比如，公路改造和汽车性能提升后，在之前效率低下的交通运输条件下需要 10 天完成的货物运输任务只需要 1 天就可以完成了，是不是就有一大半驾驶员失业了？事实上不是。运输效率提升带来运输成本降低，社会的交通运输需求会大幅度提升，因此，现在的各类交通运输任务可能会比以前增长数百倍，从事交通运输的人数反而要增加。同样，计算机的发明使人们办公效率大大提升。现在已经很难想象如何用手写的方式写论文，全靠到图书馆查阅资料的方式做研究。工作和科研效率提升了，但伴随着经济社会变革，各类新的任务会层出不穷，现在人们使用电脑仍然有做不完的事情，甚至很多工作还需要加班完成。

技术进步带来整体劳动效率提升，必然带来社会文明的加速发展，人们的工作类型和工作模式会发生重大变化，对劳动技能也会有新的需求，但对劳动力的需求量不会因此减少。

其次，一部分从原有岗位上被解放的劳动力可能转而从事一些由此衍生的新的工作，甚至是个人更感兴趣的工作，实现就业转移。比如网络和电子商务会冲击实体店，但同时带动快递业就业规模飞速增长。共享单车推广初期，对地铁站周边的三轮车"摩的"从业者形成了直接冲击，他们抵触情绪很大。但共享单车平台将这部分人员组织起来，承担共享单车的转运调配等工作，使其重新就业，并创造了大量维修、管理人员岗位，2017年上半年带动就业7万人。

麦肯锡和美国劳动统计局曾对历史上汽车的发明与应用对就业的影响做过实证分析。汽车的出现必然会替代原来的马车生产、马匹饲养等工种，也会减少部分轨道交通；同时也创造了汽车生产制造、交通管理、卡车驾驶员等大批新岗位。最终美国由于汽车的应用创造了750万个岗位，替代了62万个岗位，总体上实际增加了约690万个岗位。

他们也分析了计算机的发明对就业的影响。在样本数据集中，计算机推广应用后消灭了打字机生产、打字员、打字机维修等岗位3508个，此外创造出了计算机制造、软件开发等岗位19263个。更不用说此后半个世纪以来基于计算机这一颠覆性技术蓬勃发展起来的庞大的数字经济帝国了。

而智能化将从更大范围内深刻改变人类组织生产活动的方式，大幅拓宽市场规模和交易半径，细化市场分工，催生更多新业态、新模式，从而带动各领域新的就业岗位出现。2018年世界经济论坛预测，未来五年，尽管7500万份工作将被机器所取代，但1.33亿份新工作将会同步产生[1]。麦肯锡估计，到2030年，8%～9%的劳动力需求将是目前不存在的新型工作。按2030年全球80亿人口算，将有6亿～7亿的新岗位。同时，有50%～60%的人口需要适应人机协同的新工作模式。

---

① World Economic Forum. The Future of Jobs Report 2018,Switzerland, 2018.

综上可见，人工智能不仅能替代人们的部分工作，也能创造大量新的工作需求，而人工智能对工作的替代和创造在时间历程、行业分布、岗位技能等不同多维度上将体现出不同的发展趋势。

从时间历程看，人工智能在短期内会造成一定就业冲击，长期看将会创造更多就业。历史经验表明，技术进步对就业有负面影响也会发挥创造效应或补偿效应，随着技术变革向纵深发展，将产生大量新的就业岗位。在新技术应用的初期，技术的直接替代效应会比较明显，而在技术成熟之后，随着基于新技术的模式创新越发活跃，由此衍生的新产业、新业态不断形成，对就业的带动效应往往会超过替代效应。

从行业分布看，制造、交通等行业主要体现为就业替代，而教育、医疗等行业将带来更多就业增长。历次科技变革将就业人口从第一产业向第二、第三产业转移，传统行业向新兴行业转移。奥托等人通过研究美国劳动力市场发现，近年来的技术进步正在继续导致一些原本在制造业领域的劳动力被再配置到服务业领域。人工智能的岗位替代与就业创造具有其行业特征，生产线装配、焊接、打磨、产品检验等可标准化的中等技能型工作受到的冲击最大，物联网、大数据、集成电路等信息领域及高端服务业等就业规模将持续提升，人工智能对就业带来的更多的是结构性调整。据高德纳（Gartner）分析，随着人工智能技术的应用，制造、交通等行业将有就业人口的挤出，而教育、医疗等行业就业需求将持续增长，社会就业将保持总量持平甚至净增长。

从岗位技能看，简单重复性劳动将更多地被替代，高质量技能型岗位被大量创造。人工智能将发挥高于人类的工作速度、优于人类的工作精度、胜过人类的工作耐力等优势，协助人们完成大量简单、重复性任务。我们需要的简单技能工人会越来越少，因为机器人的成本更低，效率更高，一些重复性的、简单的、机械性的工作更容易被替代，技术性失业会产生。同时，人工智能将通过催生智能新兴产业、带动信息技术领域就业、变革衍生领域业态等方式，创造大量新的就业机会，而这些工作大多对岗位技能具有较高要求。

综合来看，本轮人工智能变革在就业影响方面将表现出以下四个方面的特征。

一是人工智能技术发展存在多层次性和阶段性特征，人工智能对就业的替代将是一个逐步推进的过程，人工智能的就业影响区别于之前的历次科技变革，就业替代过程将更为平缓和温和，大范围替代不会集中发生。人类社会将通过技能提升、就业结构调整等方式逐步适应这个变化，近期需要重点关注中端岗位从业人员的转岗再就业问题。

二是人工智能对就业的影响在行业上将体现为就业分布的结构性调整，制造行业有就业挤出，信息行业和服务行业有就业增长，就业岗位有增有减，就业形势保持总体稳定。

三是岗位劳动强度将普遍降低，劳动者幸福指数将明显上升，人工智能以高于人类的工作速度、优于人类的工作精度、胜过人类的工作耐力，协助提升工作效率和工作质量。

四是对岗位技能要求将普遍提高，创新型、复合型数字人才炙手可热，科学、技术、工程和数学相关的"STEM"人才需求提升。同时，智能化社会人机协同的工作模式和新的技能需求，对现在的中学教育、大学教育的教育模式、教育内容都会提出新的需求。IDC预测，到2025年，将有75%的组织将投资于员工再培训，以填补因采用AI所引起的技能差距。

智能化产业变革与劳动力就业并非相互矛盾、相互对立的两个问题，完全可以在把握智能化变革特征的基础上协调推进。

应充分利用人工智能带来的新一轮产业发展机遇，壮大人工智能新兴产业，借助人工智能技术在相关领域创造新的就业岗位，充分发挥人工智能对就业的积极带动作用。在此过程中，要高度重视新技术可能对部分传统岗位可能带来的替代风险，保障利益相关者的权益。发挥好政府、企业等不同主体作用，处理好受影响较大的重点行业就业保障和从业人员的转岗再就业问题，加强劳动技能培训，提升弱势群体适应性。

11.7 智能化变革的职业新需求

智能化技术创新必然对传统产业带来变革，所谓"冲击"应理解为调整、转型与升级。科技并没有取代人类工作，只会把工人转移到一些更需要人类的工作上去。在这个过程中，效率与效益逐步提升，劳动力素质提高，劳动强度降低。如果静态来看，就业会受影响，但从动态来看，不断提升劳动力质量，会创造出许多新的岗位，新的高质量就业，岗位的转移优化了劳动力配置，使得社会的总体效率更高。

产业间迁移其实从工业革命一开始就一直都在进行。根据美国劳工统计局和麦肯锡联合研究（见图11-2），18世纪之前农业一直占据就业主体，大部分人是要种地的，由于生产率的低下，百分之五、六十的人口从事农耕可能也很难吃饱。18世纪的工业化，一方面提高了农业生产力，替代了农业就业，生产人们需求的粮食已经不再需要那么多劳动力；另一方面在工业领域创造出大量的生产线工作岗位，由农业到工业的行业间迁移就此开始。

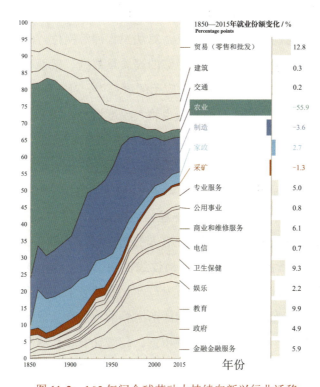

图 11-2　165 年间全球劳动力持续向新兴行业迁移

数据来源：IPUMS USA 2017，美国劳工统计局，麦肯锡

智能化的进一步发展，会使就业群体从工业领域进一步向第三产业转移，以满足人们对文化产品、精神消费产品、服务类产品的新的多样化需

求和高质量需求，衍生出各种新的岗位。

智能化创造新就业岗位具有不同的模式和途径，可能带来多种类型的岗位需求增长。

（1）**智能新兴产业将开辟庞大的新就业空间**。人工智能改变经济的第一个模式就是通过新的技术创造新的产品实现新的功能，带动市场新的消费需求，从而直接创造一批新兴产业。新的智能硬件和芯片制造业会创造大批工作岗位；工信部数据显示，我国无人驾驶生产研发人员已近 10 万；中国电子学会研究认为，每生产 1 个机器人至少可以带动 4 类劳动岗位，比如机器人的研发、生产、配套服务，还有品质管理、销售等。

（2）**增加新的数据服务类工作岗位需求**。当前人工智能发展以大数据驱动为主流模式，在传统行业智能化升级过程中，伴随着大量智能化项目的落地应用，不仅需要大量数据科学家、算法工程师等岗位，而且数据处理环节仍需要大量人工操作。如果没有足够的高质量数据，就不可能有高质量的算法，所以在人工智能向各领域扩散应用的过程中，对数据清洗、数据标定、数据整合等普通数据处理人员的需求也将大幅度增加。

很多传统制造领域的蓝领工人，正在向这个领域迁移。因为绝大部分数据标注只需要基本的人类智能，不需要很多额外的知识和专业技能储备，比如自动驾驶路上目标的标定、图像识别、安防监控领域的物体标注等，只需要把人的常识性知识和人类基本经验通过标注的方式嵌入数据化系统，这部分工作目前体量也相当可观，正在承接部分传统产业工人迁移。

（3）**将带动智能化产业链就业岗位线性增长**。智能化变革是智能化技术群的综合集成和集中应用。智能技术产业化需要智能化技术群的协同应用而绝非单一技术的落地。因而人工智能所引领的智能化大发展，也必将带动各相关产业链发展，打开上下游就业市场。超级计算、传感网、人工智能硬件和芯片制造等行业都将扩张，而工作机会也会随之增加。比如自动驾驶或胶囊机器人，最核心的技术可能是人工智能技术，但最终产品需要包括物联网、大数据、芯片、传感器、并行计算等多领域的共同支撑，背后带动信息技术相关领域就业的新需求呈线性增长。

（4）**高端服务行业岗位需求将会增加**。家政、养老、旅店、餐饮等劳动型服务岗位短期内难以被人工智能替代，将为工业领域流出的劳动力提供新的就业空间。同时，随着物质产品的丰富和人民生活质量的提升，人们对高质量服务和精神消费产品的需求将不断扩大，对高端个性化服务的需求逐渐上升，将会创造大量新的服务业就业，带来就业人口从生产部门向服务部门的转移。麦肯锡预测，到 2030 年，高水平教育和医疗的发展会在全球创造 5000 万～ 8000 万的新增工作需求。中国的服务业总产值与国外发达国家相比还有差距，第三产业在智能化时代还有广阔发展空间。

（5）产业模式创新将会创造一批新的工作岗位。在大量智能化设施和智能技术应用发展起来之后，会创造新的产业模式和经济形态，在通过调整教育培训体系提高劳动力质量后，也将培育发展起规模可观的新岗位就业。技术的产业化，对产业模式的衍生和带动能力是非常强的，往往超出人们最初的想象。二维码技术 2013 年刚刚兴起时，很多人不屑一顾，不知道这样一项小技术能有什么大用，实际上一种高效便捷的人机交互方式正在形成。到现在，二维码应用已经无处不在，打车、买菜、吃饭、就医，到处都是拿出手机扫一扫，支撑了大量衍生商业模式。

因此，技术进步给就业带来的挑战往往不是整体劳动力需求的下降，而是就业市场对劳动技能需求的变化，最终具备适应新需求技能的工人得到更多的就业机会和更高的收入。当前人工智能从业者薪酬较高，很多人的工作年薪已达到几十万甚至上百万元人民币。进入智能化社会，社会就业技能需求将普遍提高，创新型、复合型数字人才炙手可热，社会情感技能（如领导力、团队合作能力、创造力）等软实力尤为重要，高技能人才（高级技工）不可缺少。随着各行各业的智能化升级，对产品工艺要求的提升，对高技能型人才的需求不但不会下降，而且还会上升。

教育领域也需要提前启动做好储备，尽快建立起适应智能经济和智能社会需要的人才培养体系、就业培训体系和终身学习体系，扩展相关专业和人才的培养规模，比如大数据、人工智能、物联网等新兴信息技术相关专业，以及"STEM"人才，高技能型技工人才，文化类、创意型专业等；满足未来智能经济、智能社会对新职业技能的需求，为智能化产业变革提供充足的智力供应和人才支撑。

后记

在本书付梓之际，《中华人民共和国国民经济和社会发展第十四个五年规划和2035年远景目标纲要》正式发布，在这份面向我国今后5年及15年的战略指引文件中，有11处提及"人工智能"的部署发展，并有17次强调推进多个领域的"智能化"。我可以明显感觉到，孕育半个多世纪的"智能化"已经破土而出，开始改变我们每个人的生活，并将在中国这片广阔土壤上茁壮成长，激发经济社会各领域未来可见的大变革。

因工作之需，近年来我几乎每天都在关注国内外人工智能领域令人应接不暇的新技术进步、快速迭代的产业化探索和实践。与学术界和产业界的专家、从业人员的学习交流，也在不断深化我对智能化变革模式和路径的理解，拓展我对智能化未来趋势的认识。我希望能够通过《智能化变革》这本书，将一些原本零散的观察和思考进行总结梳理，并与各位读者朋友分享探讨。

本书在撰写过程中得到了家人的理解、支持和鼓励，使我两年多来始终保持信心，在业余时间坚持写作书稿。感谢科技部和战略研究院各位领导及同事们多年来在工作中给予我关心和指导，帮助我不断成长。与你们的合作、交流与探讨，为我撰写本书提供了源源不断的思考启发。感谢韩秋明、李京望、杨康康、李昊等同事在研究过程中给予的支持和帮助。清华大学出版社的刘洋编辑和审校老师们为本书的出版付出了很多心血，在编审和出版的过程中给予大量指导和帮助，在此一并感谢！

智能化变革正在路上，还有太多的未知有待探索。我将持续关注人工智能理论前沿进展、产业技术创新趋势和商业化落地案例实践，做一名智能化变革之路的观察者和思考者。